G. DE LAFONT

LES GRANDES RELIGIONS

LE

BUDDHISME

PRÉCÉDÉ

D'UN ESSAI SUR LE VÉDISME
ET LE BRAHMANISME

C'est nuire à sa propre croyance que
de prétendre l'exalter, en décriant les
croyants des autres sectes.

Edit du roi Açoka 205 avant J.-C.

PARIS

CHAMUEL, ÉDITEUR

79, rue du Faubourg Poissonnière, 79

(Près la rue Lafayette)

1895

LE BUDDHISME

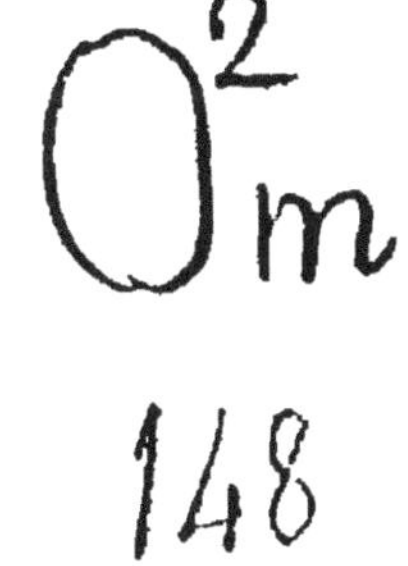

Au

Maître et au Savant vénéré

M. Emile Burnouf

Ce livre est dédié

en témoignage de respectueuse considération.

G. DE L.

G. DE LAFONT

LES GRANDES RELIGIONS

LE

BUDDHISME

PRÉCÉDÉ

D'UN ESSAI SUR LE VÉDISME
ET LE BRAHMANISME

C'est nuire à sa propre croyance que
de prétendre l'exalter, en décriant les
croyants des autres sectes.

Édit du roi Açoka 265 avant J. C.

PARIS

CHAMUEL, ÉDITEUR
79, rue du Faubourg Poissonnière. 79
(Près la rue Lafayette)

1895

PRÉFACE

Le Mystère est l'horizon de l'âme, qui sans cesse attirée par lui, selon une invincible aimantation, s'efforce de le percevoir, pour découvrir son origine et sa fin.

Le Mystère est le Soleil de l'âme; il l'échauffe, l'anime, la nourrit et l'évolue. Point de vie physique, sans calorique; point de vie animique, sans mystère.

Tristan, Newton, Wagner, S. Francois semblent

divers ; tous incantèrent le mystère, par le sexe, la science, l'art ou la foi.

En ce rite, qui est le mouvement même de la vie supérieure, la passion s'efforce par l'exaspération de l'instinct ; la science cherche l'idéal dans la substance ; l'art s'éblouit en sa vision des formes ; et saint François aux extases de l'Amour illimité : volupté, vérité, beauté, charité ne sont que les facettes merveilleusement prismatiques du même diamant prodigieux.

Communément, le Mystère s'appelle Dieu ; l'intellectuel dit « *non-être, aïn-soph* » et l'animique « *notre père qui êtes aux cieux* » ; l'un croit aux idées et l'autre au miracle ; Pascal s'appuie aux prophéties, d'Olivet à la philologie ; le thème reste unique.

On peut dire que toute créature est malade de mystère ; car, source d'horreur et foyer d'allégresse il palpite en nous, aussi vivement que l'artère, et pour lui échapper, il faut se profaner, déchoir et littéralement s'abrutir.

Dès que l'homme a cessé un moment de lutter contre l'extériorité, dès qu'il a songé, le mystère s'est levé, en lui, effroyable et enivrant, ananké intérieure, faite de craintes et d'appétences également vives, qu'il a fallu résoudre en certitude et en sécurité.

Les religions sont nées d'un besoin aussi impérieux quoique moins immédiat que celui du corps ; elles demeurent la condition *sine qua non* des sociétés, comme le mariage, la famille et la propriété.

Il faut être sans culture, pour discuter si l'homme se peut passer de religion : les admirables philosophies, ne conviennent qu'au très petit nombre, et là encore, ne portent pas les mêmes fruits; les excès d'idéologie ont fait autant de ruines que le fanatisme.

S. Cyrille a causé involontairement la mort d'Hypathie, et Rousseau a fourni des théories à la guillotine.

L'idée est la plus meurtrière des épées ; et Robespierre vaut Torquemada.

La plus grande nouveauté du dix-neuvième siècle ne consiste pas, à mes yeux, dans les applications scientifiques, et je ne pense pas qu'Edison soit l'éponyme de ce temps.

Un fait d'ordre métaphysique s'est produit dans les soixante dernières années, d'une conséquence incalculable.

L'avidité occidentale a porté une main inique sur cet actuel *Campo-Santo*, qui fut le radieux Orient ; sitôt le voile Judéo-Chrétien, qui fermait aux yeux d'un Bossuet, l'horizon historique s'est déchiré ; et les antiques races sont apparues, non seulement avec leurs dates vénérables, leur caractère de colossalité, mais surtout dans la sublimité de leur esprit, dans la beauté de leurs mœurs, dans la charité de leur âme.

Ces expressions « *les Gentils, les Payens, les Idolâtres* » font sourire l'étudiant sincère ; le prestige d'Israël réduit au plan esthétique, laisse voir les vrais penseurs et les vraies vertus de l'humanité. Le *Livre des Morts* vient s'accoter aux Psaumes. La loi de Manou écrase de sa douceur la loi de Moïse ; la *Baghavad* annonce l'*Evangile* et l'*Avesta* prépare la voie à l'Aréopagite.

Du même coup, l'Eglise est vengée, des niaises attaques ; Voltaire l'archer du ridicule, tombe sous la risée des savants, et Baudelaire écrit cette étonnante phrase : « il n'y a d'intéressant, en ce monde, que les religions. » Le protestant installe devant lui le S. François d'Alonzo Cano ; et le catholique arrange une chapelle à un Buddha.

L'Orient, qui s'est vengé de nos vols et de nos

viols, en affolant l'œil et la main des artistes latins, se venge aussi en dispersant la religiosité décadente : les Kakémonos et les Boudhas nous ont valu l'impressionisme et l'inconscient !

De toutes les études, la plus réservée devrait être la science comparée des religions ; c'est mon opinion d'initié ; mais, puisque les journaux d'un sou tiennent le peuple au courant des nouveaux explosifs découverts ; on aurait mauvaise grâce à s'élever contre la diffusion de doctrines toujours augustes en leur principe. D'autant, que si les gens d'en bas perdent la foi, par l'étude incomplète ; les êtres d'exception la reçoivent par des travaux mieux approfondis ; et on peut prévoir un avenir où le catholicisme aura presque pour tenants les penseurs, les savants et les artistes : dignes missionnaires d'une Renaissance sacrée.

L'Egypte, la Kaldée, l'Assyrie ne nous ont pas livré leurs textes ésotériques ; nous induisons leur doctrine, nous ne la possédons pas. L'Inde, mère de la Grèce nous présente, lucide, le travail solennel des stratifications dans l'idée religieuse ; mais il semble que le caractère touffu et trop luxuriant de la race se soit inoculé aux indianistes. Diffus, morcelé, compendieux, l'indianisme manquait d'un livre synthétique, documenté et bref, qui condensât les soixante volumes primordiaux de la matière.

Ce livre est celui même que je présente au public.

Il a été écrit sans souci du lecteur parce que « les religions seulement sont intéressantes, en ce monde » et que son auteur, à la fois très actif et très cultivé, après de grands voyages et de grandes lectures, après avoir cassé les reins aux panthères et coupé les tiges des roses à la balle, pour se distraire, n'a trouvé sa vraie et haute distraction que dans ces matières sacrées et lointaines.

Il faut montrer l'écrivain pour préparer au livre ;

surtout en une matière où le fanatisme de la négation se montre souvent aussi odieux que celui de
la foi.

Le comte de Lafont n'est pas l'homme exclusif
de « Avez-vous lu Baruch ? » parce qu'il le connaît depuis longtemps et le juge comparativement
à ses analogues. Esprit scientifique pour la mé-
thode, ému et artiste dans la compréhension des
textes, il n'a fait ni œuvre enthousiaste aveuglé-
ment, ni œuvre impersonnelle et glacée.

On a beaucoup disserté sur l'art d'écrire l'histoire : combien l'art de traiter des religions, implique encore plus de qualités diverses !

Ici, le gentilhomme a gardé les belles bien-
séances de sa race, et ni l'oriental, ni le chrétien
n'y sont froissés, à aucun endroit.

J'apprécie d'autant cette façon dans le discours
qu'elle me manque souvent ; au reste l'épigraphe
du livre, sur ce point, parle éloquemment.

Cet essai, manifeste un précieux caractère, résultat d'une étude de prédilection, lente et raisonnée, entreprise pour la seule satisfaction de son auteur, entre une exécution de Wagner et la lecture des poëtes, parmi les ressources d'une vraie bibliothèque.

Quoique le préfacier ne doive pas se mettre en scène, je me flatte, par mes instances, d'avoir fait sortir du tiroir ces pages savantes et si utiles à la culture d'un grand nombre.

L'honneur de M. de Lafont, c'est d'avoir aimé la hiérologie, pour sa seule beauté. Et mon honneur de prosélytiste et d'expansif consiste à l'avoir convaincu de l'importance de ses travaux, et qu'il les devait à ceux qui, péniblement, gravissent la rude pente du savoir.

A une époque où l'honnête homme doit connaître les dix civilisations de l'Orient comme un Racine connaissait ses Romains; le manuel qui résume, compétentement, les grands et multiples travaux sur une matière aussi indispensable, est une bonne action, d'intellectuelle charité, et un livre de lumière.

M. Gaston de Lafont a vu que le Boudhisme ne s'expliquait pas sans ses antécédences, qu'il fallait montrer la stratification religieuse des deux couches précédentes, le *Védisme* et le *Brahmanisme* avant de raconter la vie et d'exposer la doctrine de Cakya-Mouni. La première conséquence des études indianistes se manifeste par un peu d'impatience et de colère contre Israël ; cet usurpateur des biens terrestres usurpe dans la mémoire humaine, la place de plus grands que lui ; et le geste initial du savant repousse l'hébreu, pour le rentrer à son plan, de petit peuple, admirable seulement par la prodigieuse écriture de ses annales, où l'esprit occidental a trouvé dés allégories si humaines et si précises qu'il les a adoptées, comme ses images usuelles.

Jamais la toute puissance des lettres ne s'est manifestée aussi durable, car l'Ancien Testament, sauf les *XI Chapitres* du Bereschit, ne témoigne d'aucune métaphysique ; la pensée y est sans envergure, mais la forme incomparable reste le modèle des lettres sacrées.

Une remarque du comte de Lafont, a une grande importance, elle explique mieux qu'une dissertation la différence de l'Arya et du Sémite : celui-ci appartient aux races occipitales, son crâne se développe d'avant en arrière et les os s'immobilisent dès seize ans. L'Arya au contraire conserve longtemps une mobilité des parties crâniennes qui correspond à l'acquisivité métaphysique.

En même temps qu'Israël perd son prestige religieux, la Kabbale traduite et non plus enfermée dans le latin fatiguant de Knnor de Rosenroth se révèle plus scolastique que lumineuse et disparaît à demi devant les *Ennéades* de Plotin.

Que le Rig-Véda soit contemporain de l'Exode

mosaïque ; cela n'est pas contestable ; et que l'hymne de Dirgâtamâs et celui de Pradjapati, établissent l'unité de Dieu avec une pureté de conception inconnue aux Sémites ; cela encore défie toute critique. Mais, entre les calculs rétrospectifs d'astronomie, qui donnent à l'Inde un passé démesuré et le caractère relativement récent du Rig, il faut se poser une simple question de critique littéraire.

Les plus anciens hymnes ont un caractère accompli analogue à notre dix-septième siècle ; il faut donc supposer, en deçà, une période de croissance, puisque nous ne possédons que la forme d'apogée.

Sans se risquer à des dates, on peut dire, scientifiquement, que l'Egypte, la Kaldée, la Babylonie commencent l'histoire, et que l'Inde vient en troisième époque avec la Chine, ce qui suffit, ce semble, à nous la rendre vénérable.

M. de Lafont a très heureusement éclairé les

Védas par les *Oupanischads*, et pour exposer le Brahmanisme il s'est appuyé surtout sur le *Manava-Dharma-Sastra*. Quelle différence entre ces lois de Manou, et la *Politique tirée de l'Ecriture* d'un Bossuet : on y trouve, avec le plus haut idéal, l'infinie douceur « il ne faut pas proférer une parole dont quelqu'un pourrait être blessé »; mais je renvoie au ch. II de l'ouvrage, où le choix des citations parlera mieux que mon commentaire, et établira comment le Code Napoléon ressemble à une loi d'antropophage et le dix-neuvième siècle français à une énorme barbarie.

Chaque fois que l'Orient apparaît, il déshonore l'Occident, comme un grand coup de soleil fouillant un ghetto : et, à ce propos, je conseille aux modernes épris de leur temps, et que la beauté morale et métaphysique n'émeut pas, l'ouvrage de Dutens : *Inventions et découvertes des modernes renouvelées des anciens.*

L'auteur nous précise les deux systèmes brahmaniques : la *Vedanta* ou *Mimansa* avec son *Brahma-non-être* et sa *Maya-matière-illusion* ; et le *Sankya* de Kapila le rationaliste ; Prakriti, la racine sans racines, ou nature naturante est identique à la Maya-illusion ou transitoire ; mais l'antinomie, ce chardon de la pensée humaine, voulait se produire, et Kapila, prenant une modalité pour un principe, voulut voir dans l'univers une primordialité alors qu'il est une conséquence.

Si Dieu a désiré, il n'avait pas la puissance et, s'il avait la puissance, il ne connaissait pas le désir : et voilà comment Kapila niait Dieu. Or, l'univers, prolongation de l'Etre ne saurait naître de son désir, il découle de son essence. Dieu n'a pas plus désiré le Cosmos, qu'un pommier ses fruits : il a créé parce qu'il était Dieu, et que la création est le fruit fatal de l'Etre absolu.

Kapila représente l'intellectuel qui se substitue à l'humanité générale, et fait de son propre état de culture *le sine quà non* du salut.

L'éternité de la matière et l'immortalité de l'âme, telles sont les antinomies de ce système qui n'eût pas embarassé un alexandrin. La matière et l'âme sont des degrés de modalité dans l'Être éternel. Verbe, essence, substance, matière, ne représentent que des stases du mouvement divin. Patanjali corrigea en partie l'erreur de Kapila. Mais l'incomparable honneur métaphysique de l'Inde est cette doctrine du *Yoga*, contenue au Bhagavat, et qui a reçu de son auteur, le nom de Krischnaïsme :

On ne peut rien imaginer de plus sublime que ces dix-huit dialogues entre Krisna et son disciple Arjuna. La Rose-Croix a décidé de publier, à bas prix, le *Chant du Bienheureux*, en la version d'Emile Burnouf, le grand sanscritiste auquel M. de Lafont a dédié le présent ouvrage.

S'il fallait retenir, parmi les doctrines de l'Inde, une seule, ce serait le Yojà ou Khrischnaïsme ; et à ne sauver qu'un livre du Gange, le choix ne saurait hésiter ; il faudrait sauver la Baghavad-Gita.

Récemment, on a vu un homme impudique faire paraître sur la scène le fils de Sudhodanâ, sans avoir rien lu des textes et lui attribuer une légende qui concerne son disciple Ananda : il y eût quelques indignations anglaises, mais, ce qui prouve l'ignorance des lettrés français, et l'utilité du livre de M. de Lafont, personne, sauf Émile Burnouf, ne s'est indigné : le clergé lui-même n'a pas vu, qu'en souillant Siddartha, on atteignait Jésus ; qu'en bafouant le boudhisme, on tentait de nuire au christianisme et que c'était, renouvelé contre l'Inde, le même attentat des *Juifs* contre les mythes d'Ionie.

La vocation de Gautama, les quatres rencontres, la prise d'habit brahmanique, les sept ans d'austérité, sont des traits communs à la vie des saints de toutes les races.

Son originalité paraît, lorsqu'il cesse les vaines austérités et se tient assis, méditant sous l'arbre Bô : on trouvera ici le curieux récit de la tentation suprême d'après le *Lalita-Vistara*.

Vainqueur de Mâra, possesseur de la vérité, le Boudha hésite ; les hommes le comprendront-ils? Brahma lui apparaît et le missionne. Ce qu'on appelle le sermon de Bénarès est digne de Pythagore, prêchant l'équilibre du corps et de l'âme, le juste milieu qui mène au Nirvâna. L'origine de la douleur, c'est la soif de l'existence, qui entraîne à des renaissances successives ; on supprime la douleur en se détachant de la vie ; ce qui mène à ce détachement c'est la voie sacrée aux huit vertus.

M. de Lafont l'a bien vu lorsqu'il écrit : « tout législateur religieux fait abstraction de son intelligence et de sa science, pour trouver une formule applicable à tous » Gautama s'est proposé le problème de la charité ; et aucun autre. Métaphysiquement, le *Védisme et le Brahmanisme* et surtout le Yoghisme, l'emportent sur l'enseignement du Boudha ; mais cet enseignement à son tour, présente tous les caractères de la religion tel le que nous la concevons : la prédication, les missions, et le monachisme, enfin, la vertu élevée au-dessus de la science.

L'auteur a bien démêlé l'origine Sankhya du Boudhisme ; il montre que les existences successives étaient un enseignement brahmanique que le Budha a dû résoudre par le Nirvâna point d'arrivée, salut ou repos. Esotériquement, voici le vrai sens du sermon de Benarès :

La douleur a son origine dans la soif de l'existence *terrestre*, terme imparfait du devenir.

En se détachant de l'existence terrestre, on accélère l'évolution, et par conséquent, on précipite le moment où est atteint le repos ou état de grâce.

Au chapitre des grandes écoles philosophiques, on verra toutes les explications du mot mystérieux de Nirvâna. Les savants ne sont pas observateurs de la vie, ils ne voient que leurs textes. Quelle est la formule de l'Eglise pour les morts et l'inscription de presque toutes les tombes occidentales ? *Requiescat in pace* ; ici, la paix du chrétien correspond au Nirvâna indou. Tant que l'homme subit la fa-

tigue et s'efforce, le point idéal sera le repos ; et si
fatigue et effort sont misérables, il aspirera au
néant de ces vanités douloureuses. Mais parce que
l'Etre évolue, cesse-t-il d'être ? Après cette vie
purgative que nous appelons purgatoire, l'âme se
transforme en esprit ; la vie telle que nous la con-
naissons se trouve anéantie par haussement ou
transfiguration. Pour l'ingénu, Nirvâna signifie :
néant ; pour l'initié, nouvel état du devenir, état
de grâce ascensionnel.

Le Concile de Rajàgriha, un siècle plus tard,
celui de Pataliputra et quatre cents ans après, le
troisième et dernier, donnèrent une formule dogmatique aux quatre fameuses propositions qui
apparaissent à un examen attentif un voile épais
jeté entre le mystère et l'esprit de l'homme, et non
une explication.

Toute religion se dit révélée, et le Budha lui-
même s'est déclaré un intuitif. *Revelare* signifie,
voiler à nouveau ; la religion est donc toujours le

rideau plus ou moins historié qu'un initié place entre l'abîme vertigineux du mystère et l'âme générale.

« Pour le Buddhiste, être c'est souffrir » dit justement M. de Lafont. Mais pour l'initié souffrir, c'est monter.

Baudelaire a chanté :

Je sais que la douleur est la noblesse unique où ne mordront jamais la terre ni les enfers,

le Prométhée d'Eschyle, sur son Kaucase s'écrie :

La douleur ! la douleur ! voilà donc le mystère et l'unique rapport entre la créature et l'Incréé. Seulement, la douleur consciente, le sacrifice consenti constitue l'Aristie suprême et ce n'est pas l'office d'une religion de s'occuper de l'exception, sinon pour l'utiliser.

La masse ne consent pas sa souffrance et dès

lors, cela s'appelle de la vaine souffrance. Voilà en quoi la pensée du Boudha fut sublime ; discerner que le devenir commun est borné. Nul théologue n'a poussé si loin la bonne foi ; et ce charitable qui s'était dressé contre les castes, séparait cependant dans l'évolution, les êtres destinés à l'ascension illimitée, de ceux propres seulement au nirvâna, au *requiescat in pace.*

La seconde merveille de la pensée boudhique est le développement de la doctrine brahmanique du *Karma.* Ici, l'homme dépend de son propre verbe ; sa volonté se réalise et en douleur, c'est-à-dire, en prolongation d'existence inférieure, si sa volonté a conçu inharmoniquement. Ici, règne l'implacable justice ; le mérite et le démérite reçoivent leur palme ou leur dam, sans que l'idée de miséricorde intervienne.

Les simples ne connaîtront pas, sans trouble, que la confession existait dans la communauté budhique, solennelle et publique, le doyen faisant à haute voix l'énumération schématique des fautes et ajoutant, par trois fois : « Etes-vous purs, Révérends ? » Si respectables que soient les esprits enfantiles, il faut leur expliquer la niaiserie de cette infatuation qui fait dire au français et au paysan : ma patrie est la plus généreuse et mon clocher le plus beau du monde, et au chrétien : ma religion est la seule.

Le Christianisme, aux yeux des dévots, puise sa divinité dans ses étrangetés ; au contraire, pour l'initié, sa vérité paraît en ce qu'il synthétise et accomplit les antiques grandeurs.

L'énorme diffusion du Boudhisme vient du caractère indéfini, presque musical de ses dogmes basés sur la faiblesse humaine ; d'un résultat positif et actuel en sa pratique, cette doctrine s'est mêlée aux formes religieuses locales, même au Çivaïsme.

On verra au chapitre des grandes écoles philosophiques les différences des quatre systèmes boudhiques. Avec une clarté singulière, le comte de Lafont les a présentés assimilables, autant que l'insuffisant parallélisme des notions latines et des indiennes, le permettaient. Il finit son remarquable ouvrage en réduisant au silence le fantaisiste Sinnet et la facétieuse théosophie, sorte de jeu métaphysique pour dames, inauguré par une très curieuse démente nommée Blavatscky.

La conclusion de M. de Lafont est juste : « Le Buddha a voulu épargner, dans la mesure du possible, à l'humanité une partie de ses maux, il a tenté de déraciner chez l'homme, cet égoïsme qui le pousse à s'attacher à l'existence, et pour y arriver, il s'est servi de la croyance à la transmigration, en promettant comme délivrance finale à ceux qui suivraient sa doctrine, le *nirvâna*, le repos définitif..... »

Si nous considérons l'agitation de fourmilière que présente l'ordinaire humanité, le Boudha se trouve justifié d'avoir tari des activités aussi vaines et immobilisé des efforts sans idéalité. Aucun théologue n'a fait une aussi belle moisson d'âmes, et érigé tant de vertus à la place de l'originel égoïsme ; aucun thérapeute de la nature humaine n'a pareillement apaisé la douleur de l'espèce.

Cependant, la bienfaisance de ce Verbe s'est borné aux races jaunes et disconvient irrémédiablement aux sémites comme aux latins. Malgré soi, on tend, en cette matière, à comparer Jésus-Christ et Gautama, comme jadis, l'ignorant citoyen de Genève comparait Socrate, ce boulevardier de génie et d'Athènes, au Sauveur.

Sans doute, le sage de Kapilavastu a renoncé à sa vie heureuse de roi, pour vêtir la robe ascétique ; mais, l'ère chrétienne pullule de princes agissant ainsi, sous l'empire d'une illumination mystique. Ensuite, découvrant l'inanité des macérations, ce dévot devint philosophe ou mage ; insatisfait de la routine religieuse, il médite, il invente, il crée, en sa pensée, une solution du mystère : c'est le second état, et nul doute qu'il eût pu nous laisser un livre aussi admirable que la *Baghavad.*

Mais, tout à coup, l'initié se sent égrégore ; le mage se découvre, chargé d'humanité ; il renonce au destin métaphysique, et incarnant par identification de charité l'âme générale, il découvre un baume pour la souffrance humaine, il devient le héros de bonté et le pasteur d'hommes.

Après une vie de succès, de gloire, et de volonté réalisée, il meurt entouré de ses disciples, dans une paix admirable : et voilà l'ombre au radieux tableau.

Il fut heureux ! Autant par le succès de son entreprise qu'il l'était par la naissance ; il reste le type du bonheur dans l'office de charité. Des fleurs et des parfums, voilà les rites qui, en effet, conviennent au plus doux et au plus fortuné des théocrates.

Bienfaiteur d'un tiers de l'humanité, il a droit à une éternelle vénération ; mais il ne ressemble point à Jésus-Christ.

Je ne veux pas profiter de ma présence au seuil d'une œuvre de science pure, pour défendre ma foi ; mais la science qui étudie les religions, les compare.

Le Budhisme étend son Nirvàna entre le mystère et l'homme ; il établit les conditions de la réponse d'en haut à l'objurgation terrestre.

Or, le problème véritable de la religion se pose autrement : rendre Dieu sensible aux hommes humaniser le mystère, ou mieux, le réaliser devant l'esprit de l'homme.

Le Buddha, l'homme devenu Dieu, ne valait rien à cet office ; même au sommet de l'évolution l'origine paraît encore ; le caractère de relativité reste indélébile.

L'œuvre de Jésus-Christ présente une simplicité incomparable ; il n'efface pas un mot de la
sagesse antique ; le rouleau du scribe, il ne le
froisse même pas : le verbe du passé ne saurait
lui faire aucun reproche ; il rayonne à travers les
hommes et les institutions, à la façon du soleil qui
irise et traverse un cristal sans désagréger les mo-
lécules ; il n'apportait pas le nouveau, mais l'éternel.

L'holocauste volontaire ne réalisait pas la Rédemption : Dieu venu, c'était infiniment inespéré;
il fallait que Dieu restât, et Dieu est resté.

Et *Verbum caro factum est*. Ces cinq mots les
plus puissants de toute magie restent le mystère
ineffable qu'il faut adorer et non pas expliquer.

L'Eucharistie est le chef-d'œuvre des religions
pour parler le langage rationnaliste.

Aucune comparaison ne se présentera aux plus

érudits théogonistes. La Cène sépare l'histoire humaine en zônes définitives ; en deçà on pouvait inventer dans l'ordre religieux ; au-delà, il n'y a rien.

En lisant l'ouvrage du comte de Lafont, au seuil de la semaine sainte et parmi les ratures de mon *Mystère du Graal*, j'ai éprouvé une grande joie : celui qui est mon Dieu m'est apparu encore plus Dieu, et je l'ai honoré en ses insignes précurseurs en ces Pères de l'Eglise universelle, Krischna et Bouddha.

Je mentionne cette impression, parce qu'elle prouve avec quelle intelligence la physionomie et la doctrine de Gautama sont présentées et la belle impartialité qui circule entre les lignes de cette évocation de l'Inde religieuse.

Un jour viendra où la statue du Boudha ornera une chapelle des églises catholiques, à plus juste titre que le bienheureux Labre qui fut parfait dans l'humilité, mais dont l'exemple ne sauva qu'un petit nombre d'âmes.

Déjà la patrie, concept anti-chrétien, chancelle sous le souffle de l'humanisme : les races vont comprendre bientôt qu'elles sont sœurs, les religions le comprendront aussi ; je le souhaite de tout mon zèle de catholique romain, persuadé que le Verbe de Jésus est destiné à la vraie universalité, et j'honore dévotement ceux qui profèrent quelque chose de ce Verbe, avec volonté droite et conséquence de lumière.

Tout ce qui est le Bien est Dieu, voilà pourquoi il faut reconnaître l'Esprit-Saint partout où naissent et croissent les beautés morales.

C'est un noble destin d'entrer dans la science par la porte des temples, et de proférer d'abord des matières sacrées : c'est celui du comte de Lafont.

Il a satisfait, à la fois, l'exclusive science et la

foi exclusive : il plaira aux esprits scientifiques, il
ne déplaira pas aux croyants, car son sujet l'a
tout imprégné et il a su être doux, dans la contradiction ; et sauvant l'intégrité de la science,
ne pas écrire une parole qui pût offenser quelqu'un : idéal que je n'ai pas atteint encore, et
que je signale ici comme un dernier trait, et une
marque insigne.

SAR PELADAN.

Paris, avril 1895.

AVERTISSEMENT

Depuis un siècle à peine qu'on s'occupe d'orienta-
lisme, tous les savants d'Europe semblent avoir de
préférence à toutes les anciennes religions telles que
le Védisme, le Brahmanisme, le Mazdéisme, étudié
le Buddhisme, une des dernières venues parmi ces
antiques religions dont quelques unes se perdent dans
les temps préhistoriques. A cela, il y a plusieurs raisons. Le Buddhisme est la religion la plus répandue,
puisqu'elle compte environ un tiers de la population
totale du monde. De plus, né dans l'Inde, il s'est im-
planté dans des pays de races et de langues diverses,
et les annales religieuses dont les originaux étaient
rédigés en sanscrit et plus tard en pâli, ont été traduits
en tibétain, en mongol, en chinois, en japonais lorsque
cette religion a conquis la Chine, la Tartarie, le Tibet
et le Japon. Le Buddhisme offre donc aux savants
l'avantage de pouvoir comparer les différentes ver-
sions de ses livres sacrés avec les originaux sanscrits

et pâlis, et par conséquent d'apporter une sextuple preuve à l'authenticité de ses écrits. Enfin il appartient à une époque fertile en synchronismes et son histoire en acquiert une base solide. Si la métaphysique du Buddhisme est inférieure à celle de la plupart des grandes religions, sa morale par contre, d'une si grande pureté et d'une incommensurable charité, peut hardiment se comparer à celle du christianisme. C'est là d'ailleurs qu'il faut chercher le secret de la si grande extension de ces deux religions.

Il semblerait donc, qu'après les travaux de savants tels que Burnouf, Lassen, Max Müller, Csoma, Schmidt, Abel Remusat, Hodgson, Schœbel, Oldenberg, Foucaux, Schlaginweit et tant d'autres, il ne restât rien à dire du Buddhisme, et que le sujet fût épuisé. Cependant, il m'a paru qu'un livre qui serait le résumé des ouvrages si volumineux de tous ces savants, et qui dégagé des formules scientifiques si arides pour la plupart, tout en restant l'expression fidèle de la pensée des maîtres, ferait une histoire aussi complète que possible du Buddhisme, de ses origines, de sa doctrine, de ses différentes et profondes modifications, et enfin des divergences d'opinions auxquelles il a donné naissance parmi les savants qui l'ont étudié, ce livre aurait aussi son utilité. En outre, de nombreuses citations de textes tirées des meilleures traductions des grands ouvrages sacrés de l'Orient, auront l'avantage de donner au lecteur une garantie d'authenticité, lui permettront de se faire une idée de ces chefs-d'œuvre de l'esprit humain et lui suggèreront peut-être la pensée de les lire et de les étudier. C'est là la seule raison d'être de cet essai.

Il est cependant un point de vue personnel que je chercherai à développer. On a écrit la vie du Buddha Çakya-Muni, on a traduit les ouvrages sacrés qui relatent les différentes phases de son existence, on a commenté ses doctrines ; mais il me semble que l'on n'a pas suffisamment fait ressortir ce point capital, caractéristique de cette grande figure : Gautama était un homme d'une intelligence tout-à-fait supérieure, d'une science très profonde, mais chez qui, la bonté et la charité l'emportaient encore sur l'intelligence. C'est après avoir mené pendant de longues années une vie d'ascétisme, d'études et de méditations, qu'il vit l'inanité des mortifications et l'inutilité de la science accessible aux seuls esprits supérieurs. Pour épargner alors, au commun des mortels les souffrances de cette vie et les conduire au chemin du salut, il établit les fondements d'une morale basée sur l'équilibre d'une vie matérielle, la répression des sens, la pureté de l'âme et du corps, et un esprit de charité universelle, développant la sensibilité de l'être humain au point de lui faire respecter la vie des animaux les plus infimes. Si donc, comme je l'ai dit plus haut, la métaphysique du Buddhisme n'est pas à la hauteur de celle du Brahmanisme, du Mazdéisme ni du Christianisme, c'est que Çakya-Muni n'a pas jugé à propos de la développer davantage.

Il a cherché une formule applicable à tous, aussi bien à l'ignorant qu'au savant, au pauvre qu'au riche : « Ma loi, a-t-il dit, est une loi de grâce pour tous. Et qu'est-ce qu'une loi de grâce pour tous ? C'est une loi sous laquelle d'aussi misérables mendiants que Durâgâta et d'autres se font religieux. » A toutes les questions qu'on lui pose sur l'éternité,

sur l'infini, sur la définition du Moi, il répond :
« Pour quelle raison le Buddha n'a-t-il pas enseigné
à ses disciples si le monde est fini ou infini, si le saint
continue ou non à vivre au-delà de la mort ? Parce
que la connaissance de ces choses ne fait faire aucun
progrès dans la loi de la sainteté ; parce que cela ne
sert pas à la paix et à l'illumination. Ce qui sert à
la paix et à l'illumination, voilà ce que le Buddha a
enseigné aux siens : la vérité sur la douleur, la vérité sur l'origine de la douleur, sur la suppression
de la douleur, sur le chemin qui mène à la suppression de la douleur. C'est pourquoi ce qui n'a pas
été révélé par moi, que cela demeure irrévélé, et ce
qui a été révélé, que cela soit révélé ! » Toute tentative pour définir le Moi est aussi écartée : L'esprit,
dit Gautama, est arrivé ici au bord d'un mystère in-
sondable ; inutile de chercher à le découvrir. Le
moine qui aspire au salut de son âme a autre chose à
faire.

Ce que le Buddha a cherché, c'est une morale
pratique, pouvant s'adapter à l'homme en général ;
aussi le Buddhisme se plie-t-il à toutes les races. Il
n'est pas partout compris de la même manière et
s'élève plus ou moins haut ; mais, quelque soit le pays
où il a pénétré, il a adouci les mœurs et moralisé les
populations.

Ceci est si vrai, que le Buddhisme a envahi l'Inde
(dont il a été chassé plus tard, sauf de Ceylan), le
Thibet, la Chine, la Tartarie, l'Indo-Chine, le Japon ;
par ses missions il a pénétré jusqu'en Abyssinie ; on
croit en avoir trouvé des traces en Amérique, et voici
qu'il pénètre en Europe. Écoutez plutôt ce qu'en dit
Léon de Rosny dans son discours d'ouverture sur les

Religions d'Extrême-Orient : « J'ai connu des missionnaires de l'Evangile qui après avoir vécu quelques années au milieu des populations buddhiques ont fini par devenir de véritables adeptes de la foi de Cakya-Muni.

Dernièrement des Européens, et parmi eux un savant de profession ont embrassé la doctrine du Nirvana. En ce moment il se crée des associations religieuses qui prétendent se rattacher au Buddhisme, et l'on vient de reprendre le projet de construire des pagodes dans plusieurs villes de l'Europe, notamment à Paris.

Un abîme sépare le Buddhisme primitif du Buddhisme tel qu'il est pratiqué de nos jours dans les classes populaires de l'Extrême-Orient. Les hommes supérieurs qui le cultivent au Siam, en Birmanie, en Cochinchine, en Chine, en Corée, au Japon, sont loin de le comprendre de la même manière. Dans ce dernier pays, quelques sectes ont élevé la doctrine de Cakya-Muni à la hauteur d'une remarquable philosophie.

Le Buddhisme qui a été depuis des siècles et est toujours la plus grande religion du monde, est-il appelé, comme le supposent quelques personnes, et pour me servir des paroles mêmes d'un ecclésiastique érudit, l'abbé Deschamps, à puiser en vieillissant de nouvelles forces dans de nouvelles transformations ? Lui est-il réservé d'étendre ses ramifications jusqu'en Europe et d'y prendre place à côté de certaines doctrines scientifiques modernes avec lesquelles il présente tant de points de contact et d'affinités ? Je l'ignore, mais il est manifeste qu'il tend à se rajeunir et à chercher des échos au-delà des limites déjà si larges dans lesquelles il s'était longtemps renfermé ».

Voilà, si je ne m'abuse, l'œuvre d'un grand psychologue, et si l'on songe, que de toutes les religions, y compris le Christianisme, le Buddhisme est la seule qui se soit répandue sans employer la force des armes, par la seule vertu de ses prédications, on conviendra, certes, que Cakya-Muni peut à bon droit revendiquer le titre d'un des plus nobles bienfaiteurs de l'humanité. « Purifier son esprit, fuir le vice, pratiquer la vertu » ; tels sont les trois préceptes fondamentaux du Buddhisme.

Ces préceptes de morale, ce n'est pas le sage de Kapilavastou qui les a le premier ni découverts ni enseignés ; bien avant lui, les grands philosophes de l'Inde Brahmanique les avaient formulés et suivis ; mais à lui revient l'honneur d'avoir prêché l'égalité de tous devant la religion et devant la vertu, et cela, à une époque où le Brahmanisme enfermait l'Inde dans ses quatre castes, et d'avoir donné l'exemple le premier, en abandonnant trône, richesses, honneurs, famille, pour prendre la robe, le bâton et la sébile d'un mendiant.

Mais pour bien comprendre l'immense popularité dont a joui le Buddhisme dès son apparition, il est nécessaire de connaître quel était alors l'état de l'Inde, au point de vue religieux, social et philosophique. Le présent ouvrage se divisera donc en trois parties : la première, qui traitera succinctement du Védisme et du Brahmanisme ; la seconde, qui relatera la vie de Cakya-Muni, et la troisième, qui comprendra l'exposé des doctrines Buddhiques.

INTRODUCTION

A L'ESSAI SUR LE BUDDHISME

Il y a cent ans, on ne connaissait l'Orient d'avant notre ère que par des fragments d'historiens grecs et latins et le récit de quelques voyageurs. Il n'existait qu'une autorité religieuse : la Bible ; un seul peuple qui eût été civilisé parmi les anciens : le peuple juif, *le peuple élu*.

Le monde avait été créé 4,000 ans avant le Christ ; Moïse était le plus ancien législateur connu. Il était vaguement question des Pharaons, de Cyrus, des rois d'Assyrie, des sept sages de la Grèce, mais c'était pour mieux affirmer la supériorité du peuple d'Israël. D'un côté les païens, pour employer l'expression encore en usage en Occident, de l'autre le peuple Hébreu, le peuple de Dieu.

Les temps sont changés ! Aujourd'hui les savants admettent qu'il a fallu des millions d'années à la terre pour se former ; les géologues donnent à l'homme une antiquité de 100,000 ans. L'Orient étudié et fouillé s'est révélé et la vérité éclatante a surgi des ténèbres où elle avait dormi dix-huit siècles. A l'Egypte, l'*Alma mater*, Champollion le jeune, Champollion-Figeac, Bunsen, Osburn, Lenormant, Chabas, ont assigné 5,000 ans de civilisation avant notre ère ; par ses monuments, ses pyramides, ses tombeaux funéraires, les trente dynasties de ses rois, elle plane sur le monde dans sa fabuleuse antiquité. La Chaldée et l'Assyrie ont en partie dévoilé leurs secrets par la découverte des inscriptions cunéiformes. Les travaux d'Eug. Burnouf, Westergaard, Oppert, Ménant, Rawlinson, Lenormant donnent à cette civilisation une antiquité de 4,000 ans avant Jésus-Christ. L'inscription de Sargon l'ancien, porte la date de 3,800 ans avant Jésus-Christ. Les sinologues n'osent fixer une date à la civilisation de l'Empire du Milieu, tant l'origine des Chinois semble se perdre dans les âges préhistoriques. Enfin les indianistes William Jones, Colebrooke, Eug. Burnouf, Emile Burnouf, Lassen, Max Müller et tant d'autres ont traduit les principaux manuscrits de l'Inde et de la Perse. Ici, les surprises ont été plus grandes encore. Par la philologie comparée et l'étude du Védique et du Sanscrit, on obtenait la certitude que les Aryas de l'Inde, les Persans, les Grecs, les Latins, les Germains, les Scandinaves et les Celtes étaient tous les rameaux d'un même tronc, ce que Pictet a démontré dans ses *Origines indo-européennes*. On acquérait la preuve que l'Inde, au moment de l'Exode de Moïse était en possession d'une civilisation sans égale. Les milliers de manuscrits qu'elle possède montrent que toutes les idées philosophiques et religieuses avaient été remuées par les grands penseurs de cette nation. Désormais, c'est un fait avéré : les grands philosophes de la Grèce, Pythagore, Platon, ont puisé à ces sources antiques. L'Orient s'est dévoilé, c'est de lui que nous vient la lumière : *ab Oriente lux*.

Déjà Philon d'Alexandrie disait : « Il y a ici un homme qui s'appelle l'*Orient*. » L'Asie, a dit Fernon, fut le foyer d'où s'échappa la lumière qui vint éclairer nos climats. » Et Pauthier dans son Introduction aux Livres sacrés de l'Orient ajoute : « L'Orient avec ses immenses souvenirs qui touchent au berceau du monde, comme lui touche au berceau du soleil, avec ses mers de sable où sont couchées des nations, subsiste toujours. Il conserve encore vivantes dans son sein la première énigme et les premières traditions du genre humain. Dans l'histoire comme dans la poésie, dans les manifestations religieuses comme dans les spéculations philosophiques, l'Orient est l'antécédent de l'Occident. Nous devons donc

chercher à le connaître, pour nous bien connaître
nous-même (1). »

Notre civilisation, nous la lui devons. Si nous
en exceptons la peinture et la musique dans l'art,
et les sciences appliquées, nous ne faisons que
développer ce qu'il nous a transmis. Il n'est pas
une idée philosophique ou religieuse qui nous
soit propre et que les anciens n'eussent formulée.
En architecture, ils nous ont écrasé du poids
de leurs monuments grandioses. Leurs civilisations pour être autres, étaient aussi avancées
que la nôtre; et la douceur de mœurs de certains de ces peuples n'est pas pour nous rendre
orgueilleux.

Comme preuve de l'extraordinaire civilisation
de l'Inde brahmanique, je citerai seulement,
d'après Burnouf, ce fait unique dans l'histoire
des civilisations. Dans le théâtre indien il y avait
des pièces entièrement métaphysiques, où les
personnages étaient des idées. Tel le *Prabôdha-
Tchandrodâya* ou le Lever de la lune de l'intelligence. Ce fait, conclut Burnouf, suppose un public comme aucun théâtre de l'Europe ancienne
ou moderne n'en a jamais contenu, et caractérise
la société distinguée de l'Inde (2). Voilà pour l'intelligence et l'éducation. Un autre fait montrera
la douceur de mœurs du peuple Hindou et sa
grande sagesse. Mégasthènes rapporte l'étonnement des Grecs de voir dans l'Inde le paysan

continuer à cultiver paisiblement son champ au milieu des armées en lutte. « Il est sacré et inviolable, dit-il, car il est le commun bienfaiteur de l'ami et de l'ennemi. »

Aussi que d'erreurs grossières, d'autant plus profondément enracinées qu'elles ont été propagées par des savants, faute à ces derniers de n'avoir pas eu en mains les matériaux nécessaires pour formuler leur opinion.

N'est-ce pas un spectacle attristant de voir Deguignes dans son *Histoire des Huns*, affirmer de la façon suivante l'origine égyptienne des Chinois : « Les Chinois ne sont qu'une colonie égyptienne assez moderne. *Je l'ai prouvé* dans un mémoire lu à l'Académie. Les caractères Chinois ne sont que des espèces de monogrammes formés de lettres égyptiennes et phéniciennes, et les premiers empereurs de la Chine sont *les anciens rois de Thèbes.* » Le même Deguignes dans son *Mémoire sur la Religion samanéenne* admet qu'il y a dans la mythologie indienne des traits qui paraissent empruntés des Juifs et même des Chrétiens. « Les Indiens, dit-il, ont pu emprunter des Grecs puisqu'on a trouvé dans la langue sanscrétane des mots grecs et latins. » Enfin, il affirme que les Indous vers l'an 1100 avant Jésus-Christ n'étaient que des *barbares* et des *brigands* (3).

Puis c'est Philarète Chasles qui déclare l'*Inde fille de la Grèce.* C'est Hegel qui dit de Con-

fucius : « C'est un philosophe pratique ; la philosophie spéculative ne se rencontre pas dans ses
écrits ; ses doctrines morales ne sont que bonnes,
mais on n'y peut rien apprendre de spécial. L'ouvrage moral de Cicéron, *de Officiis* nous en apprend plus et mieux que tous les ouvrages de
Confucius ; et d'après ces ouvrages originaux on
peut émettre l'opinion qu'il vaudrait mieux pour
la réputation de Confucius qu'ils n'eussent jamais
été traduits (4). »

Et Ritter dans son *Histoire de la Philosophie
ancienne* va encore plus loin : « Quant aux écrits
attribués à Confucius et qui sont pour ses compa-
triotes comme les sources de la sagesse, on peut
remarquer que les Chinois réputent quelquefois
sagesse tout autre chose que ce que nous regar-
dons comme philosophie ; car ces règles de conduite et les sentences morales répétées jusqu'à
satiété qu'on rencontre dans les écrits de ce sage,
ne méritent de nous qu'un sourire sur le sérieux
plein de roideur qui voudrait faire passer ces
maximes pour quelque chose d'important (5). »

C'est en ces termes que les deux savants allemands ont parlé du philosophe qui a dit de lui-
même : « Je ne suis point doué de la science ; je
« suis un homme qui a aimé les anciens et qui a
« fait tous ses efforts pour acquérir leurs con-
« naissances ; » qui ajoute : « Celui qui se livre
« à l'étude du vrai et du bien, qui s'y applique
« avec persévérance et sans relâche, n'en éprouve-

« t-il pas un peu de satisfaction ? L'homme supé-
« rieur ne s'inquiète que de ne pas atteindre la
« droite voie ; il ne s'inquiète pas de la pau-
« vreté », et dont les disciples ont résumé ainsi
la doctrine : « La doctrine de notre maître con-
« siste uniquement à posséder la droiture du
« cœur *et à aimer son prochain comme soi-*
« *même* (6). » Confucius qui vivait il y a deux mille
cinq cent ans, et dont les doctrines étaient sui-
vies par 400 millions de sectateurs, avouait humblement avoir appris des anciens ; MM. Hegel et
Ritter, venus vingt-cinq siècles plus tard, ont la
prétention d'avoir découvert la philosophie. *Ri-
sum teneatis*. C'est renouveller à plus de deux mille
ans de distance l'erreur que les Grecs, dans leur
naïve vanité, commettaient vis-à-vis l'antiquité.
Aussi, écoutez Platon, rapportant dans son *Ti-
mée* qu'un prêtre d'Egypte s'adressait à Solon
en ces termes : « O Athéniens, vous n'êtes que
« des enfants ! vous ne connaissez rien de ce
« qui est plus ancien que vous ; remplis de vo-
« tre propre excellence et de celle de votre
« nation, vous ignorez tout ce qui vous a précé-
« dés ; vous croyez que ce n'est qu'avec vous et
« avec votre ville que le monde a commencé
« d'exister. » Enseigner comme on le fait encore
aujourd'hui que les Egyptiens adoraient les animaux, les Indous les éléments, les Perses le
soleil, c'est accomplir sciemment un acte de mauvaise foi ; c'est s'exposer au reproche suivant

formulé par un Brahmane contemporain dans un discours à l'Institut de Trichnopoli : « De ce que « l'Europe ne comprend pas nos mystères, qui ne « sont pour la plupart du temps que des sym-« boles mnémotechniques d'astronomie, il ne « faudrait pas qu'elle prît son ignorance pour un « argument de la nôtre. »

Que deviennent dans ces conditions l'Ancien Testament et ses quinze siècles d'antiquité ? et quelle place le peuple Hébreu occupe-t-il au milieu de ces splendides civilisations ? Les Pères et Docteurs de l'Eglise ayant commis la lourde faute d'embarrasser le Christianisme de cet incommode fardeau, en soudant l'Ancien Testament au Nouveau, il en est résulté une longue suite d'erreurs admises par toute la chrétienté. En face des découvertes de la science, il a fallu chercher à faire concorder les textes avec la science. Difficile et aride besogne ! Pour défendre la Genèse, il a fallu arguer que les mots Hébreux qui dans la création du monde avaient été traduits par *jours* signifiaient une durée de temps indéterminée. L'argument n'est que spécieux. La chose fût-elle en effet, démontrée, ce qui est loin d'être prouvé, qu'il n'en resterait pas moins ce fait que depuis dix-huit siècles les Pères et les Docteurs de l'Eglise ont toujours traduit ces mots par *jour*, qu'on l'a cru, et que parmi les chrétiens d'aujourd'hui, beaucoup encore n'ont pas cessé de le croire. Au chapitre de la création de sa Somme

théologique, S‍ᵗ Thomas est explicite : « Il faut
répondre que le premier jour de la création est
désigné par le nombre cardinal *un* pour indiquer
que l'espace de vingt-quatre heures forme un
jour, et le nombre un détermine par conséquent
la mesure naturelle de la journée. » Sᵗ Augustin,
Sᵗ Basile et Sᵗ Jean Chrysostome sont du même
avis. La chronologie de Moïse est tout aussi
puérile. Les dynasties Egyptiennes avec les dates
de naissance et de mort de chaque roi inscrites
sur les sarcophages sont là pour prouver qu'à
cette époque la vie de l'homme ne dépassait pas
la durée de la vie actuelle. Et comme les Egyptiens, les Chaldéens et les Indous connaissaient
la précession des équinoxes, leur chronologie est
scientifiquement basée. La vie polycentenaire des
patriarches Hébreux doit donc être reléguée dans
le domaine fantaisiste.

Il est démontré que le Pentateuque attribué à
Moïse est, dans sa plus grande partie, apocryphe
et qu'il date vraisemblablement de l'époque du
roi Josiah, lorsqu'il fut soi-disant retrouvé par le
grand-prêtre Helkiah dans le Temple, en l'an
621 avant J.-C. Le récit de ce fait important est
longuement exposé au chapitre XXII du *Livre des
Rois*, et il prouve en sus que depuis plusieurs
siècles les Hébreux étaient retournés à leur polythéisme primitif. Mais laissons de côté l'authenticité de l'Ancien Testament et prenons-le tel
qu'il est.

Une des erreurs fondamentales créée et maintenue par le Christianisme consiste à avoir nommé le peuple juif, le *peuple élu,* le *peuple de Dieu.*

Pourquoi ? Parce que, ont dit les docteurs de l'Église, il a été le seul dans l'antiquité à avoir été monothéiste, à avoir eu la connaissance du seul et vrai Dieu.

Cette prétention n'est plus admissible aujourd'hui. Il est pleinement démontré que les prêtres de l'Égypte, de la Chaldée, de la Babylonie connaissaient et enseignaient l'unité de Dieu dans leurs collèges d'initiés. Quant aux *Védas,* au *Manava-Dharma-Sastra,* à tous les livres religieux de l'Inde, à l'*Avesta,* ils prouvent surabondamment que les Indous et les Persans avaient formulé l'unité de l'Être suprème.

Aristote, dans sa métaphysique, le dit expressément : « Une tradition qui nous vient des peuples de la plus haute antiquité et transmise sous forme de mythe à la postérité nous apprend que Dieu est le premier principe du monde et que le pouvoir divin embrasse la nature tout entière. Le reste a été ajouté fabuleusement dans le but de persuader le vulgaire et afin de soutenir les lois et les intérêts sociaux. »

Il ne faut pas oublier que dans toute l'antiquité l'initiation religieuse et la doctrine secrète étaient réservées à un très petit nombre d'individus prêtres pour la plupart : que chaque religion contenait une doctrine ésotérique pour les seuls initiés et exotérique pour le commun du peuple, et que le christianisme, dans les premiers siècles, n'a pas échappé à cette loi. La querelle de saint Pierre et de saint Paul le prouve : saint Paul voulant divulguer la doctrine secrète et saint Pierre s'y refusant, ce qui faillit amener un schisme (7). Plus tard l'évêque Synésius s'exprime ainsi : « Le peuple veut absolument qu'on le trompe : on ne peut en agir autrement avec lui. Les anciens prêtres de l'Égypte en ont toujours usé ainsi : C'est pour cela qu'ils se renfermaient dans leurs temples et y composaient à son insu leurs mystères. Si le peuple eût été du secret, il se serait fâché qu'on le trompât. Cependant, comment faire avec le peuple puisqu'il est peuple ? Pour moi, je serai toujours *philosophe* avec moi, mais je serai prêtre avec le peuple. »

Ainsi tombe la fable absurde où les peuples de l'antiquité sont représentés adorant les animaux. Mais allons plus loin : cette épithète *de peuple élu*, appliquée au peuple Hébreu, nous allons prouver qu'il était le dernier à la mériter. Quelle est en effet la conception qu'avait le peuple Hébreu du Dieu dont il était si fier ? C'était une conception anthropomorphe. Le Dieu d'Israël était un Dieu physique. Dans la Génèse, il crée l'homme à son image ; il se promène dans le paradis terrestre ; il s'irrite, il se repent, il oublie, il se souvient. Dans l'Exode il écrit de *sa main* les tables de la loi. Il défend qu'on reproduise son image, soit par la sculpture, soit par la peinture. C'est un Dieu exterminateur qui se venge sur les enfants jusqu'à la troisième et la quatrième génération des fautes des parents : c'est le Dieu d'Israël et non celui des autres nations, et, lorsqu'il s'irrite contre son peuple, il crie à Moïse : « Laissez-moi faire, afin que la fureur de mon indignation s'allume contre eux et que je les extermine. » Voilà la conception monothéiste des Hébreux ; et encore n'ont-ils pu la conserver. A chaque instant ils sacrifient aux Dieux étrangers : les prophètes et le Dieu d'Israël lui-même le nomment le *peuple à la tête dure*. Les Hébreux ont si peu compris la notion d'un Dieu métaphysique, qu'on chercherait en vain dans tout l'Ancien Testament un seul texte où il soit question de l'immortalité de l'âme ; fait unique dans les civilisations de l'antiquité. Leur histoire, depuis la Genèse, n'est qu'une longue suite de vols, de rapines, de meurtres, de massacres, d'abominations, au point que si l'on copiait textuellement l'Ancien Testament en supprimant tous les noms Hébreux et qu'on répandît ce recueil parmi des gens qui l'ignoreraient, on pourrait à juste titre demander quel est le peuple sauvage et barbare dont il est question. Comment pourrait-il en être autrement lorsqu'on songe à son origine. D'où vient-il en effet ? Le doute n'est guère permis à ce sujet. Les Hébreux n'étaient au temps de

Moïse que le rebut de l'Égypte, les hors-caste, les parias. Manethon, prêtre égyptien chargé par Ptolémée Philadelphe de reconstiuer l'histoire des premiers temps de l'Égypte, s'exprime ainsi : « Les ancêtres du peuple juif furent un mélange d'hommes de diverses castes, même de celles des prêtres égyptiens qui, pour cause d'impuretés, de souillures religieuses ou civiles, et pour la lèpre furent, sur l'ordre d'un oracle, expulsés d'Égypte par le roi Amenoph. » En faire les descendants de Jacob est une absurdité. D'après l'Exode, Jacob vint en Egypte avec soixante-dix personnes de sa famille et deux cents ans après, lors de la sortie d'Egypte, il est dit que plus de six cent mille hommes, sans compter les femmes et les enfants, ce qui porterait au moins leur nombre à deux millions d'individus, suivirent Moïse (8). Quelle que soit d'ailleurs l'aptitude prolifique de cette race, il est permis de douter d'un accroissement aussi invraisemblable. Comparons maintenant la conception de Dieu du peuple Hébreu à celle des peuples Aryas.

Chez les Aryas de l'Inde, *Bhrama*, c'est l'être neutre, sans nom, que l'esprit ne peut concevoir, que les sens ne peuvent saisir. D'après la définition de Manou, c'est « *Celui qui existe par lui-même*, qui n'est pas à la portée des sens extérieurs, éternel, âme universelle. » Il est absolu et invariable, sans attribut spécial. Il n'entre dans aucune relation avec les êtres individuels.

Pour se manifester dans la création, il est obligé de se créer lui-même, et alors il devient Brahma, le principe actif et masculin sorti de la substance infinie. Chez les Aryas de la Perse, la conception est identique : Le Zervane-Ackerene est l'être inactif, neutre, principe absolu, qui se créera pour se manifester, et d'où sortiront Ormuzd et Ahriman, le principe du bien et le principe du mal. A ce sujet, rectifions en passant une erreur communément répandue touchant le dualisme des Persans. Non seulement le Zervane-Ackerene représente l'unité de la substance, mais de plus les deux principes rivaux de Ormuzd et d'Ahriman, quoique jumeaux, ne sont pas égaux. En effet, Ormuzd, principe du bien, naît en premier; il est plus puissant qu'Ahriman et ce dernier à la fin des temps doit disparaître. Quant aux Aryas de la Grèce, tout le monde sait que Pythagore, Socrate et Platon connaissaient et enseignaient l'unité de l'Être suprême.

Τὸ ἐν ὄν le définissait Platon, l'unité existante, νοῦς l'intelligence; et Aristote νόησις, νοήσεως, νόησις : la pensée qui se pense elle-même.

Entre la conception métaphysique des Aryas et la conception anthropomorphe du Dieu d'Israël, il existe un abîme. L'une est aussi élevée et philosophique que l'autre est grossière et bornée. On ne sait donc de quoi s'étonner davantage, ou de l'outrecuidance des Juifs se targuant de leur supériorité dans l'antiquité, supériorité basée sur leur religion monothéiste, ou de l'inconscience des Chrétiens, descendants des Aryas, pour qui le peuple juif est encore le peuple élu ainsi qu'il ressort de leur Histoire sainte. Ce peuple minuscule, sorti des parias de l'Egypte, sans cesse pillant ses voisins, passant au fil de l'épée, quand il est vainqueur, hommes, femmes et enfants, ne réservant que les vierges pour son usage sur l'ordre de Moïse(9), retournant sans cesse à ses idoles malgré la voix de ses prophètes ; qui, n'ayant pu trouver de symbole pour sa foi, les a pris à l'Egypte et à la Chaldée ; sans art, sans philosophie, dont tout le mérite est littéraire et qui doit son prestige à l'art de ses historiens, ce peuple aurait la prétention d'avoir été le peuple élu en face de ces splendides et antiques civilisations de l'Egypte, de la Chaldée, de l'Inde, qui florissaient à une époque où lui n'existait pas, et plus tard de la Grèce. Et cette prétention est basée sur ce qu'il a été le seul à connaître Dieu. Et quel Dieu ? Un Dieu puissant et jaloux, Dieu des armées, Dieu exterminateur, arbitraire, vindicatif, cruel, endurcissant à dessein le cœur de Pharaon pour frapper l'Egypte de ses plaies, ordonnateur de massacres, noyant dans un déluge la race des hommes qu'il se repentait d'avoir créé, bénissant par la voix de Moïse les Lévites qui avaient tué leurs frères, leurs fils et leurs parents, lorsque les Hébreux avaient sacrifié au veau d'or(10). Et cette blasphématoire conception de Dieu, ils prétendaient la garder pour eux seuls. C'était le Dieu d'Israël et non des autres peuples. Et les chrétiens peuvent admettre que le Christ à la douce et sublime figure est le fils de ce Dieu ! Etrange aberration que dix-huit siècles d'ignorance et d'erreurs ont solidement enracinée ! Mais la science est venue ; elle a démêlé les origines confuses du christianisme, faisant la part des théories aryennes dues aux écoles d'Alexandrie et de la très petite part, quoique encore trop considérable, provenant des sources sémitiques.

Le Dieu des Chrétiens se rapproche plus des conceptions aryennes de l'antiquité : il est le Dieu universel, c'est l'Esprit pur et parfait. Quant au Christ, sa théorie est aryenne et non sémite. En effet, le Messie des Juifs était un Messie terrestre, un roi-prophète, descendant de David, un Messie pour eux seuls, et non pas un Messie fils de Dieu venu pour sauver le monde. La preuve, c'est qu'ils avaient cru le reconnaître dans Cyrus qu'ils avaient nommé le « Christ de Dieu. » Plus tard, Simon le Magicien se fit passer pour le Messie.

Aussi les Juifs ne reconnurent-ils pas le Messie dans Jésus, parce qu'il s'appelait le Fils de Dieu. Or, l'Evangile selon Saint Jean, le seul qui contienne la doctrine métaphysique de la religion chrétienne et le dernier en date des quatre évangiles, puisqu'il n'apparut que vers l'an 160 de notre ère, est aussi le seul des quatre évangiles qui fasse du Christ le Messie divin, universel, venu pour sauver le monde. De même pour la théorie du Verbe que Saint Jean admettait être connue longtemps avant Jésus et que les Alexandrins professaient depuis plusieurs siècles.

La théorie de l'Incarnation est également une théorie aryenne venue de l'Inde et enseignée à Alexandrie sous le nom de théorie des *hypostases*, théorie qui devait donner naissance aux personnes de la Trinité. Or, dans l'Ancien Testament, c'est en vain que l'on chercherait quelqu'une de ces doctrines, elles n'ont aucun rapport avec le sémitisme. Voici d'ailleurs ce que dit Em. Burnouf dans la *Science des religions* : « Le Zend-Avesta renferme explicitement toute la doctrine métaphysique des Chrétiens : l'unité de Dieu, du Dieu vivant, l'Esprit, le Verbe, le Médiateur, le Fils engendré du Père, principe de vie pour le corps et de sanctification pour l'âme. Il renferme la théorie de la chute et celle de la rédemption par la grâce, la coexistence initiale de l'Esprit infini avec Dieu, une ébauche de la théorie des incarnations, théorie que l'Inde a si amplement développée, la doctrine de la révélation de la foi, celle des bons et des mauvais anges connus sous le nom de *Amschaspands* et de *Darvands*, celle de la désobéissance au Verbe divin présent en nous et de la nécessité du salut. Enfin, la religion de l'Avesta exclut tout sacrifice sanglant expiatoire, et en passant chez les Israélites elle devait nécessairement supprimer le meurtre de l'agneau pascal, remplacé par une victime idéale. C'est en effet ce qui eut lieu d'abord parmi les Esséniens et les Thérapeutes, ensuite chez les Chrétiens (11). » Si des doctrines on passe aux rites, aux symboles, aux sacrements et à différentes institutions du christianisme, on constatera que là aussi la part des religions aryennes est plus considérable que celle du judaïsme. Qu'il me suffise de citer quelques exemples : Les symboles du feu, du calice, du signe de la croix, le cierge pascal, l'huile de certaines cérémonies, appartiennent à la religion védique. Les sacrements du baptême, de la confession, de l'ordination, la tonsure proviennent de la religion brahmanique ; celui du mariage existait dans toutes les religions aryennes, enfin le célibat des prêtres, la confession, la pénitence, ont leur source dans le Buddhisme.

C'est au Buddhisme que l'on doit les monastères d'hommes et de femmes, les conciles, les missions. Saint Basile a organisé sur le modèle des monastères buddhiques sa grande communauté religieuse (12).

Quant aux anachorètes et aux ascètes on les trouve quinze siècles avant Jésus-Christ, dans l'Inde brahmanique. Le Thibet buddhique possède le modèle complet de la hiérarchie du clergé catholique avec son Dalaï-Lama, pape élu par un conclave de Grands-Lamsa cardinaux buddhiques, revêtus comme insignes de leur dignité, de la crosse, de la mitre et de la dalmatique (13). Le père Bury, missionnaire catholique en Chine, voyant les bonzes habillés comme il l'était lui-même, tonsurés, se servant de rosaires, s'écriait : « Il n'y a aucune pièce de notre habillement, aucune fonction sacerdotale, aucune cérémonie de l'Eglise romaine, dont le diable n'ait inventé une copie en ce pays. » Gerson da Cunha dans son *Etude sur Gautama* ajoute : « Cette secte (celle qui professe la doctrine du grand véhicule) ressemble en bien des points au catholicisme romain ; non seulement elle a des monastères d'hommes et de femmes, la mendicité élevée au rang d'une vertu religieuse, la tonsure et le célibat des moines, mais encore elle pratique le culte des reliques, la confession auriculaire : elle a les fêtes, les processions, les litanies, les cloches, le chapelet, l'eau bénite, et elle croit à l'intercession des saints (14) ».

En voici plus qu'il n'en faut pour prouver que les origines du christianisme se rattachent bien plus aux religions aryennes qu'au judaïsme.

Une simple étude comparative de la religion hébraïque avec les religions sémitiques montrera bien mieux ses origines et l'abîme qui la sépare du christianisme. Yahveh est le Dieu d'Israël, comme Asur est le Dieu des Assyriens et Allah celui des Musulmans. Pour tous les Sémites, la conception de Dieu est identique : Ilou (d'où

Elohim, Allah, El.) qui veut dire fort, est le nom de Dieu chez tous les Sémites anciens et modernes : Dieu est le maître qui commande ; chez les Assyriens c'est Asur et le roi est son ministre ; chez les Hébreux c'est Iaveh et Moïse est son prophète ; chez les Musulmans c'est Allah et Mohammed est le prophète d'Allah.

Asur, Yahveh et Allah, se sont imposés par la force ; leur prosélytisme se faisait par des massacres et avait le sabre pour symbole. Leurs guerres furent des guerres de conquêtes et de religions ; inséparables l'une de l'autre. Pas de merci ! était leur devise. Aussi ces Dieux ne purent-ils jamais devenir le Dieu universel ; Asur a disparu pour toujours ; Yahveh voit ses partisans dispersés dans toutes les parties du monde, et Allah après avoir échafaudé sa puissance sur les ruines de tant de civilisations, est à son tour humilié. Menaçant pour l'Europe au moyen-âge, il subit aujourd'hui le sort des batailles. Il a reculé devant l'Arya en Espagne, en Afrique, en Egypte, en Turquie et dans l'Inde. De même le Juif a été dispersé par les Romains et l'Assyrien par les Aryas-Persans. —

Les symboles des Hébreux ne leur appartenaient pas. L'arche d'alliance était un symbole égyptien, et les deux kérubims qui la gardaient, un symbole assyrien. Le temple de Jérusalem était phénicien et égyptien tout à la fois : les deux colonnes ou hammanin, la cour intérieure pour holocaustes, le bain lustral en cuivre porté par douze taureaux, l'autel des parfums, la table pour les pains et les dix chandeliers d'or sont autant d'emprunts faits à ces deux peuples (15). Il serait facile de pousser plus loin les points de comparaison qui relient Israël aux autres peuples sémites ; il ne me semble pas utile de le faire. Ce que je voulais démontrer, c'est que le Christianisme s'est méjugé lorsqu'il a voulu aller chercher ses origines parmi le peuple juif, méconnaissant ainsi et l'esprit de ses doctrines et la haine irréductible qui anime ses fidèles contre les sectateurs d'Yahveh. Ce qu'il importait de montrer c'est que le peuple hébreu, dans l'antiquité, n'a pas occupé plus de place que n'en occupe notre planète dans le monde sidéral ; que sa civilisation très restreinte n'est due qu'aux emprunts qu'il a faits à l'Egypte dont il est sorti et à la Babylonie et à la Perse qui l'ont asservi. Son monothéisme semblable à celui des autres peuples sémites, loin de prouver sa supériorité, prouve au contraire son infériorité puisque sa conception de Dieu est restée anthropomorphe, restreinte au Dieu d'Israël et n'a pu s'élever à l'unité métaphysique.

Cela n'a rien d'étonnant si l'on songe que le Sémite appartient aux races occipitales, c'est-à-dire aux races dont la partie postérieure du crâne est plus développée que la partie antérieure. Or, la croissance du Sémite étant très rapide, les différents os qui forment le crâne sont chez lui fortement engrenés et soudés vers l'âge de quinze ou seize ans. De là, pour la matière grise, impossibilité de se développer.

Chez l'Arya au contraire, les différentes pièces du crâne conservent leur mobilité par rapport les unes aux autres jusque dans l'âge le plus avancé (16). De cette différence anthropologique résulte l'impossibilité pour le Sémite d'aucune conception métaphysique élevée. Ses monuments littéraires sont là pour le prouver.

C'est au Christianisme que l'Hébreu doit sa célébrité usurpée, et pour avoir soudé son origine à celle du peuple Juif, le christianisme aujourd'hui en face de la science se trouve impuissant à se débarrasser de ce trop lourd fardeau. Il est donc temps que la vérité se fasse jour; il faut que l'Orient, si longtemps ignoré et calomnié, prenne la place qui lui est due, place que le peuple juif, suivant son antique tradition avait confisquée à son profit durant 1800 ans.

Les civilisations se succèdent les unes aux autres, chacune prenant à celle qui l'a précédée la somme de connaissances qui lui est propre, et en tire les conséquences que son génie particulier lui inspire. Il semblerait donc que notre civilisation d'Occident, héritière des civilisations antiques leur dût être bien supérieure. Les faits ne le démontrent pas. Trois choses en effet constituent la supériorité d'un peuple : la philoso-

phie, la morale et les arts. Les civilisations matérielles sont inférieures aux intellectuelles. Or,
nous n'avons pas un système de philosophie qui
provienne de notre propre fonds depuis Spi-
noza, Leibnizt, Kant, Descartes, jusqu'à Fichte,
Spencer et Schopenhauer; nous étudions encore
les écoles de la Grèce, et les Grecs eux-mêmes
avec leur génie clair et précis n'ont fait que mettre au point les idées philosophiques qu'ils allèrent puiser dans les collèges des hiérophantes
d'Egypte et des brahmes de l'Inde. L'école
d'Alexandrie où vinrent converger toutes les
philosophies de l'Orient fut le réservoir immense
où s'approvisionna tout l'Occident. Dans sa lettre à Magnus saint Jérôme s'écrie : « Et que
dirai-je des docteurs de l'Eglise ? Ils sont tous
nourris des anciens qu'ils réfutaient ». — Les
préceptes de morale les plus élevés ont été formulés par l'Inde et par la Chine. La race jaune
a même donné ce spectacle extraordinaire de
pouvoir développer sa civilisation sans l'idée de
Dieu, et avec les seuls principes de morale. Les
extraits que je donne dans mon ouvrage du
Livre de Manou et de la *Bhagavad-Gita* mon-
treront l'élévation et la pureté de la morale de
l'Inde brahmanique. Quant au doux Cakyamuni,
sa morale basée sur le pardon des injures, la
défense de tuer les animaux même les plus petits,
sur l'égalité du pauvre et du riche, du faible et
du puissant, a pu civiliser et adoucir les peuples

les plus cruels. Les décadences de l'Inde, de la Perse, de la Grèce et de Rome nous offrent, il est vrai, un tableau peu flatteur ; mais je ne sache pas que notre civilisation en offre un meilleur.

Les guerres de religion, l'inquisition, l'esclavage sont autant de taches rouges ; et à une époque plus rapprochée, les sanglants excès de la Révolution de 89 dont le but était d'ouvrir une ère de liberté et de justice, font songer avec tristesse à la pacifique révolution du Buddha.

L'institution des castes Indoues et la féodalité de notre moyen-âge si décriées ont, malgré leurs abus, donné l'essor à de grandes civilisations. Et d'ailleurs les castes sont-elles donc abolies aujourd'hui, malgré les immortels principes ? Le mouvement socialiste et anarchiste est là, qui nous donne un formel démenti. Que le système des castes soit basé sur une injustice, on ne saurait le nier ; mais le principe qui lui a donné naissance était juste en soi, et les résultats qui en sont sortis étaient grands et féconds. Les civilisations changent, mais l'homme reste le même. Les mots peuvent varier, mais non les idées. Dans l'Inde brahmanique, le brahme était le maître, mais c'était un savant et un ascéte ; dans l'Europe du xixe siècle, le maître c'est le financier, qui n'est ni un savant ni un ascète. Le Kchattrya, c'est aujourd'hui le militarisme à outrance, le régime du sabre, la force primant le droit : le Vaycia, est peu avantageusement remplacé par les Grands Magasins écrasant du poids de leurs capitaux tout le petit négoce. Le Sûdra. c'est l'ouvrier qui, las d'être opprimé, se lève et s'appelle le Socialisme. Le Tchandala, le Paria, c'est le pauvre qui ne peut obtenir justice, c'est l'Irlandais qui n'a pas le droit de posséder son propre sol, c'est la mort civile, c'est le forçat marqué du fer rouge ! S'il est certain que le Code de Manou n'était pas suivi strictement dans tous ses préceptes, il n'en est pas moins certain que le peuple qui a conçu un tel idéal politique, social et religieux, a par lui-même affirmé sa supériorité intellectuelle et morale. Quel Souverain ou Parlement actuel oserait mettre en tête des réformes de leur législation, la prohibition des jeux de hasard et des paris ? Manou l'a fait pourtant. Quant à la corruption de nos mœurs; elle vaut celle du Bas-Empire ; c'est la prostitution sous toutes les formes : Prostitution des hommes de gouvernement, prostitution des écrivains, des artistes, prostitution du clergé, de la noblesse, de la bourgeoisie devant le veau d'or.

Restent les arts ; ici il y a lieu à distinction. En effet, l'Egypte, l'Assyrie et la Grèce tiennent le premier rang dans l'antiquité pour l'architecture, et sur ce terrain restent encore maintenant sans rivaux. L'Occident n'a rien créé, sauf l'art ogival, et copie servilement. En sculpture les Grecs sont toujours nos maîtres ; leur céramique et celle des Etrusques font notre admiration.

Notre supériorité, et certes son importance n'est pas mince, c'est d'avoir développé au plus haut degré la musique et la peinture ; par là seulement nous pouvons nous présenter en face de l'antiquité avec une création personnelle et originale.

Tel est succinctement résumé le tableau comparatif de l'Occident vis-à-vis l'Orient. Certes, les grandes découvertes modernes dans le domaine des sciences appliquées, constituent un sérieux apport et un réel progrès, mais, où serait notre avantage si nous ne les possédions pas ? Rendons donc justice à qui de droit, et que l'Orient mieux connu, reste comme le Soleil d'où nous est venue la lumière. Nous lui devons notre respect comme à un vieux patriarche dont nous descendons, sans oublier qu'il déployait la splendeur de sa civilisation à une époque où vêtus de peaux de bêtes, nous luttions pour la vie dans les immenses forêts de l'Europe.

LIVRE I

L'INDE

AVANT LE BUDDHISME

CHAPITRE PREMIER

VÉDISME

La période Védique est la période de conquête ;
elle correspond à l'entrée des Aryas dans le bassin
de l'Indus, et à leur marche vers le sud jusqu'au
Gange.

Quand les premières tribus d'Aryas, quittant la
Bactriane leur patrie, franchirent l'Indus, entrepre-
nant de conquérir cette immense presqu'île de l'In-
doustan, ils se trouvèrent en contact avec des populations maîtresses du sol, populations qu'ils appe-
lèrent les *Dasyus*. Les hymnes du *Rig-Véda* représentent les Dasyus comme des hommes à face de
taureau, privés de nez, aux bras courts ; ils leur
donnent l'épithète de *Kraviad*, mangeurs de chair,
aliment auquel les Aryas ne touchaient pas. Ces barbares ne connaissaient pas de Dieux et étaient sans
religion. A quelle race appartenaient-ils ? Il est
assez difficile de le déterminer scientifiquement.
Leur signalement cependant, tel qu'il existe dans le
Véda se rapporte assez exactement aux peuples de

race jaune. Ce qui donne à cette hypothèse un certain fondement, c'est tout d'abord leur physique. La couleur des Dasyus était foncée ; ils n'avaient pas la peau velue, signe distinctif chez les Aryas ; leur nez était aplati. Les Dasyus n'avaient pas de religion ; ce point est caractéristique, car la race jaune est la seule de toutes les races humaines qui semble n'avoir pas eu besoin pour évoluer, de l'idée de Dieu. La religion de Confucius, celle de Lao-Tseu ne sont fondées que sur la morale et la raison ; et plus tard, nous verrons le Buddhisme dont la majeure partie des sectateurs appartient à la race jaune, ne pas mentionner Dieu.

D'après les hymnes du Véda, les Dasyus n'étaient pas dépourvus d'une certaine civilisation matérielle ; autre point de contact avec la race jaune, race éminemment pratique, dont la civilisation consiste surtout en inventions utiles. Mais l'Arya qui d'abord avait englobé sous le nom de Dasyus toutes les populations qu'il avait rencontrées, reconnut par la suite, deux sortes de Dasyus : les Dasyus montagnards et les Dasyus des plaines centrales ; les premiers noirs et les seconds jaunes.

« Les Dasyus noirs, sauvages, presque féroces, cachés dans les replis des monts, plus singes qu'hommes, sont répandus dans tout le sud de la presqu'île Indoustanique, pullulant, grouillant par paquets dans les Vindhyas. » Ainsi s'exprime sur eux Marius Fontane dans son Inde Védique. Rien d'étonnant à ce que l'Arya se considérât supérieur à ces deux races. Cette constatation a son importance, comme nous le verrons plus tard quand nous traiterons de l'origine des castes.

Qu'étaient-ce donc que ces Aryas, et d'où venaient-ils ? « Le mot *Arya*, dit Em. Burnouf dans son remarquable Essai sur le Véda, n'a jamais cessé dans l'Inde, d'avoir le sens de noble. Le mot *Ehre* des allemands, qui s'écrivait *Êre* dans l'ancienne langue germanique, semble être le même que le mot *Arya* et a le même sens que lui. On le retrouve probablement sous sa forme primitive dans le nom du héros germain que les Romains appelaient *Arminius*, c'est-à-dire *Ermann*. Il est permis aussi de le reconnaître dans un grand nombre de noms propres appartenant à l'Europe ancienne et moderne ; enfin il est le nom générique de toute la partie non sémite des hommes blancs de l'Asie occidentale. Or, toutes les fois que le mot *Arya* dans toutes ces contrées et sous toutes ses formes, est le nom qu'un peuple se donne à lui-même, ce peuple s'attribue en même temps sur les autres hommes une supériorité qu'il regarde comme incontestable. Le fait n'est donc pas propre aux Aryas du sud-est dans leurs rapports avec les races jaunes de l'Orient ; il peut être constaté chez les autres peuples indo-européens, et signale par conséquent, une disposition fondamentale et originelle de nos ancêtres et de leurs descendants (17). »

Le peuple qui s'intitulait si fièrement, *noble par excellence*, *les Purs*, *la nation des Homs*, *la race blanche fille de la lumière*, se distinguait des autres peuples par son teint clair, la finesse des cheveux et de la barbe, le fin duvet qui recouvrait sa peau, son nez droit (*Sousipra*), sa taille élancée. Parti des hauts-plateaux du Pamir son berceau, sans autre héritage qu'un certain fonds commun de croyances et de symboles religieux, il se dispersait dans différentes directions, pour fournir la plus belle carrière de civilisation qu'aucune race ait jamais accomplie.

Au sud-est, ce sont les Aryas qui fonderont l'Inde Brahmanique avec son énorme monument philosophique et littéraire, monument tel que dans l'antiquité, la Grèce seule pourra en produire un semblable. A l'est, ce sont les Iraniens qui fonderont l'empire Persan. Au sud, ce sont les Pélasges qui donneront les civilisations grecque et latine ; et au nord, passant en Occident, les derniers rameaux des Aryas avec plus de trois mille ans de retard sur les Aryas du Saptasindu évolueront à leur tour.

C'est donc dans le pays des Sept-Rivières que s'est développée la première civilisation de notre race, et le monument qui le constate c'est le *Véda*.

Le Véda est un recueil d'hymnes religieux écrit en langue védique d'où est sorti le sanscrit, la langue parfaite. Le mot *Véda* signifie science, et désigne un ensemble d'œuvres poétiques formant la Sainte Ecriture des Aryas. Les Védas sont au nombre de quatre : le Rig, le Sama, le Yadjur et l'Atharva

Le Rig est le plus ancien et le plus vénéré ; les trois autres ne sont guère que son développement. C'est le plus ancien monument écrit de notre race. Em. Burnouf estime qu'on ne peut lui donner comme composition, moins de dix-sept siècles d'existence avant notre ère, mais la tradition orale remonte beaucoup plus haut, comme il est facile de le constater dans tous les hymnes du Rig, où il est sans cesse question d'une période beaucoup

plus ancienne pendant laquelle ont chanté les ancêtres des auteurs du Rig.

Dans différents passages des *Asiatic Researches*,
Colebrooke établit d'une façon péremptoire l'authenticité des Védas et leur antiquité. « Je défends
l'authenticité des textes de l'Ecriture tel qu'il
existe maintenant... En me prononçant pour l'authenticité des Védas, j'entends dire qu'ils sont les
mêmes ouvrages, les mêmes compositions, qui sous
le titre de Védas ont été révérés par les Indous pendant des centaines, sinon pendant des milliers d'années. Je regarde comme probable qu'ils furent com-
pilés par Dwaipa'yana, la personne que l'on dit les
avoir recueillis et que pour cela même on a nommée
Vyâsa ou le Compilateur ».

Après une discussion approfondie sur l'astronomie des Védas, Colebrooke arrive à cette conclusion : « Lorsque le calendrier employé par les Védas
fut réglé, les points solsticiaux étaient calculés
comme étant, l'un au commencement de la constel-
lation *Dhânicht'hâ*, et l'autre au milieu de la cons-
tellation *As'lêche*; et telle était la situation de ces
points cardinaux, *dans le quatorzième siècle avant
l'ère chrétienne*. J'ai eu une première occasion de
montrer d'après un autre passage des Védas que la
correspondance des saisons avec les mois, comme
les unes et les autres y sont établies, et aussi comme
on les trouve indiquées dans le passage cité du
Djyôtich, s'accorde avec cette situation des points
cardinaux ». (18) — Au point de vue littéraire la poésie
du Rig est toute empruntée à la nature extérieure ou
à la vie ordinaire des Aryas. Mais à côté de faits
réels, les hymnes présentent tout un monde de con-

ceptions symboliques. Le Rig contient la descrip
tion de la géographie des lieux où ces hymnes on
été chantés, des phénomènes de la nature, de la
marche des Aryas à travers les peuplades ennemies,
de la naissance, du mariage, de la mort avec la
sépulture, et enfin, il donne les détails les plus cir-
constanciés sur le culte. Par lui, nous savons que
les premiers Aryas vivaient patriarcalement, famille par famille; ils ne construisaient pas de villes; dans le danger seulement ils se réunissaient
pour combattre l'ennemi commun. Le père était le
chef, la mère la maîtresse de la maison. La polyga-
mie n'existait pas. La cérémonie du mariage nous
montre qu'une métaphysique sérieuse y présidait
dès cette époque. Point de castes. En somme, la
constitution des Aryas de cette époque était presque
semblable à notre féodalité du moyen-âge. Point de
prêtres; le pouvoir sacerdotal se confondait avec
l'autorité paternelle car le culte était public, et la
doctrine se transmettant avec l'hymne dans les
familles, le père était le précepteur de ses propres
enfants.

Quant au culte, il était des plus simples : pas de
temple, un autel de gazon sur un lieu découvert.
Le feu sacré était allumé au moyen du frottement de
deux morceaux de bois; on l'alimentait avec du
beurre clarifié ; puis le bûcher enflammé, le prêtre
faisait aux dieux l'offrande des gâteaux et du sôma,
et les assistants chantaient des hymnes. Cette cérémonie si simple était répétée trois fois dans la journée : au lever de l'aurore, à midi, et au coucher du
soleil. (19) — Pendant longtemps, on n'a vu dans les
hymnes du Véda que les manifestations d'une reli-

gion naturaliste se bornant à invoquer les forces de la nature; en un mot une religion polythéiste, dont le feu sous le nom d'Agni, le ciel sous le nom d'Indra, le soleil sous celui de Sûrya, l'eau sous le nom de Varuna, enfin dont tous les éléments ou phénomènes météorologiques formaient le panthéon. Que dans les premiers temps du Védisme les Aryas fussent polythéistes, c'est ce qui paraît très vraisemblable ; cependant, de là à en faire des adorateurs de tous les éléments, il y a loin. Les Aryas ont toujours eu la conscience très claire de la valeur de leur culte; pour eux l'hymne a toujours été une prière. « Il semble que dans leurs croyances, dit Em. Burnouf, la prière qui part du cœur et dont l'hymne est l'expression, n'exerçait pas seulement son action sur les mouvements variables de la pluie et des vents mais accompagnait même et provoquait les phénomènes naturels les mieux réglés et les plus constants ». Les Rogations du christianisme ne partent-elles pas de la même croyance ?

Dans l'hymne de Vamadéva, nous lisons : « Les Ancêtres ont façonné les formes des dieux, comme l'ouvrier façonne le fer. » Les chantres védiques déclarent donc qu'ils ont eux-mêmes créé les dieux, et que par conséquent, sans l'hymne les divinités n'existeraient pas. C'est avouer qu'ils n'y croyaient pas. Nous voici bien loin du polythéisme, et de là, à la théorie du *Logos, du Verbe*, il n'y qu'un pas. Ce pas, le Brahmanisme va le franchir.

Mais où la doctrine du Véda devient toute métaphysique, c'est dans la théorie des *Asuras* ou principes de vie. Le mot *Asura* vient du mot sanscrit *asu* la vie, et *ra* suffixe, produisant la vie. Les

Aryas avaient remarqué que la vie seule engendre la vie. La vie, disaient-ils, nourrit la vie. Les animaux mangent d'autres animaux, ceux-ci vivent de plantes ; les plantes elles-mêmes croissent sur les débris végétaux et animaux. C'est ce qu'ils appelaient le mouvement circulaire de la vie : *Cakra*. Dans la nature, la vie et le mouvement sont étroitement unis. En effet, toute chose qui perd le mouvement perd aussi la vie. Pour être logiques, les Aryas dûrent donc admettre que les Asuras étaient doués de mouvement, qu'ils étaient des corps glorieux, avaient le don d'ubiquité par conséquent, et étaient immortels (20).

Cette théorie est évidemment polythéiste ; mais la tendance naturelle de l'esprit Arya vers l'unité métaphysique d'un principe suprême devait amener bientôt l'affirmation d'une théorie monothéiste. C'est par la notion d'Agni que les Aryas y parvinrent. — « *Le monde entier* existe par toi ; le flot suave de tes splendeurs coule au vase des libations, dans le cœur de l'homme, dans toute la vie, dans les eaux comme dans le foyer. » Ainsi s'exprime Vamadéva. Le fondement du panthéisme c'est donc le feu idéalisé. Écoutez l'hymne de Baradwajâ : « Son essence active existe dans tous les êtres animés ; tous les Dévas d'un commun accord, se rallient ensemble à ce Dieu puissant. Quand je pense que cet être lumineux est dans mon cœur, les oreilles me tintent, mon œil se trouble, mon âme s'égare en son incertitude. Que dois-je dire ? Que puis-je penser ? » Voilà donc la notion du feu physique immatérialisée au point de devenir une notion métaphysique. Bientôt, Agni cessera d'être le nom

du principe unique ; il sera remplacé par le principe
masculin suprême : Brahma.

Le grand hymne de Dirgâtamas va affirmer l'unité
de Dieu : « ... Qui a vu à sa naissance, Agni prendre un corps pour en donner à ce qui n'en a pas ?
Où était l'esprit, le sang, l'âme de la terre ? Qui s'est
approché de ce sage pour lui faire cette question ?
Faible et ignorant, je veux sonder ces mystères
divins... Je te demande où est le commencement de
la terre, où est le centre du monde ; je te demande
ce que c'est que la semence du coursier fécond ; je
te demande quel est le premier patron de la parole ?
Cette enceinte sacrée est le commencement de la
terre, et ce sacrifice est le centre du monde. Ce
Sòma est la semence du coursier fécond. Ce prêtre
est le premier patron de la parole. Je ne sais à qui
ressemble ce monde. Je suis embarrassé et je vais
comme enchaîné dans ma pensée... L'Immortel est
dans le berceau du mortel ; les deux éternels vont
et viennent partout ; seulement on connaît l'un sans
connaître l'autre... Celui qui ne connaît pas l'Être
ne comprendra rien à cet hymne ; ceux qui le connaissent ne sont pas étrangers à cette réunion...
*L'esprit divin qui circule au ciel, on l'appelle In-
dra, Mitra, Varuna, Agni ; les Sages donnent à
l'Être unique plus d'un nom : C'est Agni, Yama,
Matariçwan* » (21).

Enfin Pradjapâti va poser la question de l'origine
du monde et la résoudre : « Rien n'existait alors,
ni ce qui est, ni ce qui n'est pas. Point de région
supérieure, point d'air, point de ciel. Où était cette
enveloppe ? Dans quel bassin l'eau était-elle contenue ? Où étaient ces profondeurs impénétrables de

l'espace ? Il n'y avait point de mort, point d'immortalité. Rien n'annonçait le jour ni la nuit. *Lui* seul respirait, ne formant aucun souffle, renfermé en lui-même. Il n'existait que *Lui*. Au commencement les ténèbres étaient enveloppées de ténèbres ; l'eau était sans impulsion ; tout était confondu. L'Être reposait au sein de ce chaos, et ce grand tout naquit par la force de sa piété. Au commencement, l'amour fut en Lui, et de son intelligence jaillit la première semence. Les sages, par le travail de l'intelligence, parvinrent à former l'union de l'être et du non-être... Qui connaît ces choses ? Qui peut les dire ? D'où viennent les êtres ? Quelle est cette production ? Les Dieux aussi ont été produits par *Lui*. Mais *Lui*, qui sait comment il existe ? Celui qui est le premier auteur de cette création, la soutient. Et quel autre que lui pourrait le faire ? Celui qui du haut du ciel a les yeux sur tout ce monde, le connaît seul. Quel autre aurait cette science (22) ? »

Dans un autre hymne, nous entendons un poëte s'enquérir du Dieu unique :

« Lui qui donne la vie, lui qui donne la force, dont tous les Dieux révèrent les commandements, dont l'ombre est l'immortalité, dont l'ombre est la mort, quel est le Dieu que nous honorons avec des sacrifices ? Lui par qui existent ces montagnes de neige, et la mer avec la rivière lointaine, lui qui a pour bras les régions du ciel, quel est le Dieu que nous honorons avec des sacrifices ? Lui par qui l'espace est brillant et la terre solide, par qui fut établi le ciel, même le ciel le plus haut, lui qui a mesuré les espaces de l'éther, quel est le Dieu que nous honorons avec des sacrifices ? Lui qui par sa puissance promenait les yeux au-dessus même des eaux qui donnent le pouvoir et engendrent le feu du sacrifice, *Lui qui seul est Dieu*, au-dessus de tous les Dieux, quel est le Dieu que nous honorons avec des sacrifices (23) ?

A partir de ce moment, l'unité de l'Être Suprême est affirmée, la période Védique est finie, le Brahmanisme va commencer. Dans tous les *Oupanischads* qui sont des commentaires des *Védas*, l'unité de Dieu est affirmée et développée, et le Brahmanisme n'aura plus qu'à tirer la conclusion et s'en emparer comme formule fondamentale de son Panthéisme.

Je ne citerai qu'un trait des *Oupanischads* ; l'*Isa-Oupanischad* du *Yadjur-Véda* : « Cet Univers et tout ce qui se tient dans cet Univers est rempli par l'énergie de l'*Être Ordonnateur* ; c'est pourquoi, dégagé des choses terrestres, conserve son culte dans ton cœur, n'entretiens pas de convoitise pour la propriété de personne. Que l'homme pour accomplir ses œuvres désire vivre un siècle, car dans toi, ô homme, excepté ces œuvres, il n'est rien qui ne soit atteint de souillure. Ils s'en vont dans les lieux sans soleils, enveloppés d'une aveugle obscurité, ceux qui se suicident eux-mêmes en se livrant aux plaisirs terrestres. L'*Être Suprême, Unique* (Samk-Elam, l'Unité) ne se meut point, quoiqu'il soit plus rapide que la pensée, car les Dieux même ne peuvent l'atteindre. *Il* ne peut être perçu par les organes primitifs de la sensation (les organes matériels ou externes). *Il* dépasse même immensément les autres organes rapides de l'intelligence (les organes spirituels ou internes). *Il* demeure immobile, et pendant ce temps, après avoir mesuré l'étendue de l'espace,

3.

Il établit le système des Mondes ! *Il* se meut, *Il* ne se meut pas, *Il* est éloigné, *Il* est près. *Il* est dans tout, *Il* est hors de tout ! Celui qui voit tous les êtres dans l'Ame ou l'Esprit Suprême, et l'Ame Suprême dans tous les êtres, celui-là n'aura de mépris pour rien. Celui qui a reconnu que les êtres sont dans l'Ame Universelle, alors qu'y a-t-il d'insensé? Qu'y a-t-il de triste à découvrir l'Unité, l'identité des choses? *Lui* enveloppe et pénètre tout; *il* est sans corps, sans aspérités, sans souillures; *il* est pur, inaccessible au péché, parfait, sachant tout, le grand poëte, le grand prophète plein de savoir et d'inspiration, présent partout, *existant par lui-même,* qui a assigné à chacun selon ses mérites le prix de ses œuvres dans la succession éternelle des temps. Ils s'en vont dans d'épaisses ténèbres ceux qui adorent l'*ignorance*, et ils vont dans des ténèbres plus épaisses encore, ceux qui possèdent la *science.* Ils ont dit (les sages) que la conséquence de la science ou connaissance est une, et ils ont dit que la conséquence de l'ignorance est autre; c'est ce que nous avons appris aux enseignements des sages qui nous ont transmis cette doctrine. Celui qui est instruit de ces deux choses ensemble, la science et l'ignorance, après avoir surmonté la mort par l'ignorance, obtient l'immortalité par la science. Ils s'en vont dans d'épaisses ténèbres, ceux qui adorent la nature incréée; mais ils s'en vont dans des ténèbres encore plus épaisses ceux qui se complaisent dans la nature créée et périssable. Ils ont dit (les sages) que la conséquence de la nature périssable est une et que la conséquence de la nature impérissable est autre. C'est ce que nous avons appris aux enseignements des sages qui nous ont transmis cette doctrine. Celui qui est instruit de ces deux choses ensemble, la matière périssable et la dissolution, après avoir surmonté la mort par la dissolution obtient l'immortalité par la nature incréée. Le visage de la vérité est couvert par des voiles d'or épais et prestigieux. O Soleil ! nourricier du monde, dévoile la vérité à mes regards, afin que moi ton fidèle adorateur, je puisse voir le soleil de la justice et de la vérité. O Soleil nourricier du monde ! solitaire anachorète ! dominateur et régulateur suprême ! Fils de Pradjapati, écarte tes rayons éblouissants ; retiens ton éclatante lumière, afin que je puisse contempler ta forme ravissante et devenir partie de l'être divin qui se meut dans toi ! Puisse mon souffle de vie être absorbé dans l'âme universelle et moléculaire de l'espace ! Que ce corps matériel et périssable soit réduit en cendres ! O Dieu ! souviens-toi de mes sacrifices. Souviens-toi de mes œuvres. O Agni, conduis-nous par le droit chemin à la récompense de nos œuvres. O Dieu ! tu connais toutes nos actions, efface nos péchés. Nous t'offrons le plus haut tribut de nos louanges ! notre dernière salutation (24) ! »

Ce magnifique *Oupanischad* nous servira de transition pour passer du Védisme au Brahmanisme ; il est le résumé des doctrines Védiques et il contient en germe celles que le Brahmanisme développera par la suite dans ses écoles philosophiques.

La cause pour laquelle le Véda représente aux yeux de l'Inde Brahmanique le livre sacré par excellence, c'est qu'il est en effet le point de départ de toutes les idées religieuses, philosophiques, sociales et politiques ; et comme le Véda est d'essence purement aryenne, qu'aucun élément étranger ne s y est infiltré, qu'il est le résultat du développement intellectuel des Aryas enfermés dans le Sapta-Sindu et séparés du reste des autres peuples, il représente bien le monument le plus caractéristique de l'évolution âryenne livrée à ses propres forces. C'est donc en lui qu'il faut rechercher l'origine des théories, des symboles et des rites de toutes les religions aryennes. Les mythologies aryennes ne s'éclairent en effet que par la comparaison avec les dogmes et les cultes orientaux, et c'est par le Véda seul que s'expliquent les mythologies des Grecs, des Latins, des Slaves, des Germains et des Celtes (25).

Voyons maintenant, comment le Brahmanisme a pu naître du Véda. A mesure que les Aryas avançaient dans leur conquête, s'affermissaient dans leur domination et devenaient plus sédentaires, leur existence se modifiait également.

Vivant d'abord par familles, ils avaient ensuite formé des bourgades. Le père de famille primitivement prêtre, exerçant le sacerdoce au milieu des siens, avait peu à peu laissé tomber cette fonction dans les mains de certaines familles.

En effet, les cérémonies qui dans le commencement de l'époque védique ne demandaient qu'un prêtre, en exigeaient sept par la suite ; d'autre part, les guerres perpétuelles avec les Dasyus avaient fait ressortir la nécessité d'avoir des chefs habiles. De ces deux nécessités sortirent la caste sacerdotale et la caste guerrière.

Les problèmes philosophiques se posant à l'esprit des Aryas, ils comprirent que seuls, des hommes faisant de ces études le but spécial de leur existence pouvaient les résoudre. De plus, les Aryas perdus au milieu des immenses populations jaunes et noires auxquelles ils se sentaient si supérieurs, virent que leur isolement seul pouvait les préserver de disparaitre dans ce flot humain. Pour cela il fallait empêcher par des lois énergiques toute fusion entre la nation conquérante et les peuples conquis, pour conserver pure, ce que les Brahmanes appelaient orgueilleusement « la semence choisie de leur noble race dans des matrices d'Asuras. » Les Aryas y parvinrent en prohibant tout mariage des leurs avec des gens de couleur, en maintenant ceux-ci écartés de leurs doctrines religieuses, en ne leur laissant que des notions infimes et des superstitions grossières. Telle est l'origine des castes de l'Inde Brahmanique : au sommet les deux castes nobles, les Brahmanes et les Kchattryas, toutes deux purement aryennes ; puis les Vaycias et les Sûdras, les commerçants et les artisans, formés par les populations conquises.

Cette institution des castes si décriée et si attaquée plus tard, a été le berceau de la civilisation Indoue ; sans elle, cette étonnante période Brahmanique d'où sont sortis tous les systèmes religieux, philosophiques, où devaient puiser plus tard les écoles de la Grèce, cette littérature sanscrite si étonnante par la beauté et l'immense variété de ses formes n'eussent jamais existé. Les castes ont été pour les Aryas de l'Inde une condition *sine qua non* d'existence ; et lorsque plus tard, comme toute chose humaine, l'exercice du pouvoir aura engendré des abus et des injustices, le Buddha Cakya-Muni viendra avec sa loi de charité universelle, accomplir une révolution pacifique, et grâce à cette loi, élever une partie des races inférieures à la dignité morale des Aryas.

CHAPITRE II

BRAHMANISME

Ce qui constitue le Brahmanisme, au point de vue religieux et philosophique, c'est la conception métaphysique de *Brahme l'être neutre*, et au point de vue social et politique, l'institution des castes. Cette magnifique période a eu un développement vraiment prodigieux ; le cadre restreint de cet ouvrage ne me permet qu'une simple énumération des monuments littéraires qu'a produits cette époque, suffisante pour s'en former une idée. Dans l'épopée, ce sont les deux poëmes du *Mahabharata* et du *Ramayana*, le premier contenant 250,000 vers, puis les *Puranas*. Dans le drame, ce sont les théâtres de Kalidasa, de Bhavabhuti, le *Chariot d'Argile*. Puis viennent la poésie lyrique avec le *Maghaduta* et le *Gita-Govinda*, et la fable avec le *Pantchatantra*. Panini compose sa grammaire commentée par tous les savants Indous, et un nombre incalculable de traités de rhétorique, de poétique, de métrique et de logique viennent s'y ajouter. Dans les sciences, ce sont des traités d'astronomie. Nous devons aux Indous l'invention de l'arithmétique, des chiffres décimaux et de l'algèbre. Les Arabes, en effet, ne furent pour nous que les propagateurs de cette invention, qu'ils empruntèrent aux Indous. Enfin le Code de Manou, ou *Manava-Dharma-Sastra*, et de nombreux traités de législation, tels que le *Yadna-valkya*, (on compte dans l'Inde plus de 56 traités), prouvent l'extrême civilisation de cette époque comme son extrême antiquité. Le Code de Justinien que nous suivons encore aujourd'hui est en partie la traduction littérale des lois de Manou, et ce livre prodigieux reste comme le témoignage de la grandeur brahmanique. Sa rédaction, d'après William Jones, Chézy, Loiseleur-Deslonchamps remonte au xiiiᵉ siècle avant notre ère. Vénéré à l'égard du Véda sur lesquels il repose, il a constitué et constitue encore de nos jours dans l'Inde, le Livre Sacré par excellence. Divisé en 12 livres, il traite de toutes les questions religieuses, politiques et sociales.

Il m'a paru que pour un ouvrage de cette importance, des citations des 12 Livres justifieraient mieux qu'une analyse son immense autorité. La traduction que je donne est celle de Loiseleur-Deslonchamps; elle est conforme à celle de William Jones, la meilleure qui ait été faite, car elle est d'une très grande fidélité.

Dans le Livre I, véritable Genèse Indoue, voici le texte relatif à la conception métaphysique de Brahma : Sloca (9). — « Alors *le Seigneur existant par lui-même*, et qui n'est pas à la portée des sens externes, rendant perceptible ce monde avec les cinq éléments et les autres principes, resplendissant de l'éclat le plus pur, parut et dissipa l'obscurité, c'est-à-dire développa la nature. (S. 7) : — Celui que l'esprit seul peut percevoir, qui échappe aux organes des sens, qui est sans parties visibles, éternel, l'âme de tous les êtres, que nul ne peut comprendre, déploya sa propre splendeur. (S. 8) : — Ayant résolu dans sa pensée de faire émaner de sa substance les diverses créatures, il produisit d'abord les eaux dans lesquelles il déposa un germe. »

Le texte suivant donne la théorie, reprise 3,000 ans plus tard par Darwin, sur l'origine des espèces. (S. 19) : — « Au moyen de particules subtiles et pourvues d'une forme de ces sept principes doués d'une grande énergie, l'intelligence, la conscience et les rudiments subtils des cinq éléments, a été formé ce périssable univers, émanation de l'impérissable source. (S. 20) : — *Chacun de ces éléments acquiert la qualité de celui qui le précède, de sorte que plus un élément est éloigné dans la série, plus il a de qualités.* »

Le Livre II traite des sacrements et de l'initiation des Dwidjas. Le mot Dwidja signifie deux fois né. C'est par la cérémonie du baptême au moyen de l'eau lustrale, du miel et du beurre clarifié déposés sur les lèvres de l'enfant en récitant des prières consacrées, que tout homme des trois premières castes devient Dwidja. Plus tard, à trois ans ce sont les cérémonies de la tonsure ; puis à l'âge de 16 à 24 ans suivant la caste, l'investiture du cordon sacré qui constituent les trois cérémonies nécessaires à l'initiation.

Voici les textes : (S. 29) : — « Avant la section du cordon ombilical, une cérémonie est prescrite à la

naissance d'un enfant mâle ; on doit lui faire goûter
du· miel et du beurre clarifié dans une cuiller d'or
en récitant des paroles sacrées. (S. 27) : — Par des
offrandes au feu pour la purification du fœtus, par
la cérémonie accomplie à la naissance, par celle de
la tonsure et par celle de l'investiture du cordon
sacré, toutes les souillures que le contact de la semence ou de la matrice a pu imprimer aux Dwidjas
sont effacées entièrement. (S. 66) : — Les mêmes cérémonies, mais sans les prières, doivent être accom-
plies pour les femmes dans le temps et dans l'ordre
déclarés, afin de purifier leur corps. (S. 67) :—La cérémonie du mariage est reconnue par les législateurs,
remplacer pour les femmes le sacrement de l'initiation. »

Ainsi donc le baptême, la tonsure et surtout l'i-
nitiation sont pour le Dwidja les signes de sa renaissance, et le sanctifient. Parmi tous les devoirs
imposés aux Brahmatcharis, c'est-à-dire aux élèves
en théologie, celui de la pureté et de la répression
des sens est un des plus importants. (S. 95) : — « Com-
parez celui qui jouit de tous les plaisirs des sens et
celui qui y renonce entièrement. Le dernier est bien
supérieur, car l'abandon complet de tous les désirs
est préférable à leur accomplissement. (S. 93) : — C'est
en imposant un frein aux sens qu'on parvient au
bonheur suprême. (S. 97). — Les Védas, la charité, les
sacrifices, les observances pieuses, les austérités, ne
peuvent pas mener à la félicité celui dont le naturel
est entièrement corrompu. »

La science aux yeux des Indous, et par la science
ils entendent principalement la science sacrée, est le
seul titre qui établisse la supériorité de l'homme.

(S. 153) : — « En effet, l'ignorant est un enfant; celui qui enseigne la doctrine sacrée est un père, car les Sages ont donné le nom d'enfant à l'homme illettré, et celui de père au précepteur. (S. 154) : — Ce ne sont pas les années ni les cheveux blancs, ni les richesses ni les parents, qui constituent la grandeur; les saints ont établi cette loi : Celui qui connaît les Védas et les Angas est grand parmi nous. » — La prééminence est réglée par le savoir entre les Brahmanes. (S. 156) : — « Un homme n'est pas vieux parce que sa tête grisonne ; mais celui qui, jeune encore a déjà lu la Sainte Écriture, est regardé par les Dieux comme un homme âgé. (S. 157) : — Un Brahmane qui n'a pas étudié les Livres sacrés est comparable à un éléphant de bois et à un cerf en peau ; tous les trois ne portent qu'un vain nom. (S. 145): — Un instituteur est plus vénérable que dix sous-précepteurs ; un père que cent instituteurs, *une mère est plus vénérable que mille pères*. (S. 146) ; — De celui qui donne l'existence et de celui qui communique les dogmes sacrés, celui qui donne la sainte doctrine est le père le plus respectable ; car la naissance spirituelle qui consiste dans le sacrement de l'initiation et qui introduit à l'étude du Véda, est pour le Dwidja, éternelle dans ce monde et dans l'autre. » Ainsi donc pour résumer, et suivant l'expression même de Manou (S. 150): — « Le Brahmane auteur de la naissance spirituelle, et qui enseigne le devoir, est suivant la loi, lors même qu'il est encore enfant, regardé comme le père d'un homme âgé. » Les préceptes suivants sont empreints d'une grande élévation. (S. 162): « Qu'un Brahmane craigne constamment tout honneur mondain comme du poison, et qu'il désire toujours le mépris à l'égal de l'ambroisie. (S. 161) : — On ne doit jamais montrer de mauvaise humeur, bien qu'on soit affligé, ni travailler à nuire à autrui, ni même en concevoir la pensée ; il ne faut pas proférer une parole dont quelqu'un pourrait être blessé et qui fermerait l'entrée du ciel à celui qui l'aurait prononcée. (S. 227) : — Plusieurs centaines d'années ne pourraient pas faire la compensation des peines qu'endurent une mère et un père pour donner la naissance à des enfants et les élever. » Dans ce livre, il y a deux versets importants : ce sont ceux qui ont trait à la mère de famille, mille fois plus vénérable qu'un père, et que des siècles de dévouement de la part des enfants ne paieraient pas des soins donnés. Je les signale en attendant de les rapprocher des préceptes concernant la femme.

On ne saurait trop insister sur ce point : la femme dans l'Inde primitive, Védique et Brahmanique, a été honorée et vénérée comme chez tous les peuples Aryas ; si sa condition actuelle est inférieure, c'est à la conquête musulmane qu'elle le doit. Le Livre III fera mieux voir quelle était la situation de la femme ; il traite du mariage et des devoirs du père de famille ; il formule toutes les défenses relatives aux mariages entre castes. A ceux qui croiraient que la civilisation date du christianisme, et que la femme doit sa réhabilitation à cette religion, les textes suivants répondront. (S. 32) : — « L'union d'une jeune fille et d'un jeune homme résultant d'un vœu mutuel est dite le mariage des musiciens célestes : née du désir, elle a pour but les plaisirs de l'amour. (S. 43) : — La cérémonie de l'union des mains est enjointe, lorsque les femmes sont de la même classe que leurs maris. »

En effet, on appelle cette cérémonie *Panigraha*, union des mains, et elle est essentielle à la cérémonie du mariage.

(S. 51) : — « Un père qui connaît la loi ne doit pas recevoir la moindre gratification en mariant sa fille ; car l'homme qui, par cupidité, accepte une semblable gratification, est considéré comme ayant vendu son enfant. (S. 55) : — Les femmes mariées doivent être comblées d'égards et de présents par leurs pères, leurs frères, leurs maris, et les frères de leurs maris, lorsque ceux-ci désirent une grande postérité. (S. 56) : — Partout où les femmes sont honorées, les divinités sont satisfaites ; mais lorsqu'on ne les honore pas, tous les actes pieux sont stériles. (S. 57) : — Toute famille où les femmes vivent dans l'affliction ne tarde pas à s'éteindre ; mais lorsqu'elles ne sont pas malheureuses, la famille s'augmente et prospère en toutes circonstances. (S. 58) : — Les maisons maudites par les femmes d'une famille, auxquelles on n'a pas rendu les hommages qui leur sont dus, se détruisent entièrement, comme si elles étaient anéanties par un sacrifice magique. (S. 59) : — C'est pourquoi les hommes qui ont le désir des richesses doivent avoir des égards pour les femmes de leur famille, et leur donner des parures, des vêtements et des mets recherchés, lors des fêtes et des cérémonies solennelles. (S. 60) : — Dans toute famille où le mari se plaît avec sa femme, et la femme avec son mari, le bonheur est assuré pour jamais. (S. 62) : — Lorsqu'une femme brille par sa parure, toute la famille resplendit également ; mais si elle ne brille pas, la famille ne jouit d'aucun éclat ».

Les devoirs de l'hospitalité ne sont pas moins sacrés : (S. 105) : — « Un maître de maison ne doit pas, le soir, refuser l'hospitalité à celui que le coucher du soleil lui amène; que cet hôte arrive à temps ou trop tard, il ne doit pas séjourner dans la maison sans y manger. (S. 106) : —Que le chef de famille ne mange lui-même aucun mets sans en donner à son hôte : honorer celui qu'on reçoit, c'est le moyen d'obtenir des richesses, de la gloire, une longue existence, et le Paradis. (S. 114) : — Qu'il serve de la nourriture sans hésiter, avant d'en offrir à ses hôtes, aux femmes nouvellement mariées, aux jeunes filles, aux malades et aux femmes enceintes. » Ce dernier verset montre que les égards dûs aux femmes primaient ceux de l'hospitalité; nous aurons souvent occasion dans le cours de nos citations d'en trouver de semblables.

(S. 118) : — « Il ne se repaît que de péché, celui qui fait cuire pour lui seul; en effet le repas fait avec les reliefs de l'oblation est appelé la nourriture des gens de bien. (S. 259) : — Le maître de maison doit dire : que dans notre famille, le nombre des hommes généreux s'augmente; que le zèle pour les saints dogmes s'accroisse ainsi que notre lignée! Puisse la foi ne jamais nous abandonner! Puissions-nous avoir beaucoup à donner! »

Le livre IV contient des devoirs et des préceptes généraux.

(S. 32) : — « Celui qui tient maison, doit, autant qu'il est en son pouvoir, donner des aliments aux gens qui n'en préparent pas pour eux-mêmes, aux élèves en théologie, et même aux mendiants hérétiques; et tous les êtres, jusqu'aux plantes doivent avoir leur part, sans que sa famille en souffre. (S. 134) : —Il n'y a rien dans le monde qui s'oppose plus à une prolon-

gation de l'existence que de courtiser la femme d'un
autre homme. (S. 138) : — Que le Dwidja dise la vérité, qu'il dise des choses qui fassent plaisir, qu'il
ne déclare pas de vérité désagréable, et qu'il ne
profère pas de mensonge officieux : telle est l'éternelle loi. (S. 171) : — Dans quelque détresse que l'on
soit en pratiquant la vertu, on ne doit pas tourner
son esprit vers l'iniquité. (S. 168) : — Autant le sang
en tombant à terre absorbe de grains de poussière,
autant d'années celui qui a fait couler le sang sera
dévoré par des animaux carnassiers dans l'autre.
(S. 184). — Les enfants, les gens âgés, les pauvres
protégés et les malades doivent être considérés
comme seigneurs de l'atmosphère ; son frère aîné
est égal à son père, sa femme et son fils sont comme
son propre corps. (S. 185) : — La réunion de ses
domestiques est comme son ombre ; sa fille est un
très digne objet de tendresse; en conséquence, s'il
(le Brahmane) reçoit quelque offense de l'une de ces
personnes, qu'il la supporte toujours sans colère. »

(S. 204) ! — « Que le sage observe constamment les
devoirs moraux avec plus d'attention que les devoirs
pieux ; celui qui néglige les devoirs moraux déchoit,
même lorsqu'il observe tous les devoirs pieux ».
Profonde parole, que celle qui fait passer les devoirs moraux avant les devoirs pieux ! Ces devoirs
moraux, d'après le célèbre législateur Yadjna Val-
kya, sont au nombre de dix : la chasteté, la compassion, la patience, la méditation, la véracité, la
droiture, l'abstinence du mal, l'abstinence du vol,
la douceur et la tempérance. Les deux préceptes
suivants sont également d'une grande élévation :
(S. 234) : — « Quelle que soit l'intention dans laquelle

un homme fait tel ou tel don, il en recevra la récompense, selon cette intention, avec les honneurs
convenables. (S. 237): — Un sacrifice est anéanti par
un mensonge, le mérite des pratiques austères par
la vanité ; l'existence, par l'insulte faite à des Brahmanes ; le fruit des charités, par l'action de les
prôner ».

— Le livre **V** traite des impuretés, des purifications, et des devoirs des femmes.

Il énumère longuement tous les aliments auxquels un Brahmane ne peut pas toucher sous peine
de souillure. Ainsi, l'ail, les oignons, les poireaux,
les champignons parmi les légumes ; le lait de brebis, de chamelle, des bêtes sauvages, la chair des
oiseaux, des quadrupèdes et même des poissons,
sauf le Pathina et le Rohita, sont formellement
défendus, et tout Dwidja qui en mange avec intention est sur le champ dégradé.

(S. 48) : — « Ce n'est qu'en faisant du mal aux animaux qu'on peut se procurer de la viande ; et le
meurtre d'un animal ferme l'accès du Paradis, dit
Manou ; on doit donc s'abstenir de manger de la
viande. (S. 45) : — Celui qui pour son plaisir, tue d'innocents animaux, ne voit pas son bonheur s'accroître, soit pendant sa vie, soit après sa mort. (S. 46) : —
Mais l'homme qui ne cause pas, de son propre mouvement, aux êtres animés, les peines de l'esclavage
et de la mort, et qui désire le bien de toutes les
créatures, jouit d'une félicité sans fin ».

Après avoir traité des différentes impuretés et des
moyens prescrits pour se purifier, tels que la science
sacrée, les austérités, le feu, les aliments purs,
l'eau, les cérémonies religieuses, Manou ajoute ;

(S. 106) : — « Mais de toutes les choses qui purifient, la pureté dans l'acquisition des richesses est
la meilleure ; celui qui conserve sa pureté en devenant riche est réellement pur, et non celui qui n'est
purifié qu'avec de la terre et de l'eau. (S. 107) : — Les
hommes instruits se purifient par le pardon des
offenses ; ceux qui négligent leurs devoirs, par les
dons ; ceux dont les fautes sont secrètes par la prière
à voix basse ; ceux qui connaissent parfaitement le
Véda, par les austérités ». (S. 130) : — « La bouche
d'une femme est toujours pure ; déclare Manou. (S.
160) : — De même que les hommes austères (les saints
Brahmanes), la femme vertueuse qui après la mort
de son mari se conserve parfaitement chaste, va droit
au ciel quoiqu'elle n'ait pas d'enfants. (S. 163) : —
Celle qui abandonne son mari, lequel appartient à
une classe inférieure, pour s'attacher à un homme
de classe supérieure est méprisée dans ce monde. (S.
166) : — En menant une conduite honorable, la femme
chaste dans ses pensées, dans ses paroles, et dans
sa personne, obtient ici-bas une haute réputation,
et est admise après sa mort, dans le même séjour
que son époux ».

— Le livre VI contient les préceptes de la vie
cénobitique. La vie d'un Brahmane est en effet divi-
sée en quatre périodes ; et quatre ordres religieux
correspondent à chacune de ces périodes. Le premier est celui de *Brahmatchari* ou novice. Le jeune
homme est étudiant en théologie sous la direction
d'un *Guru* ou directeur spirituel. Le second ordre
est celui de *Grihasta* ou maître de maison. Le Brahmatchari ayant pris ses grades de théologie, se ma-
rie et élève sa famille. Pour entrer dans le troisième

ordre, celui de *Vânaprastha* ou anachorète, il renonçait aux joies de sa famille, et la quittait pour se retirer dans la forêt, et y mener une vie cénobitique ; il ne devait plus se nourrir que d'aumônes. Enfin parvenu à la vieillesse, et complètement détaché des choses de ce monde, il se préparait à entrer dans le sein de Brahma et devenait *Sanyasi* ou dévôt ascétique. Parvenu à ce degré de sainteté, il ne devait plus s'occuper d'aucun détail de la vie matérielle, mais se livrer aux plus rudes mortifications, l'esprit perpétuellement fixé sur la fin dernière.

(S. 21) : — « Qu'il ne vive absolument que de fleurs et de racines, et de fruits mûris par le temps, qui sont tombés spontanément, observant strictement les devoirs des anachorètes. (S. 22) : — Qu'il se roule sur la terre, ou qu'il se tienne tout un jour sur le bout des pieds ; qu'il se lève et s'asseye alternativement, et qu'il se baigne trois fois par jour. (S. 24) : — Trois fois par jour, en faisant son ablution, qu'il satisfasse les dieux et les Mânes par une libation d'eau, et se livrant à des austérités de plus en plus rigoureuses, qu'il dessèche sa substance mortelle. (S. 26) : — Exempt de tout penchant aux plaisirs sensuels ; chaste comme un novice, ayant pour lit la terre, ne consultant pas son goût pour une habitation et se logeant aux pieds des arbres. (S. 29) : — Telles sont, avec d'autres encore, les pratiques pieuses que doit suivre un Brahmane retiré dans une forêt ; et pour unir son âme à l'Être suprême, il doit étudier les différentes parties théologiques du Livre révélé. (S. 34) : — L'homme qui a passé d'ordre en ordre, qui a fait au feu les oblations requises, qui a toujours maîtrisé ses organes, étant fatigué de donner des

aumônes et de faire des offrandes, en se consacrant
à la dévotion ascétique, obtient après sa mort, la suprême félicité. (S. 42) : — Qu'il soit toujours seul et
sans compagnon, afin d'obtenir la félicité Suprême,
en considérant que la solitude est le seul moyen d'obtenir ce bonheur. (S. 47) : — Il doit supporter avec
patience les paroles injurieuses, ne mépriser personne, et ne point garder rancune à quelqu'un au
sujet de ce corps faible et maladif. (S. 48) : — Qu'il ne
s'emporte pas à son tour, contre un homme irrité ;
Si on l'injurie, qu'il réponde doucement, et qu'il ne
profère point de vaines paroles ayant rapport à des
objets soumis aux sept perceptions ; (S. 49) : — Méditant avec délices sur l'Ame Suprême, assis, n'ayant
besoin d'aucune chose, inaccessible à tout désir
sensuel, sans autre société que son âme, qu'il vive
ici-bas dans l'attente de la béatitude éternelle.
(S. 60) : — En maîtrisant ses organes, en renonçant
à toute espèce d'affection ou de haine, en évitant de
faire du mal aux créatures, il se prépare l'immortalité. (S. 72) : — Qu'il efface ses péchés en retenant sa
respiration ; qu'il expie ses fautes en se livrant au
recueillement le plus absolu ; qu'il réprime ses désirs sensuels en imposant un frein à ses organes ;
qu'il détruise, par la méditation profonde, les qualités opposées à la nature divine. (S. 76) : — Cette
demeure dont les os forment la charpente, à laquelle
les muscles servent d'attaches, enduite de sang et
de chair, recouverte de peau, infecte, qui renferme
des excréments et de l'urine ; (S. 77) : — Soumise à
la vieillesse et aux chagrins, affligée par les maladies, en proie aux souffrances de toute espèce, unie
à la qualité de passion, destinée à périr, que cette

demeure humaine soit abandonnée avec plaisir par celui qui l'occupe. (S. 82) : — Tout ce qui vient d'être déclaré s'obtient par la méditation de l'Essence divine ; car aucun homme lorsqu'il ne s'est pas élevé à la connaissance de l'Ame suprême, ne peut recueillir le fruit de ses efforts ». Les préceptes qui précèdent s'appliquent au Brahmane entré dans le quatrième ordre des dévots ascétiques ; ils ne constituent que la partie la plus importante de leurs devoirs ; pour les énumérer tous, il faudrait citer tout le livre. La fin du Livre VI est consacrée aux Dwidjas, et leur enseigne les dix vertus qui composent le devoir. Il n'a rien été écrit de plus élevé, puisque la résignation, et l'action de rendre le bien pour le mal, fondement de la doctrine du Christ, y sont prescrites, treize siècles avant sa venue.

(S. 91) : — « Les Dwidjas qui appartiennent à ces quatre ordres doivent toujours avec le plus grand soin, pratiquer les dix vertus qui composent le devoir : *la résignation, l'action de rendre le bien pour le mal,* la tempérance, la probité, la pureté, la répression des sens, la connaissance des Sastrâs, celle de l'Ame Suprême, la véracité, et l'abstinence de la colère : telles sont les dix vertus en quoi consiste le devoir. (S. 93) : — Les Brahmanes qui étudient les dix préceptes du devoir, et après les avoir étudiés s'y conforment, parviennent à la condition suprême ».

Le Livre VII est le Livre des Rois. C'est un des plus importants en ce sens qu'il démontre à quel degré de civilisation l'Inde était parvenue, puisqu'un Code était assez puissant pour enseigner aux rois leurs devoirs, et les y contraindre par son immense autorité. On y trouve la formule de *droit divin*, que les Aryas d'Occident devaient reprendre plus tard, et l'onction qui sacrait Roi.

(S. 2) : — « Un Kchatrya qui a reçu suivant la règle, le divin sacrement de l'initiation, doit s'appliquer à protéger avec justice tout ce qui est soumis à son pouvoir. (S. 3) : — Pour la conservation de tous les êtres, le Seigneur créa un roi. (S. 14) : — Pour aider le roi dans ses fonctions, le Seigneur produisit dès le principe, le génie du châtiment, protecteur de tous les êtres, exécuteur de la justice, son propre fils, et dont l'essence est toute divine. (S. 19) : — Infligé avec circonspection et à propos, il procure aux peuples le bonheur ; mais appliqué inconsidérément, il les détruit de fond en comble.

(S. 20) : — Si le roi ne châtiait pas sans relâche ceux qui méritent d'être châtiés, les plus forts feraient leur proie des plus faibles, comme les poissons dans leur élément.

(S. 25) : — Partout où le châtiment à la couleur noire, à l'œil rouge, vient détruire les fautes, les hommes n'éprouvent aucune épouvante, si celui qui dirige le châtiment est doué d'un jugement sain. (S. 30) : — Le châtiment ne peut pas être infligé convenablement par un roi privé de conseillers, imbécile, avide de gain, dont l'intelligence n'a pas été perfectionnée par l'étude des lois, et qui est adonné aux plaisirs des sens.

(S. 31) : — C'est par un prince entièrement pur, fidèle à ses promesses, observateur des lois, entouré de serviteurs habiles, et doué d'un jugement sain, que le châtiment peut être imposé d'une manière équitable. (S. 38) : — Qu'il vénère constamment les Brah

+.

manes respectables par leur vieillesse et leur dévotion, possédant la Sainte Écriture, purs d'esprit et de corps ; car celui qui vénère les vieillards est toujours honoré.

(S. 39) : — Qu'il prenne continuellement exemple sur eux pour l'humilité, lors même que sa conduite est sage et mesurée ; car un monarque humble et modeste dans ses manières, ne peut se perdre en aucune circonstance. (S. 44) : — Qu'il fasse nuit et jour tous ses efforts pour dompter ses organes ; *car celui qui maîtrise ses organes est seul capable de soumettre les peuples à son autorité*. (S. 50) : — *Les liqueurs enivrantes, le jeu, les femmes, et la chasse, ainsi énumérés par ordre, doivent être regardés par un roi comme ce qu'il y a de plus funeste dans la série des vices nés de l'amour du plaisir*. (S. 51) : — *Qu'il considère toujours l'action de frapper, celle d'injurier et de nuire au bien d'autrui, comme les trois choses les plus pernicieuses dans la série des vices produits par la colère*. (S. 53) : — *Le vice et la mort étant comparés, le vice a été déclaré la chose la plus horrible*. (S. 80) : — Qu'il fasse percevoir son revenu annuel dans tout son domaine par des commis fidèles ; qu'il observe les lois dans ce monde ; *qu'il se conduise comme un père avec ses sujets* ». Écoutez ces préceptes dictés aux rois et aux guerriers, à une époque que le savant Deguigne qualifie d'époque de *barbares et de brigands*. (S. 90) : — « Un guerrier ne doit jamais dans une action, employer contre ses ennemis des armes perfides, comme des bâtons renfermant des stylets aigus, ni des flèches barbelées ; ni des flèches empoisonnées, ni des traits enflammés. (S. 91) : — Qu'il ne frappe ni un ennemi qui est à pied, si lui-même est sur un char, ni un homme efféminé, ni celui qui joint les mains pour demander merci, ni celui qui est assis, ni celui qui dit: je suis ton prisonnier. (S. 92) : — Ni un homme endormi, ni celui qui n'a pas de cuirasse; ni celui qui est nu, ni celui qui est désarmé, ni celui qui regarde le combat sans y prendre part, *ni celui qui est aux prises avec un autre* ; ni celui dont l'arme est brisée, ni celui qui est accablé par le chagrin, ni un homme grièvement blessé, *ni un lâche, ni un fuyard ;* qu'il se rappelle le devoir des braves guerriers ». Pourrions-nous affirmer en âme et conscience, au XIXe siècle de notre ère, être supérieurs à cette bien antique civilisation, alors que tous les efforts de notre intelligence sont tendus vers des découvertes ayant pour objet la destruction la plus formidable de l'humanité. Les dernières guerres européennes, Napoléon Ier faisant tirer son artillerie sur la glace, pour engloutir les régiments russes, la guerre d'Espagne et ses guérillas, la guerre Turco-Russe, le bombardement d'Alexandrie, sont quelques exemples parmi de nombreux, qui pourraient attester de notre retour à la barbarie.

L'axiome suivant est éternellement vrai. (S. 123) : — « Car, en général, les hommes chargés par le roi de veiller à la sûreté du pays, sont des fourbes portés à s'emparer du bien d'autrui ; que le roi prenne la défense du peuple contre ces gens-là ».

(S. 137) : — « Que le roi fasse payer, comme impôt, une redevance annuelle très modique aux hommes de son royaume qui appartiennent à la dernière classe, et qui vivent d'un commerce peu lucratif.

(S. 138) : — Quant aux ouvriers, aux artisans et aux Soûdras qui gagnent leur subsistance à force de peine, qu'il les fasse travailler chacun un jour par mois ». Voilà l'origine de la prestation, appliquée encore de nos jours.

(S. 144) : — « Le principal devoir d'un Kchatrya est de défendre les peuples, et le roi qui jouit des avantages qui ont été énumérés est tenu de remplir ce devoir. (S. 203) : — *Qu'il fasse respecter les lois de la nation conquise, comme elles ont été promulguées.* (S. 211) : — *La bonté, l'art de connaître les hommes, la valeur, la compassion, une libéralité inépuisable,* telles sont les vertus qui forment l'ornement d'un prince. »

Le livre VIII est le livre des juges. Il débute par cette belle maxime (S. 17) : — « La justice est le seul ami qui accompagne les hommes après le trépas ; car toute autre affection est soumise à la même destruction que le corps. » Parmi les nombreux axiomes de droit qui en font partie, il en est qui sont encore en vigueur dans notre code.

(S. 27) : — « Le bien par héritage d'un enfant sans protecteur, doit rester sous la garde du roi, jusqu'à ce qu'il ait terminé ses études ou soit sorti de l'enfance, c'est-à-dire, jusqu'à la seizième année. (S. 28) : — La même protection doit être accordée aux femmes stériles, à celles qui n'ont pas de fils, aux femmes sans parents, à celles qui sont fidèles à leur époux absent, aux veuves et aux femmes affligées par une maladie. (S. 30) : — Un bien quelconque dont le maître n'est pas connu, doit être proclamé au son du tambour, puis conservé en dépôt par le

roi pendant trois ans ; avant l'expiration des trois
ans, le propriétaire peut le reprendre ; après ce
terme le roi peut se l'adjuger. (S. 64) : — Il ne faut
admettre comme témoins ni ceux qu'un intérêt pécu-
niaire domine, ni des amis, ni des domestiques, ni
des ennemis, ni des hommes dont la mauvaise foi
est connue, ni des malades ; ni des hommes coupables d'un crime. (S. 65) : — On ne peut prendre pour
témoins ni le Roi, (S. 66) : — *ni un homme seulement.* »

Le faux témoignage est assimilé à tous les crimes.
(S. 90) : — « Depuis sa naissance, tout le bien que tu
as pu faire, ô honnête homme ! sera entièrement
perdu pour toi et passera à des chiens, si tu dis
autre chose que la vérité. (S. 91)! — O digne homme !
Tandis que tu te dis : « Je suis seul avec moi-même »,
dans ton cœur réside sans cesse l'Esprit Suprême,
observateur attentif et silencieux, de tout le bien et
de tout le mal. (S. 92) : — Cet esprit qui siège dans
ton cœur, c'est un juge sévère, un punisseur inflexi-
ble, c'est un Dieu. (S. 84) : — L'âme est son propre
témoin, l'âme est son propre asile ; *ne méprisez
jamais votre âme, ce témoin par excellence des
hommes.* (S. 152) : — Un intérêt qui dépasse le taux
légal et qui s'écarte de la règle précédente, n'est pas
valable ; les sages l'appellent procédé usuraire. *Le
prêteur ne doit recevoir au plus que cinq du cent.*
(S. 168). — *Ce qui a été donné par force, possédé
par force, écrit par force, a été déclaré nul par
Manou, comme toutes les choses faites par con-
trainte.* (S. 226) : — Les prières nuptiales sont des-
tinées aux vierges seulement, et jamais en ce
monde à celles qui ont perdu leur virginité, car

de telles femmes sont exclues des cérémonies légales. (S. 227): — Les prières nuptiales sont la sanction nécessaire du mariage, et les hommes instruits doivent savoir que le pacte consacré par ces prières est complet et irrévocable au septième pas. (S. 312): — Le roi qui désire le bien de son âme doit pardonner sans cesse aux plaideurs, aux enfants, aux vieillards et aux malades, qui s'emportent contre lui en invectives. *Celui qui pardonne aux gens affligés qui l'injurient est honoré pour cela dans le ciel; celui qui par orgueil de sa puissance conserve du ressentiment, ira pour cette raison en enfer.* »

L'axiome suivant indique, que plus le coupable est élevé dans l'échelle sociale, et plus il doit être puni sévèrement. (S. 337): — « L'amende d'un Soudra pour un vol quelconque doit être huit fois plus considérable que la peine ordinaire; celle d'un Vaisya seize fois; celle d'un Kchatrya trente-deux fois; celle d'un Brahmane soixante-quatre fois, ou cent fois, ou même cent vingt-huit fois plus considérable, lorsque chacun d'eux connaît parfaitement le bien ou le mal de ses actions. (S. 336): — Dans le cas où un homme de basse naissance serait puni d'une amende d'un Karchâpana, un roi doit subir une amende de mille panas. »

Le droit de légitime défense est consacré par le texte suivant. (S. 350) : — « Un homme doit tuer sans balancer quiconque se jette sur lui pour l'assassiner. (S. 349) : — Pour sa propre sûreté, dans une guerre entreprise pour défendre les droits sacrés, et *pour protéger une femme* ou un Brahmane, celui qui tue justement ne se rend pas coupable.

(S. 35r) : — Tuer un homme qui fait une tentative d'assassinat en public ou en particulier ne rend aucunement coupable le meurtrier ; c'est la fureur aux prises avec la fureur.

(S. 352) : — *Que le roi bannisse après les avoir punis par des mutilations flétrissantes, ceux qui se plaisent à séduire les femmes des autres.* Car c'est de l'adultère que naît dans le monde le mélange des castes, et du mélange des classes provient la violation des devoirs, destructrice de la race humaine, qui cause la perte de l'univers.

(S. 394) : — Un aveugle, un idiot, un homme perclus, un septuagénaire, et un homme qui rend de bons offices aux personnes très versées dans la Sainte Écriture, ne doivent être soumis par aucun roi à un impôt. (S. 395) : — Que le roi honore toujours un savant théologien, un malade, un homme affligé, un enfant, un vieillard, un indigent, un homme de noble naissance, et un homme respectable par sa vertu ! »

— Les lois civiles et criminelles, les devoirs de la caste commerçante et de la caste servile forment le sujet du Livre IX. Plusieurs axiomes s'appliquent aux femmes, et prouvent que les Indous ont eu le respect de la femme, qu'ils l'ont entourée d'égards, protégée contre la brutalité, et vénérée lorsque sa conduite était pure et vertueuse. D'ailleurs nous verrons bientôt, lors de l'apparition du Buddha, la femme jouer un rôle actif, former des congrégations religieuses, prononcer des vœux de chasteté, soigner les pauvres et les malades.

(S. 10) : — « Personne ne parvient à tenir les femmes dans le devoir par des moyens violents », a déclaré Manou, et il a ajouté ce commentaire psychologique (S. 12) : « Renfermées dans leur demeure sous la garde d'hommes fidèles et dévoués, les femmes ne sont pas en sûreté; celles-là seulement sont bien en sûreté qui se gardent elles-mêmes de leur propre volonté. (S. 26) : — Les femmes qui s'unissent à leux époux dans le désir d'avoir des enfants, qui sont parfaitement heureuses, dignes de respect, et qui font l'honneur de leur maison, sont véritablement les déesses de la fortune ; il n'y a aucune différence. (S. 45) : — Celui-là seul est un homme parfait, qui se compose de trois personnes réunies savoir : sa femme, lui-même et son fils ; et les Brahmanes ont déclaré cet axiome : « *Le mari ne fait qu'une même personne avec son épouse.* »

(S. 89) : — « Il vaut mieux pour une demoiselle en âge d'être mariée, rester dans la maison paternelle jusqu'à sa mort, que d'être jamais donnée par son père à un époux dépourvu de bonnes qualités. »

(S. 101) : — Qu'une fidélité mutuelle se maintienne jusqu'à la mort, tel est, en somme, le principal devoir de la femme et du mari. (S. 102) : — C'est pourquoi un homme et une femme unis par le mariage, doivent bien se garder d'être désunis et de se manquer de foi l'un à l'autre. »

En ce qui concerne la loi des héritages, le partage d'une succession doit être fait également entre tous les enfants d'une même famille. Cependant (S. 201) : — « les eunuques, les hommes dégradés, les aveugles et les sourds de naissance, les fous, les idiots, les muets et les estropiés ne sont point admis à hériter. Mais il est juste que tout homme sensé qui hérite, leur donne autant qu'il est en son pouvoir, de quoi subsister et se couvrir jusqu'à la fin de leurs jours ; s'il ne le faisait pas, *il serait criminel.*

(S. 213) : — Un frère aîné qui par cupidité, fait tort à ses jeunes frères, est privé de l'honneur attaché à la progéniture, ainsi que de sa part, et doit être puni par le roi d'une amende. (S. 200) : — Les parures portées par des femmes pendant la vie de leurs maris, ne doivent pas être partagées par les héritiers des maris entre eux ; s'ils en font le partage, ils sont coupables. »

Voici la loi qui a rapport aux jeux de hasard ; elle proscrit indistinctement tout jeu de hasard tel que celui des dés, les paris, les combats d'animaux, de coqs, de béliers. Ceux qui tiennent des maisons de jeu, et ceux qui jouent soit en secret, soit en public sont punis corporellement ; car le jeu ayant été reconnu comme un mobile de haine, l'homme sage ne doit pas se livrer au jeu, même pour s'amuser.

(S. 221) : — « Le jeu et les paris doivent être proscrits par le roi dans son royaume ; car ces deux coupables pratiques causent aux princes la perte de leurs royaumes. (S. 222) : — *Le jeu et les paris sont des vols manifestes* ; aussi, le roi doit-il faire tous ses efforts pour y mettre obstacle. (S. 225) : — Les joueurs, les danseurs et les chanteurs publics, les hommes qui décrient les Livres Saints, les religieux hérétiques, les hommes qui ne remplissent pas les devoirs de leur classe, et *les marchands de liqueurs,* doivent être chassés de la ville, à l'instant. » Il est assez piquant de comparer ces lois à celles qui régissent une civilisation ignorante et dédaigneuse des civilisations passées, et de tirer la conclusion.

Il semblerait même que quelques-uns de ces articles de loi sont d'actualité ; tel le suivant : (S. 231) : — « Le roi doit confisquer tous les biens des ministres qui, chargés des affaires publiques, et enflammés de l'orgueil de leurs richesses, ruinent les affaires de ceux qui les soumettent à leur décision. » Voici le texte relatif à la chose jugée : (S. 233) : — « Toute affaire qui à une époque quelconque, a été conduite à son terme et jugée, doit, si la loi a été suivie, être considérée par le roi comme terminée ; qu'il ne la fasse pas recommencer. (S. 243) : — Qu'un prince vertueux ne s'approprie pas le bien d'un grand criminel ; si par cupidité il s'en empare, il est souillé du même crime. (S. 256) : — Que le roi employant comme espions ses propres gens, distingue bien deux sortes de voleurs : les uns se montrant en public, les autres se cachant, et qui enlèvent le bien d'autrui. (S. 258) : — Les hommes qui se laissent corrompre par des présents, ceux qui extorquent de l'argent par des menaces, les falsificateurs, les joueurs, les diseurs de bonne aventure, les faux honnêtes gens, les chiromanciens, les hommes qui exercent à tort les arts libéraux, et les adroites courtisanes ; (S. 260) : — tels sont, avec d'autres encore, les voleurs qui se montrent en public ; que le roi sache les distinguer ainsi que les autres qui se cachent pour agir ; hommes méprisables qui portent les insignes des gens d'honneur. » Le texte suivant donne à réfléchir. (S. 284) : — « Tous les médecins et chirurgiens qui exercent mal leur art méritent une amende : elle doit être du premier degré pour un cas relatif à des animaux, du second degré pour des hommes. » (S. 324) — « Se conduisant de la manière prescrite et s'appliquant toujours aux devoirs d'un roi, que le monarque enjoigne à ses ministres de travailler au bonheur du peuple. »

Le livre X traite des devoirs que chaque caste doit remplir dans les temps de détresse. Ces devoirs avaient une grande importance, en raison de la famine, ce fléau qui dévaste l'Inde. Ce livre contient également les prescriptions relatives aux conditions des enfants nés de classes mêlées. (S. 62) : — «L'abandon de la vie sans espoir de récompense, pour le salut d'un Brahmane, d'une femme ou d'un enfant, fait parvenir au ciel les hommes de vile naissance. (S. 63) : — Se garder de faire le mal, dire toujours la vérité, s'abstenir de tout vol, être pur, et réprimer ses organes, voilà sommairement en quoi consiste le devoir prescrit par Manou aux quatre classes. »

(S. 117) : — « *Les Brahmanes et les Kchatryas, même dans un moment critique, ne doivent pas prê ter à intérêt.* » Tout commentaire serait superflu !

Dans le livre XI il est question des pénitences et des expiations.

(S. 9) : — «Celui qui par gloriole fait des présents à des étrangers, tandis que sa famille vit dans la peine, bien qu'il ait le moyen de la soutenir, savoure du miel et avale du poison ; il ne pratique qu'une fausse vertu. (S. 10) : — Ce qu'il fait au préjudice de ceux qu'il est de son devoir de soutenir, dans l'espoir d'un état futur, finira par lui causer un sort misérable dans ce monde et dans l'autre. »

Voici quelques uns des péchés que Manou considère comme les plus graves.

En tête de tous : tuer un Brahmane, boire des liqueurs spiritueuses, voler l'or d'un Brahmane.

commettre un adultère avec la femme de son père naturel ou spirituel, sont déclarés les crimes du plus haut degré. Accuser à tort un maître spirituel, montrer du dédain pour les Védas, porter un faux témoignage, tuer un ami, enlever un dépôt, avoir commerce charnel avec les sœurs de sa mère, avec des femmes de classe mêlée, ou avec la femme d'un ami, sont autant d'actions considérées comme crimes capitaux. Tuer une vache, se vendre soi-même, commettre l'adultère, abandonner un maître spirituel, son père ou sa mère, négliger son fils, souiller une jeune fille, exercer l'usure, enseigner le Véda pour un salaire, abandonner un parent, ne pas acquitter ses dettes, lire des ouvrages irréligieux, nier un état futur, et les récompenses et les peines après la mort, sont des crimes secondaires. S'unir charnellement avec un homme entraîne la perte de la caste. Tuer un âne, un cheval, un chameau, un cerf, un éléphant, un bouc, un bélier, un poisson, un serpent ou un buffle, est déclaré une action qui ravale à une classe mêlée. Tuer un insecte, un ver ou un oiseau, voler du fruit ou du bois, et être pusillanime, sont des fautes qui causent la souillure.

Tout Brahmane qui s'enivre encourt le rejet de sa caste. (S. 97) : — « Celui dont l'essence divine répandue dans tout son être se trouve une fois inondée de liqueur énivrante, perd son rang de Brahmane et déchoit à l'état de Soudrâ. »

Voici la confession et la pénitence. (S 227) : — *Par un aveu fait devant tout le monde, par le repentir, par la dévotion, par la récitation des prières sacrées, un pécheur peut être déchargé de sa faute, ainsi qu'en donnant des aumônes lorsqu'il*

se trouve dans l'impossibilité de faire d'autre péni-
tence. »

(S. 238) : — « Tout ce qui est difficile à traverser, difficile à obtenir, difficile à aborder et difficile à accomplir, peut réussir par la dévotion austère ; car la dévotion est ce qui présente le plus d'obstacles. (S. 239) : — Les grands criminels et tous les autres hommes coupables de diverses fautes, sont déchargés de leurs péchés par des austérités pratiquées avec exactitude. (S. 241) : — Tout péché commis par les hommes en pensées, en paroles ou en actions, ils peuvent le consumer entièrement sur-le-champ par le feu de leurs austérités, lorsqu'ils ont pour richesses la dévotion. »

Le livre XII est le couronnement de l'œuvre de Manou. Il traite de l'immortalité de l'âme, des différentes transmigrations auxquelles les hommes sont soumis suivant les péchés commis, et de la béatitude finale. L'homme étant doué de son libre arbitre, chacun de ses actes porte un bon ou un mauvais fruit. En effet, l'esprit est l'instigateur de cet acte lié avec l'être animé, acte qui s'opère par la pensée, la parole et l'action. (S. 5) : — Penser aux moyens de s'approprier le bien d'autrui, méditer une action coupable, embrasser l'athéisme et le matérialisme, sont les trois mauvais actes de l'esprit. (S. 6) : — Dire des injures, mentir, médire de tout le monde, et parler mal à propos, sont les quatre mauvais actes de la parole. (S. 7) : — S'emparer de choses non données, faire du mal aux êtres animés sans y être autorisé par la loi, et courtiser la femme d'un autre, sont reconnus comme trois mauvais actes du corps. (S. 8) : — L'être doué de raison obtient une récompense ou une punition, pour les actes de l'esprit, dans son esprit ; pour ceux de la parole, dans les organes de la parole : pour les actes corporels dans son corps. (S. 24) : — Qu'il sache que l'âme, c'est-à-dire l'intelligence, a trois qualités, la bonté, la passion et l'obscurité ; et c'est douée de l'une de ces qualités, que l'intelligence reste incessamment attachée aux substances créés. (S. 26) : — Le signe distinctif de la bonté est la science.

(S. 83) : — Etudier et comprendre les Védas, pratiquer la dévotion austère, connaître Dieu (Brahme), dompter les organes des sens, ne point faire de mal, et honorer son maître spirituel, sont les principales œuvres conduisant à la béatitude finale.

(S. 83) : — De tous ces devoirs, le principal est d'acquérir la connaissance de l'Ame suprême, c'est la première de toutes les sciences ; par elle, en effet, on acquiert l'immortalité.

(S. 103) : — Ceux qui ont beaucoup lu, valent mieux que ceux qui ont peu étudié ; ceux qui possèdent ce qu'ils ont lu, sont préférables à ceux qui ont lu et oublié ; ceux qui comprennent, ont plus de mérite que ceux qui savent par cœur ; ceux qui remplissent leur devoir, sont préférables à ceux qui le connaissent simplement.

(S. 104) : — La dévotion et la connaissance de l'Ame divine, sont pour un Brahmane, les meilleurs moyens de parvenir au bonheur suprême : par la dévotion il efface ses fautes ; par la connaissance de Dieu (Brahme) il se procure l'immortalité.

(S. 114) : — Des Brahmanes qui n'ont pas suivi les règles du noviciat, qui ne connaissent pas les Textes saints, et n'ont d'autres recommandations

que leur classe, fussent-ils au nombre de plusieurs mille, ne sont pas admis à former une assemblée légale.

(S. 118) : — Que le Brahmane réunissant toute
son attention voie dans l'Ame divine toutes les choses visibles et invisibles ; car en considérant tout
dans l'âme, il ne livre pas son esprit à l'iniquité.
(S. 122) : — Mais il doit se représenter le Grand-Être
comme le souverain maître de l'univers, comme
plus subtil qu'un atôme, comme aussi brillant que
l'or le plus pur, et comme ne pouvant être conçu
par l'esprit que dans le sommeil de la contemplation la plus abstraite. (S. 124) : — C'est le Dieu, qui
enveloppant tous les êtres d'un corps formé des
cinq éléments, les fait passer successivement de la
naissance à l'accroissement, de l'accroissement à la
dissolution, par un mouvement semblable à celui
d'une zone. (S. 125) : — Ainsi l'homme qui reconnaît dans sa propre âme, l'Ame suprême présente
dans toutes les créatures, se montre le même à
l'égard de tous, et obtient le sort le plus heureux,
celui d'être à la fin absorbé dans Brahme. »

Tel est le résumé très succinct du *Manava-Dhar-
ma-Sastrâ*, Livre admirable qui a fait la grandeur
de l'Inde Brahmanique et lui sert encore de base
aujourd'hui. C'est le plus beau rêve de perfection
que l'humanité ait jamais conçu. Au point de vue
métaphysique, le code de Manou contient la plus
belle définition de Dieu ; au point de vue moral, la
dévotion, l'austérité, la pureté, la justice, la résignation, l'action de rendre le bien pour le mal, la
douceur poussée jusqu'au respect de la vie des animaux les plus infimes, sont ses prescriptions les

plus recommandées ; au point de vue intellectuel, la science règle la prééminence. Par un travail de comparaison il serait facile de prouver combien d'axiomes de droit du Code de Justinien et du Code Civil, actuellement en usage, proviennent textuellement du *Manava-Dharma*. Le cadre restreint de cet ouvrage ne me permet pas cette comparaison. Je terminerai cet exposé sommaire par une citation d'Em. Burnouf ; ce sera la meilleure conclusion. « L'esprit général qui anime les lois de Manou, écrit-il, peut se résumer en deux mots : pureté physique et morale, subordination des hommes entre eux... Les Musulmans ont pu conquérir l'Inde, mais n'ont pu détruire ni l'institution des castes, ni la religion des Aryas. La race brahmanique ne s'est mêlée à la leur que dans une proportion minime. Longtemps auparavant, la réforme buddhique qui, née dans l'Inde prêchait l'égalité et attaquait le principe des castes, n'a pu se maintenir, malgré les progrès qu'elle avait faits dans le peuple. Plus tard le christianisme prêché dans l'Inde par un ordre célèbre, ne parvenait à faire quelques progrès qu'en faisant lui-même des concessions. Ce système ayant été désapprouvé, la Loi de Manou a repris tout son empire, et constitue encore aujourd'hui même la plus grande force morale contre laquelle les Européens aient à lutter en Orient (26) ».

L'école Brahmanique se divise en deux grands systèmes de philosophie : Le *Mimansa* et le *Sankhya*. Le *Vedanta* ou *Mimansa* se subdivise lui-même en deux écoles : l'*Uttara-Mimansa* et le *Purva-Mimansa*. Comme son nom l'indique, le *Vedanta* est une école théologique dont les doctrines sont appuyées sur les textes des Vedas. Sa doctrine est spiritualiste.

« L'objet de la Mimansa, dit Colebrooke, dans ses *Asiatic Researches*, est d'établir l'évidence, la force des préceptes contenus dans l'Ecriture, et de fournir des maximes pour son interprétation, et dans le même but, des règles de raisonnement d'après lesquelles on puisse déduire un système de logique. L'objet du Vedanta est d'expliquer le système de théologie mystique enseignée par la révélation supposée et de montrer son application à la poursuite enthousiaste d'une perfection impossible et d'un commerce mystique avec la divinité. »

Prenant pour point de départ l'unité métaphysique de l'Être Suprême, elle a conçu *Brahme*, l'être neutre, absolu, invariable, éternel, sans attributs, et n'ayant par conséquent, aucune relation avec les êtres individuels. Voici comment les Vedantistes définissent *Brahme* : « Seul il est esprit, essentiellement existant, intelligence et joie ; sans qualités, sans action, sans conscience de ce qu'on désigne par *Moi, Toi, Il* ; il ne conçoit ni personne ni chose, et n'est conçu par qui que ce soit ; il n'est ni *parviscient* ni *omniscient*. »

Dans ces conditions pour créer le monde, *Brahme* est obligé de se créer lui-même pour se manifester, et il devient alors *Brahma*, le grand créateur des mondes, sorti de la substance infinie. Mais comment *Brahma*, principe actif masculin a-t-il pu sortir de *Brahme*, l'être neutre ? L'école Vedantiste a résolu le problème au moyen du principe nommé *Maya*, l'illusion, autrement dit la matière, dont la signification est celle de mesure et d'espace. Plus tard,

Platon devait développer cette même théorie à qui il a donné le nom de τοπος, la mère universelle, la possibilité du plus ou du moins. L'âme du monde, la grande Ame, *Pararatmat* est la source de vie, source unique d'où sortent tous les êtres et dans laquelle ils rentrent; elle contient également le principe intellectuel, *Manas*, dont une parcelle constitue chez les êtres intelligents le *moi, Aham-kara*. Il en résulte que l'individualité des êtres ainsi que leur personnalité a sa cause dans l'intelligence. De ce fait découle logiquement la hiérarchie des êtres; en effet, *Brahma* principe masculin suprême est sorti de *Brahme* la substance infinie, au moyen de *Maya*, l'illusion, la matière; *Pararatma* la grande Ame, tire son origine de *Brahma*; le principe intellectuel *Manas* est une forme déterminée par la grande Ame, et donne naissance à l'individualité des êtres intelligents; par conséquent, tous les êtres sont sortis de *Brahma*, et ils s'en éloignent d'autant moins qu'ils développent davantage leur intelligence, et dirigent mieux leur raison (27). La théorie de la hiérarchie des êtres devait elle-même donner naissance à la théorie de l'origine des espèces, formulée au premier livre de Manou, et que Darwin devait reprendre plus tard. « Chacun des êtres acquiert la qualité de celui qui les précède, de sorte que plus un être est éloigné dans la série, et plus il a de qualités. »

Le but du *Purva-Mimansa* était de faire concorder tous les textes contenus dans les commentaires des Védas, et d'en donner le sens véritable; mais le *Mimansa* est principalement un formulaire de préceptes et de pratiques religieuses, et bien qu'il se soit occupé des questions de logique pure et appliquée, de grammaire et de rhétorique, de l'origine du langage et de ses rapports avec la pensée, il a versé dans les erreurs inhérentes à toute casuistique, au point de devenir purement formaliste, ce qui provoqua une violente réaction.

Cette réaction, c'est le *Sankhya* de Kapila, c'est-à-dire la philosophie rationnaliste et matérialiste. Cependant, à l'École *Mimansa* revient l'honneur d'avoir formulé l'éternité du *logos*, comme expression de la pensée conçue comme éternelle.

Kapila rejetant toute révélation comme base scientifique, et niant l'autorité des Védas, prit pour point de départ l'étude personnelle et libre. D'après lui la matière est éternelle; c'est de cette substance primitive que le monde est sorti, et l'âme provient du principe insaisissable qu'elle contient. Il niait l'existence de Dieu et l'enfermait dans le dilemne suivant : « Dieu ne pouvait pas créer l'Univers s'il n'avait pas le désir, et par suite, il n'avait pas la puissance ; car s'il eût eu un désir, il ne pouvait pas avoir la puissance, et s'il possédait la puissance, il ne pouvait pas avoir de désir. » Ce qui n'est pas, disait-il, ne peut être, et ce qui est ne peut cesser d'être. Il existe donc un principe immuable et invariable d'où dérivent toutes choses, et qui est lui-même imperceptible aux sens. Ce principe, c'est la matière, *Prakriti*, la *racine sans racines;* c'est elle qui est la cause éternelle de toutes choses, et renferme en elle-même « la promesse et la puissance » de tous les objets existants, quelles qu'en soient la nature et la forme. Elle a pour contre-partie le principe intelligent et sensible, *Purusha*. Pour Kapila, l'âme est le véritable objet de la science, et ce n'est que par la raison que l'homme peut atteindre à la connaissance de l'âme, de son origine et de sa destinée. Au rebours du Vedanta, qui enseignait qu'on ne pouvait éviter les transmigrations successives et obtenir le repos dans le sein de Brahma que par l'accomplissement des cérémonies sacrées, et par la lecture des Védas, Kapila prétendait, que seul était savant et pieux celui qui connaissait l'âme, son origine et sa destinée. De l'association de l'âme et de la matière naît le mal, et l'âme ne peut s'émanciper de l'esclavage, de la matière, que par la science. L'expérience montre que l'âme, fond sur lequel se manifestent les phénomènes de la pensée, est impérissable et différente pour chaque individu; elle existe donc au même titre que la nature. En résumé, le système de Kapila, rejetant toute autorité révélée, prend pour point de départ les objets de nos perceptions et la sensation ; et partant de cet axiome, que ce qui n'est pas ne peut être, et que ce qui est ne peut cesser d'être, il conclut à l'éternité de la matière et du principe intelligent, d'où est sortie l'âme, et par conséquent à l'immortalité de l'âme. Nous verrons plus tard, l'affinité du Buddhisme avec la philosophie du Sankhya. D'après Lassen et Burnouf, le Buddhisme dérive du *Sankhya* de Kapila ; seulement, la doctrine de Kapila n'est que philosophique, accessible à l'élite de l'humanité, tandis que la doctrine de Cakya-Muni est compréhensible pour toutes les intelligences, et c'est pour cela qu'elle est une religion.

Mais par un phénomène bizarre, Patanjali, successeur de Kapila, prenant sa propre doctrine et la

poussant encore plus loin, arriva, de conséquences
en conséquences, à admettre l'existence de Dieu,
principe neutre, éternel et indivisible. C'est la doctrine du *Second Sankhya*. En effet, si l'on admet
une *Prakriti*, matière universelle d'où est sorti le
monde organique, il faut également admettre une
âme universelle d'où sont sorties toutes les âmes
individuelles et dont elles ne sont que des formes
particulières. L'union de l'âme et de la matière engendre l'individu, et la *Prakriti* n'est plus qu'une
condition abstraite des êtres. L'âme reste le seul
élément substantiel du monde, et c'est en elle que
réside la réalité et la perfection. D'autre part, l'âme
n'étant qu'une forme particulière de la Grande Ame,
il existe donc une forme primitive du souverain
être, qui est le principe neutre éternel et indivisible,
c'est-à-dire Dieu (28).

A cette doctrine du *Sankhya* se rattache celle du
Yoga, doctrine spiritualiste et mystique, dont l'étymologie signifie : Union avec Dieu, communion
spirituelle. C'est l'expression la plus haute de la
métaphysique et de la morale Hindoues. Cette philosophie fut enseignée par le Bienheureux Krischna
dans la *Bhagavat Gita*, épisode du Grand Poëme du
Mahabharata; et elle acquit une si grande importance dans l'Inde, où elle existe encore, qu'elle
devint une sorte de religion nommée Krischnaïsme,
du nom de son fondateur Krischna. Ses disciples
prirent le nom de *Yoguis*.

CHAPITRE III

KRISCHNAÏSME

Le bienheureux Krischna est considéré par les Hindous comme une des incarnations de Vichnou. Chez tous les peuples de l'antiquité, la croyance au Messie, au Sauveur qui devait venir pour régénérer les hommes, était profondément enracinée.

Chez les Juifs, le Messie qu'ils attendaient était un Messie terrestre issu de David, mais pour les Hindous et les Perses, le Messie était d'origine divine. — « C'est dans le sein d'une femme, est-il dit dans les Vedangas, que le Rayon de la splendeur divine recevra la forme humaine, et elle enfantera étant vierge, car nul contact impur ne l'aura souillée. » — « C'est dans les premiers temps de Cali-Youga, âge actuel du monde, que naîtra le fils de la Vierge. » (Vedanta). L'Atharva-Véda est encore plus explicite : « Il viendra couronné de lumières... Il viendra, et les cieux et les mondes seront dans la joie... Il viendra, et la vie défiera la mort, et la période de dissolution sera suspendue dans son sinistre travail, et il rajeunira le sang de tous les êtres, et il régénérera tous les corps, et il purifiera toutes les âmes... et tous les cœurs seront transportés d'amour. Heureuse la matrice bénie qui le portera ! Heureuses les oreilles qui entendront ses premières paroles ! Heureuses les mamelles que pressera sa bouche céleste !... Du nord au sud, de l'aurore au couchant, ce jour sera un jour d'ivresse, car Dieu manifestera sa gloire et fera éclater sa puissance, et se réconciliera avec ses créatures. » Enfin, dans le Livre II, slocas 15 et 20, du *Manava-Dharma-Sastra*, Manou dit explicitement : « C'est de la bouche d'un envoyé de Brahma, qui naîtra dans ce pays (Madoura), que tous les hommes sur la terre apprendront leur devoir (29) ».

Les prophéties persanes du *Zend-Avesta* parlent ainsi du Sauveur : « Sosiosch, le Sauveur et réparateur, fera revivre les morts. On la verra certainement, cette résurrection. Les veines seront rendues aux corps. De la terre viendront les os ; de l'eau le sang ; des arbres le poil ; du feu la vie, comme à la création des êtres. Ensuite les justes iront au séjour des bienheureux, les pécheurs seront précipités dans l'enfer. Il sera payé à chacun selon ses œuvres (30). »

— Le bienheureux Krischna devait réaliser la prophétie de Manou pour les Aryas de l'Hindoustan. Il naquit en effet à Madoura ; sa mère, la belle Devanaguy était de la race des rois, et Vichnou l'avait choisie pour s'incarner dans son sein afin de ramener sur la terre le culte des vertus célestes que les hommes avaient chassées de leurs cœurs. Elle conçut donc pendant son sommeil. Son oncle, le tyran Kansa, prévenu par un Brahmane que l'Esprit de Vichnou était venu s'incarner dans le sein de Déva-naguy, et que d'elle naîtrait celui qui devait le punir de ses crimes et régénérer l'humanité, la fit enfermer. Mais Vichnou veillait; et lorsque Déva-naguy eût mis au monde Krischna, la mère et l'enfant furent transportés par le vent sur la montagne de la Vierge. C'est alors que Kansa, dans sa fureur, fit massacrer tous les enfants mâles nés pendant cette nuit, dans l'espoir d'atteindre Krischna. Telle est la légende du *Pratamany-Yoga*.

La *Bhagavad-Gita* ou le Chant du Bienheureux est l'expression et le fondement de la doctrine du Krischnaïsme. Cette doctrine était une réforme, en ce sens, qu'elle partait de ce principe : le monde sera sauvé par un Dieu fait homme. Supérieure à la philosophie du Vedanta, en ce qu'elle conduisait l'homme au même but, c'est-à-dire à la délivrance, mais en lui laissant sa liberté, et sans l'astreindre à des pratiques tyranniques, la doctrine du Yoga devint très populaire parmi les classes supérieures. En effet elle soustrait l'homme à l'ignorance et au péché au moyen de la purification; la purification s'obtient par la pénitence et se complète par la science. La science s'obtient par la méditation, non par une contemplation extatique et une rêverie, mais par une suite d'idées claires et de vérités bien enchaînées.

La *Bhagavad-Gita* se compose de dix-huit dialogues entre Krischna et son disciple Arjuna. Les extraits que je cite, sont tirés de la traduction d'Em. Burnouf.

La *Bhagavad-Gita* débute par l'exposition de la science suivant le Sankhya, par le bienheureux Krischna : « Celui qui n'est pas ne peut être, et celui qui est ne peut cesser d'être : ces deux choses, les sages qui voient la vérité en connaissent la limite. — Sache-le, il est indestructible *Celui* par qui a été développé cet univers : la destruction de cet Impérissable, nul ne peut l'accomplir; — et ces corps qui finissent, procèdent d'une Ame éternelle, indestructible, immuable. — Elle ne naît, elle ne meurt jamais ; elle n'est pas née jadis, elle ne doit pas renaître ; sans naissance, sans fin, éternelle, antique, elle n'est pas tuée quand on tue le corps... — Ce qui est né doit sûrement mourir, et ce qui est mort doit renaître. » Puis il passe à la doctrine du Yogà, qui a pour but de rejeter le fruit des œuvres qui n'est rien qu'une chaîne, et de s'appliquer à l'union mystique par la méditation. — « Sois attentif, dit-il, à l'accomplissement des œuvres, jamais à leur fruit. Constant dans l'union mystique, accomplis l'œuvre et chasse le désir : sois égal aux succès et aux revers. L'union c'est l'égalité d'âme. L'œuvre est bien inférieure à cette union spirituelle. Cherche ton refuge dans la méditation. Les hommes d'intelligence qui se livrent à la méditation, et qui ont rejeté le fruit des œuvres, échappent au lien des générations et vont au séjour du salut. Quand ta pensée aura franchi les régions obscures de l'erreur, alors tu parviendras au dédain des controverses passées et futures ; quand détournée de ces enseignements, ton âme demeurera inébranlable et ferme dans la contemplation, alors tu atteindras l'union spirituelle ».

C'est établir clairement qu'il faut pratiquer la vertu pour elle-même et non pour les biens qui en sont la récompense. — « L'homme qui ne pratique pas l'union divine n'a pas de science, et ne peut méditer ; celui qui ne médite pas est privé de calme ; privé de calme, d'où lui viendra le bonheur? Car celui qui livre son âme aux égarements des sens, voit bientôt sa raison emportée, comme un navire par les vents sur les eaux. » — « Le sage aussi, tend à ce qui est conforme à sa nature ; les animaux suivent la leur. A quoi bon lutter contre cette loi ? Il faut bien que les objets des sens fassent naître le désir et l'aversion. Seulement, que le sage ne se mette pas sous leur empire, puisque ce sont ses ennemis. » Mais par quoi l'homme est-il induit dans le péché? — « C'est par l'amour, répond Krischna. C'est la passion née des ténèbres ; elle est dévorante, pleine de péché ; sache qu'elle est une ennemie ici-bas. Eternelle ennemie du sage, elle obscurcit la science. Telle qu'une flamme insatiable, elle change de forme à son gré. Les sens, l'esprit, la raison sont appelés son domaine. Par les sens, elle obscurcit la connaissance et trouble la raison de l'homme. C'est pourquoi, enchaîne tes sens dès le principe, et détruis cette pécheresse qui ôte la connaissance et le jugement. Les sens, dit-on, sont puissants ; l'esprit est plus fort que les sens ; la raison est plus forte que l'esprit. Mais ce qui est plus fort que la raison, c'est elle. Sachant donc qu'elle est la plus forte, affermistoi en toi-même, et tue un ennemi aux formes changeantes, à l'abord difficile. » Dans le Yogâ de la science, Krischna enseigne l'union éternelle, explique le but de ses incarnations, et se définit lui-même :

« Quoique sans commencement et sans fin, et chef des êtres vivants, néanmoins maître de ma propre nature, je nais par ma vertu magique. Quand la justice languit, quand l'injustice se relève, alors je me fais moi-même créature, et je nais d'âge en âge, pour la défense des bons, pour la ruine des méchants, pour le rétablissement de la justice. Celui qui connait selon la vérité ma naissance et mon œuvre divine, quittant son corps, ne retourne pas à une naissance nouvelle ; il vient à moi. Dégagés du désir de la crainte et de la passion, devenus mes dévôts et mes croyants, beaucoup d'hommes, purifiés par les austérités de la science, se sont unis à ma substance ; car selon que les hommes s'inclinent devant moi, de même aussi je les honore. » Voici la doctrine du sacrifice et de l'œuvre, qui joue un rôle si important dans l'Inde ; elle vient pour réagir contre la tendance formaliste du brahmanisme, et élever la pensée et l'intention au dessus de l'acte stérile accompli comme une simple formalité. Elle offre une analogie frappante avec la doctrine mystique du christianisme.

— « Celui qui voit le repos dans l'action, et l'action dans le repos, celui-là est sage parmi les hommes ; il est en état d'union, quelque œuvre qu'il fasse d'ailleurs. Pour celui qui a chassé les désirs, qui est libre, qui tourne sa pensée vers la science, et procède au sacrifice, l'œuvre entière s'évanouit. L'offre pieuse est Dieu ; le beurre clarifié, le feu, l'offrande sont Dieu ; celui-là donc ira vers Dieu, qui dans l'œuvre pense à Dieu. Le sacrifice qui procède de la science vaut mieux que celui qui procède des richesses ; car toute la perfection des actes est comprise dans la science. Quand tu la possèderas, tu n'éprouveras plus de défaillance; par elle tu verras tous les vivants dans l'âme, et puis en moi. Quand même tu aurais commis plus de péchés que tous les pécheurs, sur le vaisseau de la science tu traverseras tout péché. Comme un feu allumé réduit le bois en cendre, ainsi le feu de la science consume toutes les œuvres; car il n'est point d'eau lustrale pareille à la science. Celui qui s'est perfectionné par l'union mystique, avec le temps trouve la science en lui même; l'homme de foi l'acquiert quand il est tout à elle; et quand il l'a acquise, il arrive bientôt à la béatitude. Ainsi donc, fils de Bharâta, ce doute qui naît de l'ignorance et qui siège dans le cœur, tranche-le avec le glaive de la science, marche à l'union, et lève-toi! »

On voit par là, que les Yoguis considéraient la science comme le but suprême de leurs efforts et comme le meilleur moyen d'arriver à la béatitude finale. C'était répondre aux critiques des philosophes du Sankhya; d'autant que le Yogui ne répudiait aucunement la doctrine rationnelle. En effet, Krichna dit : « Les enfants séparent la doctrine rationnelle de l'union mystique, mais non les sages. En effet, celui qui s'adonne entièrement à l'une, perçoit le fruit de l'autre. Le séjour où l'on parvient par les méditations de la raison, on y arrive aussi par les actes de l'union mystique; et celui qui voit une seule chose dans ces deux méthodes, voit bien. » Mais pour arriver à l'union mystique, la première condition est le renoncement de soi-même, « car sans le renoncement de soi-même, nul ne peut s'unir véritablement. Qu'il s'élève donc et ne s'abaisse pas; car l'esprit de l'homme est tantôt son allié, tantôt son ennemi ; il est l'allié de celui qui s'est vaincu soi-même, mais par inimitié pour ce qui n'est pas spirituel, l'esprit peut agir en ennemi. »

Puis, vient, cette définition du Yogui : « L'homme qui se complaît dans la connaissance et dans la science, le cœur en haut, les sens vaincus, tenant pour égaux le caillou, la motte de terre, et l'or, a pour nom Yogui ; car il est uni spirituellement. Celui qui me voit partout, et qui voit tout en moi, ne peut plus me perdre ni être perdu pour moi. Celui qui adore mon essence résidant en tous les êtres vivants, et qui demeure ferme dans le spectacle de l'unité, en quelque situation qu'il se trouve, est toujours avec moi. Celui qui, instruit par sa propre identité, voit l'identité partout, heureux ou malheureux, est un Yogui excellent. »

Dans le Yogâ de la connaissance, Krichna expose quelle est son essence. Sa nature inférieure est composée de huit éléments : la terre, l'eau, le feu, le vent, l'air, l'esprit, la raison et le moi. Sa nature supérieure est le principe de vie qui soutient le monde. « Au-dessus de moi il n'y a rien ; à moi est suspendu l'univers comme une rangée de perles à un fil. Les ignorants me croient visible, moi qui suis invisible; c'est qu'ils ne connaissent pas ma nature supérieure, inaltérable et suprême. » En un mot, il est Dieu, l'âme suprême, l'acte dans sa plénitude ; le premier vivant, la divinité première et le premier sacrifice. Or, qu'est-ce que Dieu? « J'appelle Dieu, dit le bienheureux, le principe neutre, suprême et indivisible; âme suprême, la substance intime; acte, l'émanation qui produit l'existence substantielle des êtres ; premier vivant, la substance divisible ; divinité première, le principe masculin ; c'est moi-même qui incarné, suis le premier sacrifice ; et celui, qui à l'heurefina le se souvient de moi, et part dégagé de son cadavre, rentre dans ma substance ; il n'y a là aucun doute ; c'est moi, qui doué d'une forme invisible, ai développé cet univers ; en moi sont contenus tous les êtres ; et moi, je ne suis pas contenu en eux. Mon âme est le soutien des êtres, et sans être contenue en eux, c'est elle qui est leur être. Je suis le sacrifice, je suis l'adoration, je suis l'offrande aux morts ; je suis l'herbe du salut ; je suis l'hymne sacré, je suis l'onction, je suis le feu, je suis la victime. Je suis la doctrine, la purification. Je suis la vie, le soutien, le seigneur, le témoin, la demeure, le refuge, l'ami. Je suis la semence immortelle. Je suis l'immortalité et la mort, l'être et le non-être. Quand on m'offre en adoration une feuille, une fleur, un fruit ou de l'eau, je les reçois pour aliments comme une offrande pieuse. » Et enfin, pour clore cette longue définition de son essence supérieure, Krichna ajoute : « Les troupes des dieux et les grands Rishis ne connaissent pas ma nativité, car je suis le principe absolu des dieux et des grands Rishis. Je suis l'origine de tout ; de moi procède l'univers. » Il est impossible de définir plus splendidement et d'affirmer d'une façon plus catégorique l'unité de Dieu. La métaphysique de la Bhagavad-Gita est à la hauteur de sa psychologie et de sa morale ; elle est le résumé de toutes les conceptions philosophiques et religieuses de l'Inde Védique et Brahmanique, et elle en est comme le couronnement. Dans la Bhagavad-Gita, la doctrine rationnelle ne se sépare pas de la doctrine mystique ; la science qui embrasse la matière et son idée, est la vraie science, car l'idée de la matière dans tous les êtres matériels c'est Krichna, c'est Dieu.

— « Les grands principes des êtres, le moi, la raison, l'abstrait, les onze organes des sens, et les cinq ordres de perceptions ; puis le désir, la haine, le plaisir, la douleur, l'imagination, l'entendement, la suite des idées ; voilà en résumé, ce que l'on nomme la matière avec les modifications. » La science, c'est la perpétuelle contemplation de l'Ame Suprême, la vue de ce que produit la connaissance de la vérité. Or, ce qu'il importe à l'homme de connaître, c'est Dieu, dans ses rapports avec nous, et comme cause de tout ce qui existe. — « Dieu, dit Krischna, sans commencement et suprême, ne peut être appelé un être ni un non-être... Il illumine toutes les facultés sensitives, sans avoir lui-même aucun sens ; détaché de tout, il est le soutien de tout ; sans modes, il perçoit tous les modes... Sans être partagé entre les êtres, il est répandu en eux tous ; soutien des êtres, il les absorbe et les émet tour à tour. Lumière des corps lumineux, il est par delà les ténèbres, Science, objet de la science, but de la science, il est au fond de tous les cœurs. »

— « Sache que la nature et le principe masculin sont exempts tous deux de commencement, et que les changements et les modes tirent leur origine de la nature. La cause active contenue dans l'acte corporel, c'est la nature : le principe masculin est la cause qui perçoit le plaisir et la douleur... Quand s'engendre un être quelconque, mobile ou immobile, sache, fils de Bhârata, que cela se fait par l'union de la matière et de l'Idée. — Celui qui voit l'essence individuelle des êtres résidant dans l'unité, et tirant de là son développement, il marche vers Dieu. — Comme le soleil éclaire à lui seul tout ce monde : ainsi l'idée illumine toute la matière. » Toute la doctrine panthéistique est renfermée dans ces quelques axiomes ; mais bien que tous les êtres émanent de l'Etre suprême, ils n'évoluent pas tous de la même façon, et c'est pour cela, que l'enseignement de Krischna a pour but de démontrer, que ce n'est que par l'union mystique, que l'homme peut se rapprocher de sa source et y rentrer, suivant la hiérarchie des êtres développée par la philosophie brahmanique. En effet, Dieu étant l'intelligence, plus l'homme cultive son intelligence et sa raison, et plus il se rapproche de lui. Cependant, Krischna admet qu'on peut arriver à l'immortalité par des moyens différents, suivant les diverses natures. Il dit expressément : « Plusieurs contemplent l'Ame par eux-mêmes, en eux-mêmes ; d'autres par une union rationnelle ; d'autres par l'union mystique des œuvres ; d'autres enfin, qui l'ignoraient, apprennent d'autrui à le connaître, et s'y appliquent : tous ces hommes adonnés à la science divine, échappent également à la mortalité. » Il y a trois modes qui naissent de la nature, et lient au corps l'âme inaltérable : ce sont la vérité, l'instinct et l'obscurité. — « De la vérité naît la science ; de l'instinct, l'ardeur avide ; de l'obscurité naissent la stupidité, l'erreur, et l'ignorance aussi. » Le Yogâ de la marche vers le principe masculin suprême, est un des plus importants de la Bhagavad-Gita, car il explique les rapports de l'Etre suprême avec le monde ; il contient la théorie des incarnations, et celle du Sauveur qui conduit les hommes vers la demeure éternelle. — « Dans ce monde de la vie, une portion de moi-même qui anime les vivants, et qui est immortelle, attire à soi l'esprit et les six sens qui résident dans la nature : quand ce maître souverain prend un corps ou l'abandonne, il les a toujours avec lui dans sa marche. — A son départ, pendant son séjour et dans son exercice même, les esprits troublés ne l'aperçoivent pas sous les qualités ; mais les hommes instruits le voient... La splendeur qui du soleil reluit sur tout le monde, celle qui reluit dans la lune et dans le feu, sache que c'est ma splendeur. Pénétrant la terre, je soutiens les vivants par ma puissance, je nourris toutes les herbes des champs et je deviens le *Sôma* savoureux. Je réside en tous les cœurs : de moi procèdent la mémoire, la science et le raisonnement. Dans tous les Védas, c'est moi qu'il faut chercher à reconnaître, car je suis l'auteur de la théologie et je suis le théologien. Voici les deux principes masculins qui sont dans le monde : l'un est divisible, l'autre est indivisible ; le divisible est réparti entre tous les vivants ; l'indivisible est appelé supérieur. Mais il est un autre principe masculin primordial, souverain, indestructible, qui porte le nom d'Ame suprême, et qui pénètre dans les trois mondes et les soutient. Et comme je surpasse le divisible et même l'indivisible, c'est pour cela que dans le monde et dans le Véda, l'on m'appelle Principe masculin Suprême ».

La supériorité de la morale du Yogâ sur celle du Buddha consiste en un point. Toutes deux prêchent également le renoncement et l'abnégation, mais avec cette différence, que le Buddhiste, plongé dans sa méditation, arrive à l'inaction absolue, tandis que le Yogui doit d'abord renoncer au fruit de ses œuvres, mais est tenu ensuite de les accomplir. Aussi le Buddhisme, après avoir conquis la plus grande partie de l'Orient, est-il resté stationnaire pour des motifs que j'expliquerai, lors de l'exposition de ses doctrines. Mais ce qui fait de la Bhagavad-Gita un livre unique peut-être, c'est que la doctrine qu'il contient, satisfait à la fois le savant rationnaliste, le mystique, et le simple de cœur et d'esprit. Le renoncement pour le Yôgui n'est pas la renonciation aux œuvres du désir, mais l'abandon du fruit des œuvres. — « On ne doit pas renoncer, dit Krischna, aux œuvres de piété, de charité, ni de pénitence, car un sacrifice, un don, une pénitence sont pour les sages des purifications. Mais quand on a ôté le désir, et renoncé au fruit de ces œuvres, mon décret, ma volonté suprême est qu'on les fasse... Car il n'est pas possible que l'homme doué d'un corps, s'abstienne absolument de toute action : mais s'il est détaché du fruit de ses actes, dès lors il pratique l'abnégation. »

Il y a trois sortes de sciences. — « Une science, qui montre dans tous les êtres vivants l'être unique et inaltérable, et l'indivisible dans les êtres séparés, est une science de vérité. — Une science, qui dans les êtres divers considère la nature individuelle de chacun d'eux, est une science instructive : une science qui s'attache à un acte particulier, comme s'il était tout à lui seul, science sans principes, étroite, peu conforme à la nature du vrai, est appelée science de ténèbres. »

Krischna assigne aux quatre castes leurs devoirs respectifs ; on verra par ceux qu'il assigne aux Brahmanes, que si ces derniers s'étaient arrogé le pouvoir et l'influence dans l'Inde, ils n'avaient acquis cette supériorité que par les mérites de leur science et de leurs vertus. Personne ne niera, que les qualités requises des Kchatryas n'aient été celles de nos aristocraties occidentales, que le reproche adressé à la noblesse moderne, de ne pas être à la tête du mouvement intellectuel, ne soit un reproche dénué de fondement, car cela n'a jamais été son rôle à quelque époque que ce fût. — « La paix, la continence, l'austérité, la pureté, la patience, la droiture, la science avec ses distinctions, la connaissance des choses divines : telle est la fonction du Brahmane, née de sa propre nature. — L'héroïsme, la vigueur, la fermeté, l'adresse, l'intrépidité au combat, la libéralité, la dignité d'un chef : voilà ce qui convient naturellement au Kchatrya. — L'agriculture, le soin des troupeaux, le négoce, sont la fonction naturelle du Vaycia. — Enfin, servir les autres est celle qui appartient au Soudra.

L'homme satisfait de sa fonction, quelle qu'elle soit, parvient à la perfection. Ecoute, comment un tel homme peut y parvenir. C'est en honorant par ses œuvres Celui de qui sont émanés les êtres, et par qui a été déployé cet Univers, que l'homme atteint à la perfection. Il vaut mieux remplir sa fonction, même moins relevée, que celle d'autrui, même supérieure ; car en faisant l'œuvre qui dérive de sa nature, un homme ne commet point de péché. Et qu'il ne renonce pas à remplir son œuvre naturelle, même quand elle semble unie au mal : car toutes les œuvres sont enveloppées par le mal, comme le feu par la fumée. »

La fin de la Bhagavad-Gitâ mérite d'être citée tout entière, car elle est le résumé de tous les préceptes et de tous les axiomes de la doctrine du Yoga ; elle montre, que l'homme qui s'unit à Dieu spirituellement, obtient par sa grâce le repos éternel dans le sein de Dieu ; elle laisse à l'homme son libre arbitre ; après lui avoir enseigné le chemin de la vérité, c'est à lui de choisir ; et enfin, elle promet à l'homme ignorant mais plein de foi, la même récompense qu'à l'élite des intellectuels et des savants. — « Celui, qui sans relâche accomplit sa fonction en s'adressant à moi, atteint aussi par ma grâce, à la demeure éternelle et immuable. Fais donc en moi par la pensée, le renoncement de toutes les œuvres ; pratique l'union spirituelle, et pense à moi toujours ; en pensant à moi, tu traverseras par ma grâce tous les dangers ; mais si par orgueil, tu ne m'écoutes, tu périras... Dans le cœur de tous les vivants, Arjuna, réside un maître qui les fait mouvoir par sa magie comme par un mécanisme caché. Réfugie-toi en lui de toute ton âme, ô Bharâta ; par sa grâce, tu atteindras au repos suprême, à la demeure éternelle. Je t'ai exposé la science dans ses mystères les plus secrets. *Examine-la toute entière, et puis, agis selon ta volonté.* Toutefois, écoute encore mes dernières paroles où se résument tous les mystères, car tu es mon bien-aimé ; mes paroles te seront profitables. Pense à moi ; sers-moi ; offre-moi le sacrifice et l'adoration : par là tu viendras à moi ; ma promesse est véridique et tu m'es cher. Renonce à tout autre culte ; que je sois ton unique refuge ; je te délivrerai de tous tes péchés : ne pleure pas. Ne répète mes paroles, ni à l'homme sans continence, ni à l'homme sans religion, ni à qui ne veut pas entendre, ni à qui me renie. Mais celui qui transmettra ce mystère suprême à mes serviteurs, me servant lui-même avec ferveur, viendra vers moi sans aucun doute ; car nul homme ne peut rien faire qui me soit plus agréable ; et nul autre sur terre ne me sera plus cher que lui. Celui qui lira le saint entretien que nous venons d'avoir, m'offrira par là-même un sacrifice de science, telle est ma pensée. Et l'homme de foi, qui sans résistance l'aura seulement écouté, obtiendra aussi la délivrance, et ira dans le séjour des bienheureux dont les œuvres ont été pures. » Telle est cette page sublime, qui rappelle par sa beauté et son exquise douceur le Sermon de la Montagne ; malgré ses vingt-quatre siècles, elle est si moderne, qu'elle pourrait être lue en son entier dans une église chrétienne, sans qu'on pût soupçonner son origine. Et comme sceau caractéristique de cette race des Aryas de l'Inde, si noble et si douce, se trouve cette invocation, placée à la fin de la *Bhagavad-Gitâ* : Que tous les êtres soient heureux !

On voit par ce résumé très succinct du développement des doctrines de l'Inde, à quel degré de civilisation ce pays s'était avancé, lorsque le Buddhisme fit son apparition. Et cependant, Çakya-Muni venait en réformateur. C'est l'objet de cette réforme, ainsi que la vie du Buddha que nous allons exposer.

LIVRE II

LE BUDDHA CAKYA-MUNI

CHAPITRE PREMIER

VIE ET LÉGENDE DE GAUTAMA

Il existe deux opinions, touchant l'époque durant laquelle le Buddha aurait vécu. Les Chinois qui lui donnent le nom de *Fo*, et les Buddhistes du Nord, placent la date de sa naissance au XIe siècle av. J.-C. Les Cinghalais la placent au VIIe siècle av. J.-C. Les Orientalistes se sont également partagés sur cette question. Je préfère me ranger à l'opinion d'Eug. Burnouf, pour qui l'opinion des Cinghalais est la seule véritable ; « car, dit-il dans son *Introduction à l'Histoire du Buddhisme Indien*, leurs annales indiennes conservées avec un soin et une régularité remarquables, depuis le IVe siècle environ avant notre ère, nous offrent les seuls renseignements originaux et authentiques que nous possédions jusqu'ici, sur l'origine et l'histoire du Buddhisme. »

Siddharta, qui devait être connu sous les différents noms de Cakya-Muni, de Gautama, de Bhagavat, du Thatagatha, et enfin du Buddha, était de la famille Arya des Cakyas ; de race royale, son père Suddhodâna étant roi d'Ayôdhya (Qude), il était roi lui-même, et héritier présomptif de la couronne. Il naquit à Kapilavastou vers l'an 65o av. J.-C.

Sa mère, Mâyâ-Dêvi, mourut sept jours après sa naissance, car suivant la tradition : « après avoir été la demeure d'un Buddha, le sein de Mâyâ était devenu une place trop sacrée pour qu'aucun autre l'occupât jamais. » Toujours suivant la tradition, la mère du Buddha devait naître dans une famille douée de soixante-quatre espèces de qualités, et elle-même devait être ornée de trente-deux espèces de qualités, signes qui devaient la faire reconnaître élue pour cette haute mission. *Le Lalita-Vistara* les énumère en ces termes : « La femme ravissante de Suddhôdâna est la première entre mille, car elle a atteint la perfection ; ravissant le cœur, comme un produit de l'illusion, elle est désignée par le nom de Mâyâ-Dêvi, la *Reine-Illusion*. C'est une beauté parfaite comme une jeune fille des Dieux ; elle a le corps bien proportionné, les membres sans aucun défaut... Elle n'est ni emportée par l'affection, ni entachée de haine ; elle est aimable, douce, juste, et parle avec bonté. Modeste et chaste, elle observe la loi. Elle est sans orgueil, sans raideur, sans légèreté, sans détour et sans artifice ; elle se plaît au renoncement, elle qui a une pensée bienveillante. Elle apprécie les œuvres, a mis de côté l'usage du mensonge, demeurant toujours dans la vérité, ayant le corps et l'esprit bien retenus. La foule de défauts des femmes répandue tout entière sur la terre, n'existe pas en elle... Elle reste ferme dans les aus-

térités, comme une ascète, et en pratiquant les austérités, toujours d'accord avec la loi. Du consente-
ment du roi, elle a obtenu une grâce, celle de ne pas
obéir au désir pendant trente-deux mois. En quelque lieu qu'elle soit, debout, assise, étendue sur sa
couche, sa démarche resplendit, éclairée par la
splendeur de ses bonnes œuvres. Il n'y a pas un
Dieu, un Asura, un homme, qui soit capable de la
regarder avec une pensée de désir. Tous voient en
elle une mère ou une fille... à cause des bonnes
œuvres de Mâyâ-Dêvi la grande famille du roi
prospère. Comme il ne fait pas d'invasions dans le
pays des rois voisins, la renommée et la gloire
augmentent pour ce prince. De même que Mâyâ est
un vase convenable, de même aussi, l'Être vénérable
brille souverainement. On pourra voir ainsi, deux
êtres doués de qualités supérieures : le fils et sa mère
Mâyâ (3o) ».

Comme tous les hommes illustres, la naissance
du Buddha avait été entourée de présages ; un vieux
Brahmane avait prédit au roi Suddhôdâna, son père,
que le fils qui lui naîtrait, serait un grand monarque ou un sage illustre. Le roi, effrayé de ces prédictions fit, aussitôt sa naissance, enfermer Siddhartâ
dans trois palais magnifiques, dont il ne lui était pas
permis de sortir. Seuls, des jeunes gens et des femmes parfaitement belles pouvaient l'approcher, et
défense rigoureuse était faite aux pauvres, aux malades et aux vieillards, de pénétrer dans ce palais
Par là, Suddhôdâna espérait éviter à son fils le spectacle des misères humaines. A seize ans, il le maria,
et après l'avoir ainsi entouré de tous les plaisirs, de
tout le luxe, que la naissance et la richesse peuvent

donner, Suddhôdana put croire un instant, que son fils Siddharta réaliserait les prédictions suivant son désir, en devenant un grand monarque. De la caste des Kschattryas, c'est-à-dire des guerriers, il lui fit donner une éducation extrêmement distinguée, dans les sciences, les arts, et les exercices chevaleresques, et les légendes nous apprennent que le jeune Siddharta y excellait.

Mais le destin avait réservé au jeune prince une existence autrement noble et belle, en le faisant chef d'une des plus grandes religions du globe. Roi des Cakyas, Siddharta eût commandé à quelques milliers d'hommes, et son nom serait plongé dans l'oubli; devenu Buddha, c'est-à-dire l'Eclairé, l'Illuminé, par son intelligence et ses vertus, son nom est actuellement vénéré et adoré par plus de quatre cent millions d'hommes.

Doué d'une belle figure, de manières affables, Siddharta était une nature d'élite. Comme sa mère, il devait être pourvu des trente-deux signes caractéristiques du grand homme, et de quatre-vingts marques secondaires. En voici quelques-uns d'après le *Lalita-Vistara.* « Le jeune Siddhartâ a la tête couronnée par une protubérance du crâne. Il a le front large et uni; l'œil d'un noir foncé; quarante dents égales, sans interstices, et parfaitement blanches, la peau fine et de la couleur de l'or. Il a la partie extérieure du corps pareille à celle du lion. Il a la taille comme la tige du Myagrôdha (figuier indien) Il a la jambe de l'Ainaya, le roi des gazelles; ses mains et ses pieds sont doux et délicats. Il a la tête bien développée, les cheveux noirs et bouclés. Il a les sens parfaitement domptés (31) »

Tout enfant, il était enclin à la méditation, et loin de se laisser amollir par le luxe royal dont il était entouré, il en supportait impatiemment le joug.

Une légende nous apprend de quelle manière sa vocation se décida. Un jour qu'il se promenait dans les jardins de son palais, il fit la rencontre d'un vieillard infirme. Etonné, il questionna le serviteur qui l'accompagnait sur cet être étrange qu'il n'avait jamais vu, et il apprit que tous les hommes deviennent ainsi, et que lui-même serait un jour comme ce vieillard; et il s'en retourna pensif, en son palais. Un autre jour, ce fut un malade couvert d'ulcères qu'il rencontra, et c'est ainsi qu'il apprit, que les hommes sont sujets à la maladie. La troisième rencontre fut celle d'un cadavre tombé en pourriture; et cette fois ses méditations furent profondes, car il sut que nul n'échappe à la mort. Enfin il fit sa quatrième et dernière rencontre en la personne d'un religieux vénérable, à la tête rasée, au long vêtement jaune. Ce fut pour lui, le symbole de la paix et de la délivrance, et dès lors son parti fut irrévocablement pris; car il avait vu et compris la fragilité et le néant de la vie. Il voulut alors découvrir les causes de la souffrance, de la mort, de la nécessité de revivre, et surtout le moyen d'y mettre un terme. Pour arriver à ce résultat, il sentit qu'il lui fallait abandonner la cour de son père, son palais, sa famille, en un mot, tout ce qui pouvait être un obstacle à ses méditations.

On vient lui annoncer la naissance de son fils Rahoulà, et ne voyant que la chaîne qui menace de l'attacher à cette vie qu'il veut fuir, il s'écrie : « C'est Râhoulà qui m'est né. C'est une chaîne qui m'est forgée ! »

La princesse, sa femme, l'apercevant, lui dit : « Bienheureuse est la paix de la mère, bienheureuse la paix du père, bienheureuse la paix de l'épouse, qui le possède, un tel époux ! » Et Siddharta songe en lui-même : « Oui ! elle a raison ; mais d'où vient la paix qui apporte au cœur le bonheur ? » Enfin, une nuit, il met son projet à exécution ; allant dans la chambre de sa femme endormie, il lui adresse un dernier adieu, ainsi qu'à son enfant, et accompagné d'un fidèle serviteur, il abandonne son palais, dans lequel il ne rentrera plus que bien des années plus tard, sous la robe d'un mendiant et une sébile à la main. Il s'enfuit tout seul dans la nuit, se dirigeant vers une forêt, à la recherche de la paix, et du moyen de sauver son âme, et celle de tous les hommes. Et déjà s'attache à ses pas, Mârâ le tentateur, qui sans cesse le suivant comme son ombre, épiera le moment de faiblesse, de désir, ou de regret, qui remettront en son pouvoir l'ennemi qui s'apprête à lui arracher des âmes.

Parvenu au bord du fleuve Anoma, il coupa de son épée sa belle et longue chevelure, remit à son fidèle serviteur ses armes et son cheval, et le renvoya à Kapilavastou. Désormais, tout lien entre le monde et lui était rompu.

Le premier soin de Siddharta, suivant les mœurs de l'époque, fut d'embrasser la vie ascétique sous la direction de brahmes savants. Pendant sept ans, il se livra aux austérités les plus rigoureuses, aux macérations de la chair, aux jeûnes prolongés, aux méditations profondes, à des études sévères et abstraites.

Mais il ne trouvait pas la paix, ni surtout la formule qu'il cherchait, et qui devait faire de lui un des plus grands manieurs d'hommes.

Abandonnant donc ses précepteurs spirituels, il se mit à mener une vie errante, jusqu'à ce qu'il parvînt à une grande forêt du nom d'Uruvella, près de la rivière Néranjâra. Là, il erra durant de longues années, au milieu d'austérités de plus en plus rigoureuses. Pour atteindre l'illumination surnaturelle qu'il désirait tant, il s'imposa les plus dures privations, afin de s'affranchir du joug des exigences corporelles : la langue collée au palais, s'abstenant de nourriture, retenant sa respiration, il fixait, torturait sa pensée, la tendant vers un but unique : l'Illumination. Cinq anachorètes qui vivaient dans son voisinage, émerveillés devant la grandeur de ses austérités, s'étaient reconnus ses disciples et s'étaient mis sous sa direction. Mais l'illumination ne venait pas, et plus il macérait sa chair, plus il se sentait éloigné du but. Rompant alors en visière avec son genre de vie, il reconnut l'inutilité des mortifications rigoureuses de l'ascétisme, qui épuisant le corps, ont aussi leur répercussion sur l'esprit. Au grand scandale de ses disciples, il reprend une abondante nourriture pour ranimer ses forces perdues, et abandonné de ses compagnons qui le regardent comme déchu, Siddharta reste seul. Mais cette fois, il est dans la bonne voie ; se contentant de s'abstenir des plaisirs des sens, il se tient assis sous un arbre Bô, devenu plus tard, l'arbre de la science, et là, il médite profondément. Ce fut alors qu'il soutint son dernier combat, le plus difficile, car c'était la lutte des penchants et des désirs terrestres qui s'élevèrent encore en son cœur, alors qu'il croyait les avoir à jamais vaincus. Lutte des illusions, du désir d'exister et de jouir, cause de toutes nos souffrances. Toutes les joies de la terre vinrent encore passer devant ses yeux : les honneurs, la gloire, la puissance, les richesses, l'amour, le bonheur de la famille.

Et enfin, le combat suprême : il sentit son cœur rongé par le doute. Mais inébranlable dans sa résolution, Gautama devait sortir victorieux de toutes ces épreuves. Et une nuit, l'illumination arrive, elle enveloppe son esprit de clartés fulgurantes ; son âme passe par une succession d'états de plus en plus purs ; et la vérité lui apparaît alors dans toute sa splendeur.

Suivant l'expression des Livres Saints : l'œil pur et clair de la vérité s'ouvrit en lui. Il voit clairement la loi de causalité des existences successives, l'origine de la douleur, le moyen d'arriver à l'extinction de la douleur. Désormais, l'orientation de sa vie est définitivement fixée : quand il se relève, il est le Buddha, l'Illuminé, l'Eclairé, et il va se mettre en route, pour apporter aux autres hommes le bonheur qui est devenu son partage. C'est l'ère de sa prédication. Suivant la tradition, Siddharta était âgé à ce moment de 36 ans. Il prendra indifféremment les noms de Gautama, son nom de famille, de Cakya-Muni, le solitaire de la race des Cakyas, de Bhagavat, le bienheureux, de Tathagatha, le Sage « qui est venu comme ceux qui l'ont précédé », pour renouveler la vraie doctrine, et surtout du Buddha, l'Eclairé.

Avant de partir pour la prédication de ses doctrines, prédication qui devait durer quarante-cinq ans, le Buddha voulut se donner le temps de goûter sa propre félicité, fruit de la victoire de ses longues méditations, et il accomplit un jeûne de quatre fois sept jours, suivant la plus ancienne tradition du *Mahâvagga*, de sept fois sept jours, suivant d'autres traditions. C'est au bout des sept premiers jours, que suivant le récit du *Lalista-Vistara*, Mâra le Malin voulut tenter un suprême effort sur Cakya-Muni. Déjà lorsque ce dernier, plongé dans les austères pratiques de l'ascétisme, cherchait la vérité, le Tentateur avait en vain mis tout en œuvre, pour le détourner de sa vocation de Sauveur.

« Bientôt, Mâra, je te vaincrai ! s'écrie Gautama. Les désirs sont ta première armée, la seconde, c'est le mécontentement, la troisième, c'est la faim et la soif ; la convoitise est ta quatrième armée. La cinquième, c'est la fainéantise et l'indolence ; la crainte est déclarée la sixième ; la septième, c'est le doute ; la colère et l'hypocrisie font la huitième. L'ambition et les louanges, le respect humain, la renommée faussement acquise, celui qui se glorifie lui-même et rabaisse les autres ; voilà l'armée du démon, allié de ceux qui sont noirs et qui brûlent. On voit là submergés, des Cramanas et des Brahmanes. C'est là ton armée qui subjugue le monde. Je la briserai avec la sagesse, comme un vase d'argile qui n'est pas cuit, est brisé par l'eau (32) ».

Après l'avoir attaqué sous toutes ses formes, tentant son orgueil, tâchant d'ébranler son esprit par le doute, Mâra envoya une dernière tentation au Buddha, sous forme de femmes idéalement belles, qui par leurs séductions, devaient livrer un rude assaut à sa vertu, épuisé qu'il devait être par de longues macérations dans la solitude. Le Démon s'adressant à ses filles, leur dit : Allez trouver le Bodhisattva, faites-lui voir la magie des femmes, et cherchez, s'il est susceptible de passion. Alors les filles du démon, afin d'exciter les désirs du Bodhisattva, lui adressèrent ces Gâthâs : « Le printemps étant venu, la plus belle des saisons où les arbres sont en fleurs, ami, réjouissons-nous.

Ton corps est un beau corps, très gracieux, bien orné des signes excellents d'un Tchakravartin. Nous sommes nées, bien nées, bien faites pour donner du plaisir aux dieux et aux hommes, c'est pour cela que nous existons. Lève-toi promptement, jouis de la belle jeunesse ; difficile à atteindre est l'intelligence suprême ; détournes-en ta pensée. Tu les vois, ces femmes des dieux bien parées, venues à cause de toi, ornées et ajustées. Quel homme après avoir vu pareille beauté ne cède pas à la passion, entraîné par la passion, fût-il desséché comme un bois vermoulu? Leurs chevelures soyeuses sont imprégnées des parfums les plus suaves ; avec leurs diadèmes et leurs pendants d'oreille, leurs visages sont comme des fleurs épanouies, leurs fronts sont beaux, leurs visages bien fardés, leurs yeux sont beaux et grands comme le pétale du lotus épanoui. Elles ont le visage pareil à la pleine lune, les lèvres pareilles au fruit mûr du Bimba ; elles ont de belles dents, blanches comme les coquilles, le jasmin et la neige. Regarde-les, elles sont aimables et ne rêvent que le plaisir. Regarde, Seigneur, leurs seins fermes, élevés et arrondis ; ces trois plis charmants à leurs tailles, leurs hanches larges aux gracieux contours; elles sont vraiment très aimables.

Elles ont l'allure du Cygne, et marchent très len-
tement ; elles parlent avec grâce, le langage de
l'amour qui va au cœur ; avec une beauté pareille
et très bien parées, elles sont très savantes dans les
voluptés divines. Très habiles à chanter, à jouer
des instruments et à danser, elles sont nées en vue
du plaisir, elles, qui sont si bien douées de beauté.
Si tu les dédaignes, elles qui sont agitées par
l'amour, tu t'abuses grandement, en vérité, dans ce
monde ! » Alors le Bodhisattva, le visage souriant
leur répondit : « Ah ! les désirs rassemblent bien
des douleurs, et sont des racines de douleur qui détruisent la contemplation, la puissance surnaturelle,
et les austérités de ceux qui n'ont pas la science.
Par les qualités du désir qu'on a des femmes, point
de rassasiement, ont dit les Sages. Moi, je produirai
par la science, le rassasiement des ignorants. Pour
qui nourrit les désirs, la soif augmente sans cesse,
comme pour un homme qui a bu de l'eau salée. Celui qui s'y engage, n'est utile ni à lui-même, ni aux
autres. Mais moi, je suis très désireux d'être utile à
moi-même et aux autres. Votre corps est égal et
pareil à l'écume, à la bulle d'eau, comme coloré par
la magie, paraissant et disparaissant à volonté.
Comme le plaisir dans un songe n'est ni permanent
ni durable, il y a toujours de l'égarement dans la
pensée des ignorants qui ne sont pas Sages. Les
yeux sont égaux, et pareils à des bulles d'eau rete-
nues par de la peau comme une pustule ronde et
gonflée de sang condensé ; le ventre est un réceptacle
impur et désagréable d'urine et d'excréments, produit de la corruption naturelle des œuvres, machine
de douleurs. Les insensés à l'esprit troublé, mais

non les **Sages**, s'imaginent faussement que le corps est beau... De la ceinture s'échappe un courant de mauvaise odeur, et désagréable ; les cuisses, les jambes et les pieds se tiennent ensemble comme une machine ; ce que je discerne de vrai en vous, c'est la magie. Vous provenez d'une cause et d'un effet faux. Après avoir vu que les qualités du désir sont sans qualité, détournées de la voie de la science vénérable, et fausses ; qu'elles sont comme une feuille vénéneuse et le feu, comme de grands serpents furieux ; les ignorants sont donc affolés, quand ils les prennent pour du bonheur. L'homme esclave du désir, qui l'est aussi des femmes, sorti de la voie de la bonne conduite, de la voie de la contemplation, privé de sens, demeure bien loin de la science ; agité par la passion, après avoir abandonné la joie de la loi, il n'est pas réjoui par les désirs. Je ne demeure point avec la passion, ni avec les péchés ; je ne demeure pas toujours avec ce qui, par nature est agréable, ni la compagnie de ce qui est plaisant ou déplaisant : mon esprit est complètement affranchi, comme le vent dans le ciel. » Les filles du démon insistent cependant : « Pendant que ta jeunesse n'est pas écoulée, et que tu es dans la première partie de la vie ; pendant que ni la maladie ni la vieillesse ne t'atteint ; que tu possèdes beauté et jeunesse, et que nous sommes tes amies, goûte les joies du désir avec un visage riant » Mais le Bodhisattva ne se laisse pas ébranler : « Les désirs sont inconstants, comme la goutte de rosée sur la pointe de l'herbe, pareils aux nuages d'automne ; comme la colère d'une fille des Nâgas, ils produisent une grande crainte. — Regarde-les donc, continuent-elles, toi qui as un visage de lune, elles qui ont un visage pareil au lotus nouveau ; leurs voix sont douces et vont au cœur, leurs dents sont blanches comme la neige et l'argent ; leurs pareilles, difficiles à trouver, même dans le séjour des dieux, où pourraient-elles être obtenues par toi dans le séjour des hommes, elles qui sont sans cesse les objets des désirs des premiers des Dieux ? — Je vois le corps malpropre et impur, répond le Bodhisattva, rempli d'une famille de vers, combustible qui se consume, fragile, et enveloppé de douleur ; j'obtiendrai la dignité impérissable et révérée par les gens sages, qui produit le bonheur suprême du monde mobile et immobile (33) ».

C'est en vain qu'elles continuent leurs séductions et leurs charmes. Stériles efforts ! Immobile sous l'arbre de la science, le Buddha tout entier à ses méditations, et l'esprit tendu vers le but unique de ses désirs, avait à jamais dompté toute pensée et toute émotion terrestres, et victorieux, souriait dans son impassible sérénité. Mais s'il était désormais impossible à Marâ le Tentateur, de faire succomber le Buddha, il pouvait peut-être déterminer Siddharta à renoncer au salut des hommes en ne prêchant pas ses doctrines, et pour y arriver, il l'incita à entrer dans le Nirvâna.

Voici le récit de cette tentation, tiré du Lalita-Vistara : « En ce temps-là — c'est ainsi que le Buddha raconte plus tard à son disciple Ananda l'histoire de sa tentation, — Mâra le Malin s'approcha de moi. S'approchant de moi, il se plaça à mes côtés ; debout à mes côtés, ô Ananda, Mâra le Malin me parla ainsi : « Entre à présent dans le Nirvâna, ô sublime ! entre dans le Nirvâna, ô Parfait ! Voici à présent

venu pour le Sublime, le temps du Nirvâna. Comme
il parlait ainsi, ô Ananda, je répondis à Mâra le Malin en ces termes : « Je n'entrerai pas dans le Nirvâna, ô Malin, avant de m'être gagné comme disciples, des moines qui soient sages et instruits, auditeurs éprouvés de la parole, au courant de la doctrine, versés dans la doctrine et dans l'autre doctrine, versés dans les statuts, suivant la voie de la
doctrine, qui au loin publient, enseignent, fassent
connaître, exposent, découvrent, ordonnent, expliquent ce qu'ils ont entendu de la bouche de leur
Maître, qui écrasent et réduisent à néant par leurs
maximes la contradiction qui s'élève, qui prêchent
miraculeusement la doctrine. Je n'entrerai pas dans le
Nirvâna, ô Malin, avant de m'être gagné comme disciples, des nonnes qui soient sages et instruites, etc.
(Selon les habitudes de style de l'Eglise Buddhique, ce qui vient d'être dit à propos des moines se
répète mot pour mot à propos des nonnes, à propos
des frères et des sœurs laïques.) Je n'entrerai pas
dans le Nirvâna, ô Malin, avant que la sainte manière de vivre, que je prêche, se développe, s'étende
et se propage dans tout le peuple, et entre en vogue,
et soit annoncée à tous les hommes (34) ».

Vainqueur de ce dernier combat contre le Tentateur, le Buddha cependant, hésitait encore à prêcher
sa doctrine, non qu'il hésitât dans sa croyance, car
il était fermement convaincu d'avoir trouvé la vérité, mais parce qu'il craignait avec juste raison, de
n'être pas compris. Pour l'humanité qui s'agite dans
le tourbillon du monde, pensait-il, et qui y trouve
son plaisir, ce sera une chose difficile à embrasser
que la loi de causalité, et l'enchaînement des causes

et des effets ; et plus difficile encore, sera de lui faire comprendre l'entrée dans le repos de toutes les formations, le détachement des choses de la terre, la cessation du désir, la fin, le Nirvâna. Et dans ce moment de désespoir, il s'écrie : « A quoi bon découvrir au monde ce que j'ai conquis dans de pénibles combats ? La vérité demeure cachée pour celui qu'emplissent le désir et la haine. C'est chose qui coûte de la peine, pleine de mystère, profonde, cachée à l'esprit grossier. Il ne peut la voir, celui dont de terrestres désirs enveloppent l'esprit de ténèbres. » Mais Brahma lui apparaît, et l'exhorte à surmonter ses appréhensions ; c'est à son cœur qu'il s'adresse : « Abaisse tes regards, ô Sauveur, sur l'humanité souffrante qu'éprouvent la naissance et la vieillesse. Elève ta voix, ô Maître, car beaucoup comprendront ta parole. » Et devant la noble mission qui s'ouvre devant lui, le Buddha ne peut résister davantage : « Qu'elle soit ouverte à tous, la porte de l'Eternité ! que celui qui a des oreilles, entende la parole et croie. Je songeais à ma propre peine, c'est pour cela, ô Brahma, que je n'ai pas encore révélé aux hommes la noble parole (35) ».

C'est ici que se place le Sermon de Bénarès, ou le Sermon de la délivrance. Le Buddha rencontre les cinq ascètes qui avaient été autrefois ses disciples, et qui l'avaient abandonné, le jugeant renégat. Il devait les convertir cette fois, à ses nouvelles doctrines, mais non sans difficulté. A peine, en effet l'aperçoivent-ils, qu'ils se disent : « Voici Gotama qui s'approche, ne lui rendons aucun honneur. S'il veut s'asseoir, il le peut. » Mais à l'aspect du Buddha, ils ne peuvent persévérer dans leur résolution, et vont à sa rencontre. « Écoutez ma doctrine, leur dit le Buddha, et dès cette vie, vous connaîtrez la vérité. » Mais les Anachorètes le raillent : « Comment as-tu pu atteindre la perfection, maintenant que tu vis dans l'abondance, alors qu'autrefois dans les austérités, tu n'as pu y arriver ? » — Mais cette objection, le Buddha la prévoyait. Depuis longtemps il a reconnu l'aberration d'un ascétisme farouche. Ce n'est pas le jeûne qui chasse de l'âme les pensées terrestres, mais les efforts de l'âme sur elle-même pour atteindre la science. Le chemin qui mène à la délivrance, est aussi éloigné des mortifications que des voluptés. C'est dans l'équilibre des facultés et l'harmonie intérieure que se trouve la vérité. Le Buddha compare la vie religieuse à un luth ; pour avoir la note juste, il faut que les cordes ne soient ni trop lâches, ni trop tendues. Aussi, à l'objection des Ascètes, répond-il : « Il y a deux extrêmes, dont celui qui mène une vie spirituelle, doit rester éloigné. Quels sont ces deux extrêmes ? L'un est une vie de plaisir, adonnée aux plaisirs et à la jouissance : cela est bas, ignoble, contraire à l'esprit, indigne, vain. L'autre est une vie de macérations ; cela est triste, indigne, vain. De ces deux extrêmes, ô moines, le Parfait s'est gardé éloigné, et il a découvert le chemin qui passe au milieu, le chemin qui dessille les yeux et l'esprit, qui mène au repos, à la science, à l'illumination, au Nirvâna. Et quel est, ô moines, ce chemin du milieu que le Parfait a découvert, qui dessille les yeux et l'esprit, qui mène au repos, à la science, à l'illumination, au Nirvâna ? C'est ce chemin sacré à huit branches, qui s'appelle : foi pure, volonté pure, langage pur, action pure, moyens d'existence

purs, aspiration pure, mémoire pure, méditation pure. C'est là, ô moines, le chemin du milieu que le Parfait a découvert, qui dessille les
yeux et l'esprit, qui mène au repos, à la science, à
l'illumination, au Nirvâna. Voici, ô moines, la vérité sainte sur la douleur : la naissance est douleur,
la vieillesse est douleur, la maladie est douleur, la
mort est douleur, l'union avec ce qu'on n'aime pas
est douleur, la séparation d'avec ce que l'on aime
est douleur, ne pas obtenir son désir est douleur,
pour abréger, le quintuple attachement aux choses
terrestres est douleur. Voici, ô moines, la vérité
sainte sur l'origine de la douleur : c'est la soif de
l'existence, qui conduit de renaissance en renaissance, accompagnée du plaisir et de la convoitise,
qui trouve çà et là son plaisir : la soif de plaisir, la
soif d'existence, la soif de puissance. Voici, ô moines,
la vérité sainte sur la suppression de la douleur :
l'extinction de cette soif par l'anéantissement complet
du désir, en bannissant le désir, en y renonçant, en
s'en délivrant, en ne lui laissant pas de place. Voici,
ô moines, la vérité sainte sur le chemin qui mène à
l'abolition de la douleur : c'est le chemin sacré à huit
branches, qui s'appelle : foi pure, volonté pure,
langage pur, action pure, moyens d'existence purs,
application pure, mémoire pure, méditation pure.
C'est là, la vérité sainte sur la douleur (36) ».

Tel est le Sermon de l'Annonciation de l'ordre
moral du monde. Les cinq Ascètes, subjugués par son
discours, glorifient le Buddha, et demandent à entrer
les premiers dans la Confrérie des Elus, et Gautama
les ordonne en ces termes : « Approchez, frères, la
doctrine est bien prononcée ; marchez désormais

dans la sainteté, pour mettre un terme à toute souf-france. » C'est avec ces cinq premiers disciples, dont les traditions nous ont conservé les noms, Kondànya le Confesseur, Bhaddya, Vappa, Mahanama, et Assà-dji, que le Buddha se lança à la pacifique conquête du monde. Les prédications devaient lui amener bientôt de nombreux disciples.

Le premier qui subit le charme du Buddha, c'est un jeune homme de noble famille, du nom de Yasa. C'était un viveur, menant une existence dissipée à Bénarès. Il rencontre le Buddha, voit l'inanité des jouissances de cette vie, et aussi ardent dans ses austérités, qu'il l'était dans ses plaisirs, il revêt la robe jaune du mendiant, et s'enrôle parmi les disciples du Maître. C'est en vain que son père vient le réclamer ; lui aussi subit le charme, et devient un adhérent laïque. Les amis de Yasa, frappés de cette conversion subite s'écrient : « Quelle est donc cette loi puissante qui a subjugué notre ami? » et allant trouver le Buddha. ils s'instruisent et se convertis-sent. Lorsque le Buddha eût atteint le nombre de soixante disciples, il les réunit autour de lui, leur commande de partir dans le monde isolément, et de se disperser, pour répandre partout la doctrine libé-ratrice. « Mettez-vous en route, ô disciples, et mar-chez pour le salut de beaucoup, par compassion pour le monde, pour le bien, pour le salut, pour le bonheur des hommes. Ne suivez pas à deux le même chemin ! Prêchez la doctrine qui est glorieuse en son commencement, glorieuse en son milieu, glorieuse en sa fin, prêchez-la dans son esprit et dans sa lettre : publiez la vie pleine, parfaite et pure, la vie de sainteté. Il y a des êtres que n'aveugle pas la poussière de la terre ; mais s'ils n'entendent pas prêcher la doctrine, ils ne pourront arriver au salut ; ceux-là embrasseront la doctrine (37) ». Quant à lui, il s'en retourna dans la forêt d'Uruvella. Là, en effet, habitaient des brahmanes anachorètes au nombre de mille, et à leur tête, se trouvaient trois frères du nom de Kacyapa. Ces Brahmanes étaient orgueilleux de leur science, de leurs vertus et de leurs austérités ; ils accueillirent le Buddha avec une bienveillance, mélangée d'une certaine hauteur. Mais devant les prodiges qu'il accomplit sous leurs yeux, les Brahmanes, reconnaissant sa haute dignité, le supplient de passer l'hiver avec eux ; il y consent. Seul, l'aîné des frères Kacyapa, ne peut se résigner à se subordonner à lui ; mais le Buddha dévoile à cet envieux les pensées mesquines qui troublent son âme, et lui dit : « Tu n'es pas saint, Kacyapa, tu n'es pas encore entré dans le chemin de la sainteté ; tu ne sais même rien de ce qu'il te faudrait faire pour être saint, et entrer dans le chemin de la sainteté. » Et vaincu, Kacyapa se prosterne à ses pieds : « Fais, ô Maître, que je reçoive du Sublime les ordinations, l'inférieure et la supérieure. »

Mais jusqu'ici, le Buddha n'a encore converti que des Anachorètes et des Brahmanes, pour la plupart. Poursuivant sa route, il arrive à Radjagriha, capitale du royaume de Magadha, et le roi de Magadha, Bimbisâra, à la nouvelle de son arrivée, se met en route avec un brillant cortège, pour souhaiter la bienvenue au Maître. Apercevant le Buddha et Kacyapa assis l'un près de l'autre, il ne sait lequel des deux est le Maître ; mais Kacyapa se jetant aux pieds du Buddha, s'écrie : « Le Maître, Seigneur, est le Sublime, et moi je suis son disciple. » Bimbisara, frappé d'étonnement, écoute la doctrine du Buddha, se déclare adhérent à la communauté Buddhique, en qualité de membre laïque, et se montre par la suite l'un des plus grands bienfaiteurs du Buddhisme. Un grand nombre de nobles suivit son exemple, et c'est ainsi que la doctrine du salut allait, se répandant toujours davantage.

A Radjagriha, Cakya-Muni devait faire deux conversions précieuses pour sa cause en la personne de deux jeunes Brahmanes, qui devinrent plus tard ses disciples les plus illustres, Sariputtra et Mandgâlyâna. Ils étaient à ce moment les élèves d'un de ces chefs d'école philosophique dont l'Inde regorgeait à cette époque, Sanjaya. Unis d'étroite amitié, ces deux jeunes Brahmanes rencontrèrent Assâdji, l'un des disciples du Maître, recueillant des aumônes, et suivant les mœurs de l'époque, engagèrent une polémique. Après avoir échangé des salutations amicales : « Au nom de qui as-tu renoncé au monde, et quelle doctrine professes-tu ? interrogea Sariputtra. « Ami, répond Assâdji, c'est au nom du grand Samana, le Sublime, que j'ai renoncé au monde, et la doctrine que je professe, c'est la sienne. » — Enseigne-la moi ! — Je suis encore trop jeune néophyte pour le faire, mais je puis du moins t'en donner le sens. — Que ce soit peu ou beaucoup, ami, peu importe ! ce qu'il me faut, c'est l'esprit, et non la lettre. Et Assâdji lui répond par cette sentence, devenue le symbole abrégé du Buddhisme : « Les objets qui résultent d'une cause, dont le Parfait enseigne la cause, et comment ils prennent fin : telle est la doctrine du grand Samana ! » Et ces deux philosophes, préoccupés .des fins dernières, s'écrient : oui ! nous avons trouvé la délivrance de la mort ! Ils courent se jeter aux pieds du Buddha, qui les ordonne sur le champ, en déclarant qu'ils deviendront les premiers de ses disciples. Sanjaya, furieux d'être abandonné de ses élèves, entra dans un si violent accès de colère qu'il se rompit un vaisseau, et mourut.

Le Buddha résolut alors de revenir à Kapilavastou, sa ville natale, et de revoir sa famille. Huit années s'étaient écoulées depuis son départ, et suivant ses prédictions, cette ville qu'il laissait endormie, allait se lever tout entière pour le recevoir.

Prévenu de son arrivée, le roi Souddhôdâna, accompagné de tous ses parents mâles, sortit de la ville pour aller saluer son fils Siddharta. L'entrevue eut lieu dans un bois voisin, car suivant la règle de la confrérie, Cakya Muni, pas plus que ses disciples, ne devaient accepter l'hospitalité dans les maisons. L'entrevue fut d'autant plus touchante que le Buddha était rempli de respect et d'amour filial ; mais le roi ne pouvait se résigner à voir son fils sous la robe d'un mendiant, la barbe et les cheveux coupés. Ce fut bien autre chose, lorsque le lendemain matin, l'on vit le Buddha, son vase à aumônes à la main, quêtant humblement sa nourriture de maison en maison. Le scandale fut grand, et le roi Suddhôdana prévenu, accourut aussitôt : « Mon fils, pourquoi me fais-tu un pareil affront que d'aller mendier ainsi comme un pauvre ? — Grand roi, répondit le Buddha, c'est l'usage de tous ceux de ma race. — Notre race est une race de nobles et de rois, et personne de nous ne s'est encore abaissé, à aller mendier son pain de porte en porte. — Mais le Buddha souriant, répondit : « Tu as raison de te glorifier de ta royale descendance. Mais, moi, mes ancêtres sont les Buddhas des âges passés, et tous ont fait comme moi. » Et le roi pensif, accompagna son fils à son palais. Là, l'attendait Yasôdhara sa femme. Depuis son départ, elle vivait solitaire et triste, ne pouvant se consoler de son abandon. Le Buddha, suivi de deux de ses disciples, aucun membre de la confrérie ne devant aller seul dans la demeure d'une femme, se présenta devant elle. Certes, bien des rancunes avaient dû s'amasser dans le cœur de Yasôdhara, incapable qu'elle était de comprendre la haute mission de Cakya-Muni ; elle n'avait ressenti que la douleur d'être abandonnée d'un époux qu'elle chérissait, et d'avoir vu ses charmes dédaignés. Cependant, dès qu'elle aperçut le Buddha dans sa robe jaune de mendiant, son visage ascétique et son maintien d'apôtre, elle ne put prononcer une parole, se précipita à ses pieds, et embrassa ses genoux en pleurant amèrement.

La relevant avec bonté, le Buddha la consola, lui prédisant que les bonnes œuvres qu'elle avait pratiquées lui mériteraient la délivrance. Et ainsi se termina cette entrevue. Mais Yasôdhara était femme, et ce que ses larmes et sa beauté n'avaient pu obtenir, elle pensa que son fils Rahoûla l'obtiendrait peut-être. Espérait-elle en la fibre paternelle ? Revêtissant donc son fils de ses habits les plus magnifiques, elle l'envoya se présenter au Buddha : « Mon père ! dit l'enfant, je serai roi un jour et monterai sur le trône des Cakyas ; donne-moi donc mon héritage. — L'héritage que tu réclames de moi, lui répondit Gautama, est un héritage périssable, qui a pour conséquence la douleur, je n'en ai pas de semblable à te donner. Celui que je te laisse est un héritage spirituel, trésor acquis par moi sous l'arbre de la science, et celui-là ne saurait périr! » Et conservant son fils auprès de lui, il l'instruisit dans la doctrine. Rahoûla devint par la suite, un des plus fervents religieux. Cet exemple attira d'autres conversions; plusieurs princes de la famille du Buddha, abandonnèrent leur rang et leur situation, pour prendre la robe jaune des moines mendiants; ce furent Ananda, Devadatta, Upali et Anourouddha. Devadatta devait être le précurseur de Judas Iscariote. Comme lui, il tenta de faire mourir son maître, et de lui arracher la direction de la Confrérie; mais ses tentatives échouèrent devant la bienveillance et la bonté inépuisables du Buddha. Et c'est ainsi que pendant quarante-cinq ans, Cakya-Muni alla de village en village, de pays en pays, prêchant, instruisant et convertissant la population, tantôt par des paraboles, tantôt par des prédications. Le *Mahâ-Parinibbâna-Sûtta*, ou le livre de l'entrée du Buddha dans la paix éternelle, nous fait le récit de ses derniers moments. Lorsque accablé par la vieillesse, il sentit ses forces l'abandonner : « Ananda, dit-il, à son disciple bien-aimé, mes années sont nombreuses, je suis un vieillard. La mesure de mes jours est pleine, et mon voyage terrestre approche de sa fin. » Et comme Ananda, versait des larmes en le suppliant de rester encore parmi ses disciples : « Ne t'ai-je pas enseigné, Ananda, qu'il est dans la nature essentielle de toutes les choses que nous aimons, de nous en séparer et de les abandonner?

Tout ce qui a été enfanté, tout ce qui est devenu, et qui a commencé, porte en soi-même la nécessité de périr. Comment donc serait-il possible, qu'un être humain ne périsse pas, quand même ce serait un Buddha suprême et parfait ? Il ne peut pas y avoir d'état de durée éternelle. En vérité, je te le dis, dans trois mois, le Tathâgatâ entrera dans la paix éternelle. Aussi, vous, frères, à qui j'ai enseigné la vérité que j'avais reconnue, acquérez-la tout entière ; vivez jour par jour, et heure par heure, dans son esprit: absorbez-vous en elle, et répandez-là à ma place, afin que la pure doctrine vive et se conserve longtemps. Celui qui restera fidèlement sur le sentier de la sainteté, traversera sûrement l'Océan de la vie, et arrivera à ce but sublime où cesse toute souffrance (38) ».

Les derniers temps de son existence, il les passa à exhorter ses disciples à persévérer dans la voie qu'il leur avait indiquée. Prévoyant les doutes et les discussions qui s'élèveraient après sa mort, il réunit un jour ses disciples à Boyâ-Nagara, et leur dit : « Frères, lorsque je vous aurai quittés, quelques-uns se lèveront, des anciens de la communauté, des frères et des ermites, qui diront : j'ai entendu ceci ou cela de la bouche de l'Eclairé ; c'est de sa propre bouche que je l'ai recueilli. Voilà la vérité, voilà la loi, voilà la doctrine du maître. Il ne faudra, ni croire sans examen, ni rejeter avec dédain de semblables affirmations. Vous devrez écouter chaque parole attentivement, et sans prévention, et la comparer avec les traits fondamentaux de la doctrine et les règles de la confrérie, tels que je vous les ai donnés. Si après cette comparaison, l'affirmation de cet ancien, de ce solitaire, ou de ce frère, ne concorde pas avec la doctrine et la règle, rejetez-la ; en cas contraire, acceptez-la comme ma propre parole. Tel est l'enseignement que je vous donne (39) ». Il continua son voyage, se dirigeant vers Kousinara. Sa faiblesse augmentant, et souffrant de cruelles douleurs, le Buddha fut contraint de s'arrêter au bord du chemin, et de se reposer sous un arbre. Torturé par la soif, il demanda un peu d'eau à Ananda. Celui-ci lui répondit, que le seul ruisseau qui en contint venait d'être traversé par une caravane, et que l'eau était devenue boueuse. Mais le Buddha, renouvelant sa prière, Ananda prit son vase à aumônes et puisa de l'eau, qui à son grand étonnement, apparut pure et limpide de toute souillure. Après ce miracle, vint celui de la seconde transfiguration du Buddha. Le jeune Poukkousa, propriétaire de la caravane qui venait de passer, ayant appris la présence du Buddha, vint se prosterner à ses pieds, en lui offrant deux riches vêtements d'or. Cakya-Muni en revêtit un, mais l'étoffe magnifique sembla terne et sans éclat.

Plein d'étonnement, Ananda s'écria : « Seigneur, ton visage est si resplendissant, une telle lumière sort de toi, que le vêtement d'étoffe d'or semble avoir perdu tout son éclat. » Et le Buddha répondit : « Ce que tu dis est vrai, Ananda, Le Buddha est transfiguré deux fois dans sa carrière terrestre : la première fois, dans la nuit où il arrive à la suprême connaissance ; et la seconde, dans la nuit où il entre dans la paix éternelle. Et c'est aujourd'hui, Ananda, à la troisième heure de la nuit, que le Buddha entrera dans la paix éternelle. » Mais la fin du Sage approchait. Réunissant ses forces, il marcha avec ses disciples vers le bosquet de Salas, non loin de Kousinara. Parvenu là, il s'étendit entre deux arbres jumeaux, qui se couvrirent instantanément de fleurs, et ces fleurs tombaient en pluie sur le Buddha, suprême hommage de la nature, à celui qui allait expirer. Dans la nuit retentissaient des mélodies célestes. « Voyez quel spectacle! dit alors le Buddha. Le ciel et la terre luttent à l'envi pour honorer le Tathagâta. Cependant, ce n'est pas ainsi que le Tathagâta doit être vénéré et exalté. Ceux de mes disciples et de mes adhérents qui vivront toujours dans l'esprit, et qui suivront fidèlement les préceptes d'une vie honnête, seront seuls à honorer et à exalter le Buddha, comme il doit l'être (40) ». La nuit s'avance, et les forces de Cakya vont s'affaiblissant ; au milieu de ses disciples éplorés, son âme conserve toujours sa tranquille sérénité. « Ne vous désolez pas, mes amis, leur dit-il, de ce que je meurs, et ne pensez pas : la bouche du maître est devenue muette, nous n'avons plus de guide. La doctrine que je vous ai annoncée, et les préceptes d'une vie sans tache, voilà quels seront vos guides quand je ne serai plus. »

Et au milieu du silence solennel de la nuit, troublé seulement par les sanglots des assistants, retentit par trois fois l'appel de Cakya : « Si vous avez quelque doute sur le Buddha, la loi et l'assemblée des fidèles, frères, faites-les connaître, je les éclaircirai. » Et comme personne ne répond, le Sublime se dresse par un suprême effort sur sa couche, bénit ses disciples, et d'une voix expirante : « Je puis donc mourir en paix, mes disciples bien-aimés. Souvenez-vous toujours de ce que je vous ai dit : tout ce qui naît est périssable. Efforcez-vous d'acquérir des mérites, et d'arriver ainsi à la délivrance. » Ce furent ses dernières paroles. Absorbé dans sa mystique contemplation, il tomba bientôt dans la profonde extase des élus, et lorsque Ananda son disciple bien-aimé, s'approcha pour recueillir son dernier soupir, le Buddha Cakya Muni était entré dans le Paranirvâna, cet état dont on ne revient plus, non vraiment, jamais plus.

Telle est, suivant les traditions et les légendes, la vie de cet homme extraordinaire, à qui ses sectateurs ont donné les noms de Sublime, de Parfait, d'Illuminé ; dont les statues d'or, de bronze, de bois sculpté, couvrent les sanctuaires et les temples d'Orient et d'Extrême-Orient, lui le Buddha au mystique sourire, aux gestes hiératiques, reposant dans son impassible sérénité sur le lotus sacré, d'où son œil aux paupières mi-closes, contemple depuis des milliers d'années les quatre cent millions d'adorateurs, qui chaque jour viennent lui offrir les fleurs mystiques, et brûler les parfums aux suaves senteurs.

CHAPITRE II

L'IDÉE MESSIANIQUE CHEZ LE BUDDHA

Si maintenant, nous faisons abstraction de toute
la partie légendaire de la vie du Buddha, quelle sera
la part de la réalité historique ? Je ne discuterai
pas ici les tendances d'une jeune école de savants
allemands, qui ne veulent voir dans les héros de
toutes les épopées anciennes que des mythes solai-
res. Senart, dans son Essai sur la légende du Buddha, fait de ce dernier, un mythe solaire. Pour lui,
Mâyâ, la mère du Buddha, qui meurt après la naissance de son fils, c'est la vapeur matinale que les
rayons du soleil dissipent; le Buddha qui sort de
son sein, c'est le soleil qui sort des ténèbres; le
Buddha sous l'arbre de la science, luttant contre
Mârâ le tentateur, c'est le héros solaire autour duquel se déchaîne l'orage, et l'arbre de la science,
c'est l'arbre des nuées. Lorsque le Buddha prêche
pour « faire tourner la roue de la loi », c'est encore
le soleil, dont la zone de feu tourne dans le firma-

ment. Kapilavastou, la ville où le Buddha est né, c'est la ville de l'atmosphère. Cette théorie n'est qu'ingénieuse. Oldenberg, dans son remarquable ouvrage sur le Buddha, prend pied à pied la théorie du savant français, et réduit ses objections à néant.

Nous avons la fâcheuse tendance de vouloir tout juger d'après nous-mêmes, et de tout rapporter à nos idées, nos coutumes, nos mœurs, sans penser, que pour juger une époque complètement différente de la nôtre, c'est à cette époque qu'il faut se reporter.

Si nous avons la manie de la biographie, manie qui nous pousse à relater les faits les plus infimes de la vie de nos hommes illustres, il ne s'en suit pas que les peuples des civilisations anciennes dûssent l'avoir également. Le contraire s'est produit. C'est ce qui explique pourquoi l'on ne trouve aucune biographie proprement dite des hommes illustres de l'antiquité, principalement des législateurs religieux. Peu importait aux anciens ce que Zarathustra, Confucius, Moïse, le Buddha, avaient pu faire dans leur enfance ; leur œuvre de législation, seule, leur semblait importante. L'homme ne vaut que par son œuvre ; c'est donc en étudiant celle-ci qu'on peut connaître et juger celui qui en est l'auteur. Un fait particulier à noter, c'est l'obscurité dans laquelle s'est passée l'enfance et la jeunesse de tous les fondateurs de religion : de Moïse, l'Exode ne nous apprend rien, sinon qu'il avait quatre-vingts ans lors de la sortie d'Egypte, et qu'il était prêtre d'Héliopolis. Même silence pour Zarathustra ; pour le Buddha, qui commença sa prédication à l'âge de quarante ans ; pour Mahomet, dont la mission prophétique commença également à quarante ans. Les

Evangiles eux-mêmes ne nous disent rien de l'enfance du Christ, et ce dernier avait trente ans lors de ses premières prédications. Si donc, nous voulons savoir ce qu'a été le Buddha, c'est dans les livres relatant sa vie et ses doctrines d'apôtre que nous devons chercher. Doué d'une intelligence remarquable, d'un esprit sérieux et méditatif, il ne fut pas sans se rendre compte de l'état social de l'Inde, et de la possibilité d'une réforme ; les profondes études qu'il entreprit, dûrent l'élever au-dessus des savants de son époque ; on le voit en effet, soutenir à chaque instant des polémiques religieuses et philosophiques ; et cependant, à tout penseur, la religion du Buddha n'apprend rien. Cela vient de ce que toute religion représente, non pas la forme la plus élevée d'un système philosophique, mais au contraire, la forme la plus basse, puisqu'elle s'adresse au collectif, c'est-à-dire à la masse, qui est inintelligente et incapable de penser. Tout législateur religieux fait donc abstraction de son intelligence et de sa science, pour trouver une formule applicable à tous, et c'est dans ce sens, qu'il doit être jugé supérieur à sa doctrine.

Or, la caractéristique de Cakya-Muni, c'est évidemment la bonté. Touché de compassion pour les malheurs de l'humanité, il a renoncé au rôle de philosophe et de penseur ; ému du spectacle des basses castes, à qui la vie présente n'offrait que labeurs, fatigues, maladies et peines, et la vie future, qu'une longue suite de transmigrations douloureuses, ce fils de roi, Kchattrya par la naissance et Brahmane par la science, voulut trouver la formule de salut pour tous. Troquant la pourpre royale pour la robe de mendiant, il appela à lui tous les déshérités du monde, fondant les monastères de moines et de nonnes, vouant ceux-ci au célibat, abattant ainsi d'un seul coup la muraille séculaire des castes, et résuma sa pensée dans la formule suivante : « Ma loi est une loi de grâce pour tous ; et qu'est-ce qu'une loi de grâce pour tous ? C'est une loi, sous laquelle d'aussi misérables mendiants que Dûragâta et d'autres, se font Religieux. » Paroles sublimes, si l'on se reporte à l'époque où elles ont été dites, et pour quiconque connaît les barrières infranchissables, élevées entre les castes par le Code de Manou.

Vouloir faire du Buddha un réformateur social, suivant l'opinion de plusieurs savants, me semble être une erreur. La politique, dans son essence, est d'ordre secondaire, puisqu'elle s'occupe seulement des intérêts d'une portion de l'humanité ; c'est donc rapetisser singulièrement l'envergure de Cakya, que de vouloir en faire un homme politique. Ses vues étaient autrement élevées ; sa seule préoccupation a été d'arracher l'homme à cette existence de douleurs ici-bas, en lui apprenant à mépriser le plaisir comme la souffrance, la richesse comme la pauvreté, et par une constante méditation, à l'absorber dans une sorte de contemplation extatique, où l'homme perd la notion du monde extérieur. Voilà pour le présent. Par une vie de pureté absolue, de charité envers son prochain, l'homme élève son âme, et arrive ainsi à sa mort à un état de purification, qui lui évite toute transmigration future, et lui fait obtenir le Nirvâna, état où il jouit enfin du repos éternel, sans nulle crainte de changement. Voilà pour l'avenir. La preuve que le Buddha ne fut pas un réformateur social, c'est que le Buddhisme vécut en paix, côte à côte avec le Brahmanisme; qu'il s'étendit au Thibet, en Chine, en Birmanie, à Ceylan, pays différents par leur population et leurs mœurs; et que ce fut seulement au ve ou au vi^e siècle de notre ère, qu'il fut persécuté par le Brahmanisme, et extirpé de l'Inde, c'est-à-dire environ 1.200 ans après la mort de son fondateur. De plus, je trouve une autre preuve que le Buddha ne fut pas un réformateur social, dans le fait qu'à Ceylan, où le Buddhisme existe encore de nos jours, la caste des Kchattryas n'est pas abolie (41). La fusion des castes a donc été la conséquence des doctrines du Buddha, et non le but de ses prédications. Par cela même qu'il ouvrait la caste sacerdotale à tous, et qu'il imposait le célibat aux moines, la caste des Brahmanes était supprimée, puisque la caste brahmanique était fermée, et que le mariage entre Brahmanes et Brahmines était exigé, pour éviter toute immixtion d'éléments étrangers.

Bien qu'il soit difficile d'établir d'une manière rigoureuse, quel a été le processus des idées qui déterminèrent le Buddha à suivre la voie qu'il a choisie, on peut cependant y arriver, en étudiant les textes qui relatent son existence et ses prédications. Cakya, dès son enfance, était enclin à la méditation, et ne prenait aucune part aux plaisirs de son âge et de sa haute situation. Dès qu'un homme réfléchit, et se replie sur lui-même, le monde a cessé d'avoir aucun charme pour lui: Cakya-Muni comprit vite le néant des grandeurs terrestres; son âme délicate et sa haute intelligence ne pouvaient accepter la vie

futile et corrompue d'une cour, et, bien que marié à
une femme qui l'adore, qui lui a donné un fils, il
abandonne tout, famille et royauté, pour aller mener
la vie d'Anachorète. A ce moment, Gautama ne
devait encore penser qu'à son propre salut, et ne
cherchait que la vérité. Pour y arriver, aucun effort
ne lui coûte; suivant en cela l'exemple des milliers
d'ascètes qui couvraient l'Inde, il se range sous la
direction d'un Brahmane réputé pour sa science et
sa sainteté, et se livre aux études les plus abstraites,
comme aux mortifications les plus dures. Fatigué
d'épuiser son corps, sans parvenir à la vérité qu'il
cherche, il se retire tout seul dans une forêt, et
médite. C'est là qu'il trouve enfin la loi de causalité
de la douleur, et le moyen d'y échapper. Parvenu à
la connaissance si ardemment désirée, que va-t-il
faire? A ce moment, sa mission d'apôtre se présente
peut-être à son esprit, mais il la rejette aussitôt,
effrayé devant la tâche immense qui lui incombe.
— « Pour l'humanité, dit-il, qui s'agite ici-bas dans
le tourbillon du monde, ce sera une chose difficile
à embrasser par la pensée, que la loi de causalité,
que l'entrée dans le repos de toutes les formations,
le détachement des choses de la terre, l'extinction
de la convoitise, la cessation du désir, la fin, le
Nirvâna. A quoi bon découvrir au monde ce que
j'ai conquis dans de pénibles combats? La vérité
demeure cachée pour celui qu'emplissent le désir et
la haine. » Gautama, à ce moment, est bien près de
renoncer à toute mission, et de mener simplement
une vie d'ermite, calme et paisible dans la solitude des forêts, attendant avec tranquillité son
entrée au Nirvâna. Mais sa grande âme s'insurge

contre cette résolution égoïste et pusillanime; cette vérité qu'il a trouvée, il faut la propager, il faut qu'elle puisse servir à des millions de misérables, traînant ici-bas leur vie de souffrances, sans avoir même d'espoir en une autre vie plus clémente. Son parti est pris, il prêchera sa doctrine : « Qu'elle soit ouverte à tous, s'écrie-t-il, la porte de l'Eternité, que celui qui a des oreilles, entende la parole et croie. Je songeais à ma propre peine, c'est pour cela que je n'ai pas encore révélé aux hommes la noble parole. » Cakya quitte sa forêt, et se dirige sur Benarès la ville sainte ; c'est là qu'il prononcera son premier sermon, sermon qui contient les idées maîtresses de sa doctrine, et qu'il développera durant les quarante années de sa prédication. Ce n'est pas de Dieu ni du monde qu'il parlera ; la seule chose qu'il importe au Buddhiste de connaître, c'est la notion de la délivrance ; ce dont il devra se délivrer, et le chemin qui doit le mener à la délivrance. Ici, se révèle bien nettement la pensée du Buddha, et la sensibilité de son cœur. L'homme souffre, et il ne faut plus qu'il souffre ; peu importe qu'il soit ignorant ou savant, qu'il connaisse ou non l'origine des choses et leur fin, qu'il sache si le monde est fini ou infini, si le Saint continue ou non à vivre au delà de la mort : *tout cela ne sert pas à la paix et à l'illumination*, c'est donc inutile. Mais la vérité sur la douleur, sur l'origine de la douleur, sur la suppression de la douleur, sur le chemin qui mène à la suppression de la douleur, voilà les quatre vérités fondamentales qu'il importe à l'homme de savoir. Si le Buddha n'a pas parlé de Dieu, ce n'est pas qu'il l'ignorât, comme voudrait le faire croire Barthélemy-Saint-Hilaire, qui a prouvé seulement, à quelles absurdités peuvent mener le parti-pris en philosophie, mais parce qu'il n'a pas jugé que ce fût utile au but qu'il se proposait : la délivrance (42).

D'ailleurs, il serait facile de trouver des textes où Cakya parle de Dieu, témoin celui où il s'écrie : « Brahma habite les maisons où les fils vénèrent leur père et leur mère. » Dans l'*Abhidarma-Kôca*, il y a un passage sur la question de l'existence de Dieu, qui ne saurait laisser aucun doute : « Les êtres ne sont créés ni par Dieu, ni par l'esprit, ni par la matière (43). » Mais laissons de côté cette question, que je reprendrai au chapitre de l'exposition des doctrines Buddhiques ; ce qu'il importe de montrer, c'est que le Buddha n'a pas craint de s'exposer au mépris des philosophes de son temps, et de l'avenir, pour le salut de la masse, c'est-à-dire des ignorants, des faibles d'esprit et des pauvres. Il pouvait fonder une école de philosophie égale, sinon supérieure, à celles qui florissaient dans l'Inde ; il a préféré encourir le blâme de ses pairs, en fondant une religion basée sur la morale, accessible à tous, et en laissant à dessein, dans l'ombre, tous les points difficiles à résoudre, problèmes dont la solution ne sert en aucune façon au salut de l'âme. Le Christ n'a-t-il pas agi de la même façon ? et les mystères du christianisme ne sont-ils pas là, pour démontrer que le croyant n'a pas besoin de penser, mais seulement de pratiquer ?

Or, la bonté d'âme du Buddha ne saurait être mise en doute. « Ma loi de grâce est une loi pour tous », a-t-il dit ; et devant les souffrances de l'humanité, il a trouvé un moyen pratique d'hypnotisation, qui permît à l'homme d'échapper aux réalités de ce monde, en absorbant son esprit dans la contemplation, et la récitation de prières.

Or, quel meilleur moyen pour y arriver que l'extase?

Cakya-Muni n'a certes pas dédaigné d'accepter comme disciples, des hommes intelligents et instruits, et plus d'un Brahmane, célèbre par sa science, a embrassé les doctrines du maître; mais il a également accueilli le pauvre, l'ignorant, ceux que le malheur a frappés. De nombreux textes nous le prouvent, et c'est là qu'il faut voir la raison que les autres ascètes, ses rivaux, avaient de le tant haïr.

Tantôt, c'est une légende, comme celle de Pûrna, qui nous en donne un exemple.

Pûrna, fils d'un marchand et d'une esclave, après de nombreux voyages, avait amassé une grande fortune, et enrichi sa famille. Aussi, son frère aîné voulant le marier, lui demanda quelle femme il désirait épouser, afin d'aller demander sa main. Mais Pûrna lui répondit : « Je ne désire pas le bonheur des sens. Si tu m'y autorise, j'embrasserai la vie religieuse. Comment? reprit son frère, au comble de l'étonnement, lorsque nous étions pauvres, tu n'as pas songé à te faire religieux ? Et maintenant que nous sommes riches tu y songerais ?» Ceci prouve donc qu'il était admis que les pauvres n'ayant aucun moyen d'existence, pouvaient embrasser la vie religieuse. Aussi, les Brahmanes n'épargnaient-ils pas leurs sarcasmes au Buddha; témoin, celui qui expliquant à sa manière, la prédiction qu'avait faite Cakya sur un enfant qui n'était pas encore né, s'exprime ainsi :

« Quand Gautama t'a dit : L'enfant embrassera la vie religieuse sous ma loi, il a dit vrai. Car quand ton fils n'aura plus, ni de quoi manger, ni de quoi se vêtir, il ira auprès du Çramana Gautama pour se faire mendiant (44) ».

Tantôt, c'est un joueur malheureux, qui dégouté de ce monde, veut se faire religieux buddhiste, et s'écrie : « Alors je marcherai la tête levée sur la grande route. » Ou bien, c'est le jeune Kâla, frère du roi de Koçâla, qui mutilé par ordre de ce dernier, et guéri par Ananda, disciple du Buddha, embrasse sa loi et entre dans les ordres. Enfin, c'est au siècle dernier, un religieux buddhiste, qui disgracié par le roi de Ceylan, pour avoir prêché à la caste des Rhodias, caste de parias, répondit au roi : « La religion devrait être le bien commun de tous. »

Un fait qui à mes yeux, prouve la bonté charitable du Buddha, c'est la prédication.

Avant lui, la prédication était chose inconnue dans toutes les religions. Dans l'antiquité, les initiés seuls connaissaient les doctrines, le peuple n'était pas admis à les étudier ; bien plus, dans l'Inde brahmanique, la caste sacerdotale des Brahmanes était la seule qui en eût le dépôt, et eût le droit d'étudier les Livres Saints.

Avec Cakya-Muni, tout change, et la prédication a pour but de mettre à la portée de tous, les vérités que la caste privilégiée s'était réservées avec un soin jaloux.

Il en est résulté pour le Buddhisme un caractère de grande simplicité ; et cette simplicité se retrouve dans sa littérature. L'argument y est, pour ainsi dire, délayé dans des répétitions sans nombre de chaque proposition, afin que l'esprit le plus obtus pût suivre le raisonnement. Je parle ici des doctrines primitives. Plus tard, le Buddhisme, comme toutes les religions, s'est transformé peu à peu, et des livres tels que la *Pradjna Paramita*, ne sont plus que des spéculations métaphysiques où l'esprit se perd. C'est donc à ce caractère de simplicité qu'il faut attribuer la médiocrité de la littérature Buddhique.

Par la prédication, le Buddha entendait faire profiter tout le monde de la bonne parole et des vérités du salut, surtout les humbles ; et pour propager ses doctrines, il fit de ses disciples des apôtres, qui allèrent, missionnaires buddhistes, évangéliser partout les nations.

En effet, l'ascète buddhiste ne se contente pas de tendre à la perfection, en se livrant à de rudes austérités, et en menant une vie pure et sans tache ; cette perfection à laquelle il aspire, il ne la recherche au milieu de difficiles épreuves, que pour en faire partager le bienfait aux autres hommes.

Tel est le secret de la propagation, si rapide et si étendue du Buddhisme ; il l'a toujours poursuivie par des prédications pacifiques ; ses conquêtes ne sont tachées d'aucune marque sanglante.

Aussi, comment s'en étonner, lorsque dans la désignation des personnes qui ne peuvent entrer dans les ordres monastiques nous trouvons : « Celui qui a versé du sang. »

Le *code du Pâtimokkha*, code des ordonnances monastiques interdisait l'entrée en religion aux grands criminels, aux débiteurs et aux soldats (45).

Je crois avoir suffisamment démontré le but que

se proposait Çakya-Muni : il voulait sauver les hommes en les détachant du monde, et en leur enseignant la pratique de la vertu. De philosophe il est devenu apôtre, et les vérités qu'il avait trouvées, il les a propagées par quarante années de prédications.

Un trait tiré de l'*Avadâna-Câtaka*, corroboré par un des grands recueils pâlis, le *Sanyutta-Nikâya*, et le commentaire pâli du *Dhammapada*, me servira de conclusion, en ce qu'il montre la bonté et la sagesse du Buddha, et la douceur de mœurs qui caractérisait les Aryas de l'Inde. C'est une sentence de Gautama sur la guerre.

Le roi de Koçala, Prasenadjit, et le roi de Magadha, Adjataçatru, étaient en hostilité. Prasenadjit, vaincu en trois rencontres, défit à son tour Adjataçatru et le fit prisonnier. L'ayant amené devant le Buddha, il s'adressa à ce dernier en ces termes : « O vénérable, voici le roi Adjataçatru qui me hait depuis longtemps, sans que je le haïsse ; il m'a attaqué, quoique je ne l'aie pas provoqué. Je ne désire pas le priver de la vie, et comme il est le fils de mon ami, je le laisserai aller en liberté. — Laisse-le aller en liberté ! fut-il répondu, et Bhagavat prononça alors cette stance : La victoire produit l'inimitié ; le vaincu est abîmé dans la douleur ; celui qui est paisible, vit dans le bien-être, ayant renoncé à la victoire comme à la défaite. »

La version pâlie du *Sanyutta-Nikâya* est plus explicite. « Alors Bhagavat ayant connu cette affaire prononça à cette heure même ces Gâthas : L'homme tourmente son semblable, aussi longtemps qu'il est poussé à le faire ; et quand d'autres le tourmentent, tourmenté qu'il est, il tourmente à son tour. L'ignorant pense à l'étourdie, tant que le mal ne mûrit pas pour lui. Et lorsque le mal mûrit, alors l'ignorant subit la douleur. Tout meurtrier finit par être victime d'un meurtrier, tout victorieux d'un vainqueur ; tout diseur d'injures d'un diseur d'injures, tout homme colère d'un homme colère » (46). N'est-ce pas la paraphrase de la parole du Christ, au Jardin des Oliviers : Tout homme qui frappe avec le glaive, périra par le glaive ?

LIVRE III

LES DOCTRINES DU BUDDHISME

CHAPITRE PREMIER

LES TROIS PREMIÈRES VÉRITÉS DU SALUT
LE LIEN DE CAUSALITÉ

Toute religion se compose d'un corps de doctrines qui est la partie philosophique de cette religion, ce sont les dogmes ; et d'un ensemble de rites et de pratiques qui est la partie religieuse proprement dite, c'est le culte. A l'origine de chaque religion, le culte est toujours d'une très grande simplicité, et les dogmes sont peu nombreux : puis par un processus régulier, les théories se développent, le culte se complique, et finalement, par suite de cette marche progressive, une religion se trouve sensiblement différente de ce qu'elle a été primitivement. Aucune religion n'a échappé à cette loi de transformations ; le christianisme n'a vu l'ensemble de ses premiers dogmes définitivement fixé qu'au concile de Nicée en 325. De nombreux conciles ont été nécessaires pour assurer l'unité de la doctrine, et les nombreux schismes et hérésies qui se sont produits dans l'Eglise, démontrent la marche continuelle des idées. Entre les Evangiles et les Ecrits des premiers docteurs de l'Eglise, il existe déjà peu de points de contact ; les grands docteurs tels que S. Denys l'Aréopagite, Synésius, S. Augustin, S. Thomas, sont des Alexandrins. C'est en vain qu'on chercherait dans les Evangiles cette définition de Dieu, telle que la donne S. Denys l'Aréopagite, dans le chapitre V de sa Théologie mystique, où il dit qu'en Dieu, il n'y a ni science, ni vérité, ni sagesse, ni *paternité*, ni *filiation*, et où il conclut ainsi sur son essence divine : « Nous ne la posons ni ne l'ôtons, nous ne la nions ni ne l'affirmons, autant que cette cause universelle et unique de toutes choses, est par dessus toute affirmation, comme aussi est au-dessus de toute négation, celui qui est distinct de toutes choses, et surpasse absolument toute chose. » C'est donc l'idée du Dieu absolu, inaccessible, et imparticipable des Alexandrins, le Dieu neutre du Brahmanisme et des Persans. Cette théorie n'est plus orthodoxe aujourd'hui dans l'Eglise romaine.

Si des doctrines nous passons aux constitutions, nous voyons la même transformation se produire.

Personne n'ignore que le célibat des prêtres n'a pas toujours existé dans l'Eglise romaine ; outre les apôtres, un grand nombre d'évêques et de prêtres des premiers siècles étaient mariés, et vivaient en famille : tels S. Pierre, S. Jude, S. Philippe, Synésius, S. Hilaire au IVe siècle, S. Germain au Ve, et le pape Adrien II en 867. On trouve la preuve que le mariage des prêtres était canonique, dans la Ire épître de S. Paul à Timothée : « Il faut donc que l'évêque soit irrépréhensible, mari d'une seule femme. . qu'il gouverne bien sa propre famille, qu'il tienne ses enfants dans l'obéissance… Or, si quelqu'un ne sait pas gouverner sa propre famille, comment aura-t-il soin de l'Eglise de Dieu ? » et dans une autre épitre de S. Paul à Tite.

Ce n'est qu'au dixième siècle, que le concile d'Augsbourg défendit à tous les clercs, depuis l'évêque jusqu'au sous-diacre, de se marier (47).

Il n'y a donc rien d'étonnant à ce que le Buddhisme primitif soit très différent du Buddhisme moderne. Lui, non plus, n'a pas échappé à la loi fatale des transformations, et comme il a passé dans des pays de races et de mœurs différentes, il a subi des modifications d'autant plus profondes.

Comme le Christ, le Buddha Cakya Muni n'a pas laissé d'écrits ; comme lui, il se contenta de prêcher en public, et principalement, sous forme de paraboles.

Comme les Pères de l'Eglise chrétienne, les Docteurs buddhistes se réunirent en des conciles, afin de fixer définitivement les doctrines du Maître. Le premier de ces conciles se tint à Râjagriha, deux mois après la mort de Cakya ; ses disciples convoquèrent cinq cents religieux, et cette assemblée rédigea les actions et les événements de la vie du Buddha, ainsi que ses discours et ses enseignements. Le concile fut présidé par le célèbre Kaçyapa, primat buddhiste. Un siècle plus tard, beaucoup de doctrines divergentes s'étant déjà manifestées, le grand roi Açoka, le Constantin du Buddhisme, réunit un second concile à Pâtaliputra, la Nicée Buddhique. L'assemblée, composée de sept cents religieux, fixa le dogme relativement aux premiers développements de la loi nouvelle, et dressa la liste des livres canoniques.

Avec Açoka, le Buddhisme devint religion d'Etat; animé du zèle ardent d'un néophyte, le roi de Patalipûtra employa toutes ses ressources, à organiser de nombreuses missions Buddhiques, qui portèrent au loin les doctrines du Sage de Kapilavastou. Cependant, les divergences d'opinions continuaient à se produire, et quatre siècles après la mort de Çakya, l'on comptait déjà dix-huit sectes buddhistes. Ce fut alors que se réunit le troisième et dernier concile, qui fixa pour toujours le dogme sur tous les points. Ces trois conciles sont antérieurs à l'ère chrétienne.

Les doctrines Buddhistes sont contenues dans un recueil de Livres saints divisé en trois séries, et qui porte le nom de *Tripitaka*, ou les Trois Corbeilles.

Le *Sûtrâ-Pitaka* contient les *Sûtras*. Ce sont les enseignements, les prédications et les sentences du Buddha, destinés aussi bien aux adhérents laïques qu'aux religieux. De nombreux préceptes et allégories y expliquent la doctrine.

Le *Vinaya-Pitaka* contient les préceptes et les règles de conduite des membres de la Confrérie; c'est le livre de la discipline. Enfin la Troisième Corbeille est l'*Abhidharma-Pitaka*; il contient les doctrines religieuses et philosophiques les plus profondes du Buddhisme. C'est la métaphysique de cette religion.

La rédaction des paroles du maître eut lieu au premier concile. Kacyapa fut chargé de rédiger l'*Abhidarma*, Ananda les *Sûtras*, et Upali le *Vinaya*.

A l'inverse des autres religions qui s'appuient sur la révélation, le Buddhisme rejette cette idée, qu'aucun livre religieux puisse être inspiré par un Dieu, ou par un ange médiateur. Le Buddha s'est posé en homme ; les doctrines qu'il a enseignées, il en a acquis la connaissance par de longues études, de profondes méditations, et par une vie pure et chaste. Les préceptes qu'il donne, sont des préceptes pratiques, et tout homme peut les suivre. C'est par ses propres forces, que l'homme peut s'élever à la perfection morale et spirituelle ; quand il a atteint cette perfection suprême, il devient Buddha, c'est-à-dire, une Lumière du monde. La vérité est éternelle, et c'est par intuition, qu'un Buddha arrivé à l'état d'illumination, peut la percevoir.

Voilà le point de départ du Buddhisme ; il marque une scission complète avec les autres religions, et il explique la facilité avec laquelle les peuples de race jaune l'ont accueilli. En effet, ces peuples ont évolué sans l'idée de Dieu, et avec les seules idées de raison et de morale ; ils devaient donc accepter facilement une religion, dont la base repose uniquement sur la raison et la vertu, et qui ne prétendait à aucune origine divine.

Sans proscrire la science, le Buddha posa en principe, que la vertu est supérieure à la science, qu'elle réside dans la pratique du bien, et qu'elle est la même pour tous, tout en se diversifiant suivant la condition de chaque homme ; qu'elle est indépendante de la richesse ou de la pauvreté, de l'ignorance ou de la science, dans la pratique de la vie et la préparation au salut. Ce principe était une réforme radicale, car il proclamait l'égalité de tous, devant la loi morale, et la supériorité de l'homme vertueux sur l'homme de science. Il n'en faudrait pas conclure cependant, que le Buddha méprisât la science ; elle est en effet, rangée parmi les six perfections transcendantes : l'aumône, la pureté, l'énergie, la patience et la charité.

Ainsi donc, l'enseignement de Çakya était à la fois idéaliste et réaliste : idéaliste, en ce sens qu'il déclarait être arrivé à l'état de Buddha par la science et l'illumination, réaliste, par sa conduite exemplaire.

Une légende du *Divya-Avadâna*, intitulée *Açoka-Avadâna*, et extraite de l'Introduction à l'histoire du Buddhisme indien d'Eug. Burnouf, nous montre l'importance que le Buddhisme attachait à la vertu : « Il n'y avait pas encore bien longtemps, que le roi (Açoka) était favorablement disposé pour la loi du Buddha, et déjà, chaque fois qu'il rencontrait des fils de Çakya, soit dans la foule, soit isolés, il touchait leurs pieds de sa tête et les adorait. Il avait pour ministre Yaças, qui était plein de foi en Bhagavat. Yaças dit au roi : « Seigneur, tu ne dois pas te prosterner ainsi devant des mendiants de toutes les castes. » En effet les Çramaneras de Çakya sont sortis des quatre castes pour entrer dans la vie religieuse. Le roi ne lui répondit rien ; mais à quelques jours de là, il s'adressa ainsi à tous ses conseillers réunis. « Je veux connaître la valeur de la tête des divers animaux ; apportez-moi donc, toi, telle tête, et toi, telle autre. » Puis il dit à son ministre Yaças : « toi, apporte-moi une tête humaine. » Quand toutes les têtes furent apportées, le roi leur dit : « Allez et vendez toutes ces têtes pour un prix quelconque. » Toutes les têtes furent vendues excepté la tête humaine, dont personne ne voulut. Le roi dit donc à son ministre : si tu n'en peux avoir d'argent, donne-la pour rien à qui la voudra. Mais Yaças ne trouva pas d'acquéreur. Alors le ministre honteux de n'avoir pu se défaire de cette tête, alla trouver le roi et lui raconta ce qui s'était passé. Les têtes de vaches, d'ânes, de béliers, de gazelles, d'oiseaux, lui dit-il, ont été achetées par l'un ou par l'autre, pour de l'argent ; mais cette tête humaine est un objet sans valeur dont personne n'a voulu, même pour rien. Alors le roi dit à son ministre : Pourquoi donc personne n'a t-il voulu de cette tête humaine ? Parce que c'est un objet méprisable, répondit le ministre. Est-ce cette tête-là seule, reprit le roi, qui est méprisable, ou bien sont-ce toutes les têtes humaines ? Toutes les têtes humaines, dit Yaças. Eh quoi ! dit Açoka, est-ce que ma tête aussi est un objet méprisable ? Mais le ministre retenu par la crainte, n'osa dire la vérité. Parle selon ta conscience, lui dit le roi. Eh bien ! oui ! répondit le ministre. Le roi ayant de cette manière fait avouer à son ministre, ce qu'il pensait, s'exprima en ces termes, en lui adressant ces stances :

« Oui, c'est par suite d'un sentiment d'orgueil et d'enivrement, inspiré par la beauté et la puissance, que tu désires me détourner de me prosterner aux pieds des religieux. Et si ma tête, ce misérable objet dont personne ne voudrait pour rien, rencontrant une occasion de se purifier, acquiert quelque mérite, qu'y a-t-il là de contraire à l'ordre ? Tu regardes la

caste dans les religieux de Cakya, et tu ne vois pas
les vertus qui sont cachées en eux ; c'est pourquoi,
enflé par l'orgueil de la naissance, tu oublies dans
ton erreur, et toi-même et les autres. On s'enquiert
de la caste, quand il s'agit d'une invitation ou d'un
mariage, mais non quand il s'agit de la loi, car ce
sont les vertus qui font qu'on accomplit la loi, et les
vertus ne s'inquiètent pas de la caste. Si le vice
atteint un homme de haute naissance, cet homme est
blâmé dans le monde ; comment donc les vertus, qui
honorent l'homme d'une basse extraction, ne seraient-
elles pas un objet de respect ? C'est en considération
de l'esprit que le corps des hommes est, ou méprisé
ou honoré. Les âmes des ascètes de Cakya doivent
donc être vénérées, car elles sont purifiées par Cakya. Si un homme régénéré par la seconde naissance est privé de vertu, on dit : « C'est un pécheur,
et on le méprise. On ne fait pas de même pour
l'homme né d'une pauvre famille ; s'il a des vertus,
on doit l'honorer en se prosternant devant lui. Et le
roi ajouta : Est-ce que tu n'as pas entendu cette parole du héros compatissant des Cakyas : Les Sages
savent trouver de la valeur aux choses qui n'en ont
pas ; cette parole véridique du maître, qu'un esclave
serait capable de comprendre ? Et si je désire exécuter
ces commandements, ce n'est pas une preuve d'amitié
de ta part que de m'en détourner. Quand mon corps
abandonné comme les fragments de la canne à sucre
dormira sur la terre, il sera incapable de se donner
de la peine pour saluer, se lever, et réunir les mains
en signe de respect. Quelle action vertueuse, serai-
je alors en état d'exécuter avec ce corps ? Aussi,
n'est-il pas convenable que j'attache aucun prix à

un corps dont le terme est au cimetière ; il ne vaut
pas plus qu'une maison incendiée, pas plus qu'un
trésor de pierreries perdu dans les eaux. Ceux, qui
dans ce corps fait pour périr, sont incapables de distinguer ce qui a de la valeur, ceux-là ne reconnaissent pas l'essentiel, ignorent ce qui a du prix et ce
qui n'en a pas ; ces insensés tombent en défaillance
au moment où ils entrent dans la gueule du monstre
de la mort.

Quand on a retiré d'un vase ce qu'il contenait de
meilleur, le lait caillé, le beurre fondu, le beurre
frais, le lait ou le lait acide, et qu'il n'y reste plus
que de l'écume, si ce vase vient à se briser, il n'y a
pas lieu à beaucoup se plaindre. Il en est de même
du corps ; si les bonnes œuvres qui lui donnent du
prix en sont enlevées, il ne faut pas se lamenter
quand il vient à périr. Mais lorsqu'en ce monde, la
mort brise violemment le vase du corps de ces
hommes orgueilleux qui se détournent des bonnes
œuvres, alors le feu du chagrin consume leur cœur,
comme quand on brise un vase de lait caillé, dont le
meilleur est ainsi perdu. Ne t'oppose donc pas,
Seigneur, à ce que je m'incline devant la personne
(des religieux) ; car celui qui sans examen se dit : je
suis le plus noble ; est enveloppé des ténèbres de
l'erreur. Mais celui qui examine le corps, au flambeau
des discours du Sage qui possède les dix forces,
celui-là est un sage, qui ne voit pas de différence
entre le corps d'un prince et celui d'un esclave. La
peau, la chair, les os, la tête, le foie et les autres
organes sont les mêmes chez tous les hommes ;
les ornements seuls et les parures font la supériorité
d'un corps sur un autre. Mais l'essentiel en ce monde,

c'est ce qui peut se trouver dans un corps vil, et que les Sages ont du mérite à saluer et à honorer » (48). La conclusion de cette légende s'impose d'elle-même : un homme vertueux, même de caste vile, était considéré comme supérieur à un roi, et ce dernier ne croyait pas s'abaisser en se prosternant devant lui.

La seconde réforme radicale du Buddhisme fut de mettre l'accomplissement des devoirs moraux au-dessus des pratiques religieuses. Bien que le *Manava-Dharma-Sastra* eût formulé cette maxime bien longtemps auparavant, elle n'était guère observée. Loin de là, le Brahmanisme était tombé dans des formalités exagérées et puériles, et c'est la gloire du Buddha d'y avoir porté un remède. C'est un nouveau point de contact qu'on peut lui trouver avec le Christ, qui reprochait aux Pharisiens de se contenter d'observer la loi, sans pratiquer le bien ni la charité.

Ce qui amène naturellement à établir un parallèle entre Cakya-Muni et Jésus, ce ne sont pas leurs doctrines métaphysiques, pas plus que les rites de leurs religions respectives. En effet, on ne trouve aucun enseignement métaphysique proprement dit dans les Évangiles, et la doctrine métaphysique du Buddhisme dérive du *Sankya* de Kapila, doctrine matérialiste ; il n'y a donc aucun rapport. Mais si nous passons du côté théorique au côté pratique, nous voyons toutes les analogies se manifester. Le Buddha et le Christ sont venus tous deux prêcher l'égalité des hommes devant la religion et devant la mort. Ils ont appelé les humbles, les ignorants, les pauvres, et ils ont méprisé le riche et le pharisien. A un Brahmane arrogant qui lui pose cette question : « En quoi consiste, ô Gautama, l'essence d'un Brahmane, quelles sont les qualités qui élèvent un homme au rang de Brahmane ? » Cakya l'éconduit avec cette réponse : « Celui-là est un vrai Brahmane, qui a banni de lui-même tout mal, qui ignore le mépris et l'impureté, qui est vainqueur de lui-même. »

Et dans une autre circonstance : « Le Brahmane est né d'une matrice de femme, tout comme un Tchandâlâ (le paria). Où vois-tu donc la cause qui ferait, que l'un doit être noble et l'autre vil ? Le Brahmane lui-même quand il est mort, est abandonné comme un objet vil et impur ; il en est de lui comme des autres castes ; où est alors la différence » (49) ?

Leur enseignement a été surtout moral. Prêchant aux foules, le Buddha et le Christ ont tenu au peuple un langage simple et clair, à portée de son intelligence, procédant par paraboles ; ils ont soutenu le faible contre le fort, ils ont méprisé l'emploi de la force armée, ils ont prêché la pureté, la charité, l'aumône, l'amour du prochain. Leurs religions sont les deux seules qui soient universelles : elles s'adressent à tous les hommes indistinctement, elles se sont répandues par des missions, car la charité qui en est la base obligeait leurs adhérents à faire du prosélytisme ; et elles ont relevé la condition de la femme, en lui permettant de vivre dans des communautés religieuses, et de s'élever par là au même degré hiérarchique que les religieux.

En un mot, le Buddha et le Christ ont été tous deux, dans la plus haute acception du terme, des apôtres socialistes.

Je ne traiterai dans ce chapitre que du Buddhisme

primitif, du Buddhisme humain, pour me servir de l'expression que lui donne Eug. Burnouf, me réservant de parler plus tard, lorsque j'énumérerai les différentes écoles sorties du Buddhisme, des différences notables qui creusent un abîme entre les doctrines du Maître, et celles des sectes plus modernes.

Bien que le Buddhisme soit plutôt un code de morale pratique, sans aucun système philosophique qui lui soit propre, tout système religieux étant forcément lié à un système de philosophie spéculative, le Buddhisme ne pouvait faire exception. Or, on ne saurait douter qu'au point de vue spéculatif, le Buddhisme primitif ait été matérialiste. Cakya-Muni faisait du *Sankhya* de Kapila son étude favorite ; et sous ce rapport, le Buddhisme n'est que le développement de cette doctrine, ou plutôt, l'extension et la matérialisation pratique de ce système, dit rationnel et numérique. Cette assertion est partagée par Lassen, Eug. et Em. Burnouf et nombre d'autres orientalistes.

Cependant, tout en niant Dieu, Kapila ne rejette pas l'autorité des Védas ; Cakya-Muni lui, la repousse, et avec elle la caste, le sacrifice, la superstition, l'oligarchie et le despotisme sacerdotal.

Kapila a pris pour point de départ les objets de nos perceptions et la sensation. Pour lui, il y a deux principes éternels coexistants : *Prakriti*, la matière, la *racine sans racines*, qui est la cause éternelle de toutes choses, car elle renferme en elle-même, la promesse et la puissance de tous les objets existants; et *Purusha* le principe intelligent et sensible.

Le mal provient de l'union de ces deux principes. Or, l'homme étant un composé, fait d'un principe intelligent et de matière, ne peut s'affranchir du mal qu'en s'affranchissant de la matière par la science, car l'extinction du mal est la fin suprême de l'âme.

Le Buddha est certainement parti du même point, car le fond de la doctrine Buddhiste, est : tout composé est périssable ; mais s'il a pris les sensations, et les objets perçus par la sensation, pour point de départ, il les rejette dans la suite comme n'étant qu'illusions, et ne formant pas partie du *Moi*. Comme dans le *Sankhya*, l'ignorance est l'ennemie qu'il faut combattre, mais la science, pour Cakya-Muni, se borne à la connaissance des quatre vérités du Salut ; hors de là, tout est vain.

A l'époque où Cakya vivait, l'Inde entière croyait à la transmigration des âmes. Cette série perpétuelle d'existences s'enchaînant indéfiniment, jusqu'à ce que l'âme purifiée par la science et la vertu, fît retour dans le sein de Brahma, où elle allait s'absorber, remplissait l'homme d'épouvante. Rien de stable n'apparaissait, et la vie ne montrait que douleur. Il fallait donc proposer à l'humanité un point immuable, où toute transmigration cesse, où toute douleur finit, et un moyen pratique d'y arriver, en échappant aux transmigrations infinies. Ce point, Cakya l'indiqua : c'est le *Nirvâna* ; et le moyen pratique de l'atteindre, ce sont les *quatre vérités du salut*, le *sublime sentier à huit parties*.

Les quatre vérités du Salut, qui sont la base même et le pivot de la doctrine, ont été données par le Buddha pour la première fois, dans son sermon à Benarès.

« Voici, ô Moines, la vérité sainte sur la douleur :

la naissance est douleur, la vieillesse est douleur, la maladie est douleur, la mort est douleur, l'union avec ce que l'on n'aime pas est douleur, la séparation d'avec ce que l'on aime est douleur, ne pas obtenir son désir est douleur ; pour abréger, le quintuple attachement aux choses terrestres (l'attachement aux corps, aux sensations, aux représentations, aux formations et à la conscience) est douleur.

« Voici, ô Moines, la vérité sainte sur l'origine de la douleur : c'est la soif de l'existence qui conduit de renaissance en renaissance, accompagnée du plaisir et de la convoitise, qui trouve çà et là son plaisir : la soif de plaisirs, la soif d'existence, la soif de puissance.

« Voici, ô Moines, la vérité sainte sur la suppression de la douleur : l'extinction de cette soif par l'anéantissement complet du désir, en bannissant le désir, en y renonçant, en s'en délivrant, en ne lui laissant pas de place.

« Voici, ô Moines, la vérité sainte sur le chemin qui mène à la suppression de la douleur : c'est le chemin sacré à huit branches qui s'appelle : foi pure, volonté pure, langage pur, action pure, moyens d'existence purs, application pure, attention pure, méditation pure » (50).

Ainsi donc, c'est parce que nous ne reconnaissons pas ces quatre vérités, qu'il nous faut suivre le chemin désolé des existences successives. En effet, si nous les comprenons bien, ces quatre vérités, le désir de vivre disparaît. Pourquoi tiendrait-on à la vie, puisque toute vie est douleur, et que le monde ne nous offre que le spectacle de la douleur ?

Mais Cakya avait à lutter contre le sentiment le plus enraciné dans le cœur de l'homme : le désir de vivre, qui a pour conséquence la recherche de tous les plaisirs, et le sentiment instinctif, qui pousse l'homme à vouloir conserver son individualité. C'est ce sentiment qu'il faut déraciner à tout prix. Voyons de qu'elle manière le Buddha y arrive.

Tout ce qui naît est périssable, dit-il ; c'est le spectacle dont tout le monde peut se rendre compte, et rien n'échappe à cette loi. Donc, ici-bas rien de stable. Mais la vie ne s'arrête pas en ce monde : après la mort, les transformations commencent, et la chaîne des existences successives réapparaît.

Là encore, rien de stable. Mais là où il y a des variations éternelles, il ne saurait y avoir de joie ; donc, partout où l'homme se retourne, il ne voit qu'une chose devant lui : la douleur. Son seul et unique but doit, par conséquent, tendre vers le repos éternel, vers le lieu où rien ne peut plus le toucher, ni joie, ni peine, ni plaisir, ni douleur. Ce qu'il lui faut, c'est la certitude, qu'arrivé au *Nir-vâna*, aucune puissance n'est capable de l'en tirer ; c'est le terme absolu du repos, qui proscrit toute idée de retour.

Ici se présente une difficulté. Si tout ce qui nous entoure, tout ce qui naît, est sujet au changement, il faut bien qu'il y ait en nous un principe, un élément, qui représente l'éternel, l'immuable ; ce principe quel est-il ?

C'est le *Moi* véritable de l'homme. Mais si le *Moi* est immuable, il est forcément distinct de la corpo-réité, des sensations, des représentations, des for-mations et de la conscience, éléments qui constituent l'être physique et intellectuel de l'homme ; car ces éléments sont de nature impermanente. Or, le salut ne saurait exister, que là d'où sont bannies l'instabilité et la douleur, et où existe la certitude, que le *Moi* ne renaîtra pas.

En effet, c'est un axiome absolu pour le Buddha, qu'aucune condition n'est le *Moi* ou l'âme. — « Les conditions n'ont pas nature propre d'âme ou de moi, le moi n'est pas en elle. La personne n'est pas une condition ; or, la personne, c'est celui qui dans la proposition : J'ai, dans un temps passé, revêtu une forme, dit : *Je* ou *Moi*. Ce *Je* ou *Moi*, c'est la personne. Le *Moi*, ce n'est ni les attributs, ni les sièges de qualités sensibles, ni les éléments » (51).

Cette théorie repose sur un traité de l'*Avadâna Çataka* qui explique longuement ce qui, dans le monde, a la condition de périssable, et ce qui ne l'a pas. En voici le résumé : la forme, la sensation, l'idée, les concepts et la connaissance, ont la condition de périssable, car elles sont passagères, et ce qui est passager est un mal. Or, ce qui est passager, et ce qui est un mal, n'est pas de nature à inspirer à un homme instruit le sentiment suivant : ceci est à moi, ceci est moi, ceci est mon âme. C'est pourquoi, toute forme quelconque, toute sensation, toute idée, tout concept, toute connaissance quelconque, n'est pas le *Moi*. L'homme qui pense ainsi, se dégoûte de la forme, de la sensation, des idées, et par conséquent se détache. Une fois détaché, il est affranchi, et alors, toute existence nouvelle cesse pour lui. Ce qui n'a pas la condition de périssable : c'est le *Nirvâna*.

En résumé, le processus de la vérité sur la douleur est le suivant : tout ce qui naît est périssable, c'est-à-dire, sujet au changement. Donc l'existence est un mal, car la vie du corps comme celle de l'âme s'écoule, tandis que chaque événement s'enchaîne à l'autre ; et de la vie proviennent le chagrin, la souffrance, la décrépitude et la mort. Mais cette existence n'est pas la première ; d'autres l'ont précédée en nombre infini ; et elle sera suivie de bien d'autres, car la reproduction de cette existence provient du désir des objets existants, et des actions agrégées en une succession non interrompue. D'autre part, le *Moi* véritable de l'homme est différent de son corps, de ses organes, et de ses facultés, voire même de ses idées. Par conséquent, si l'homme est impuissant à imposer sa volonté à l'instabilité des choses, il peut du moins s'en détourner ; et du moment qu'il se détache de tout ce qui est soumis au changement, c'est-à-dire, la vie et le monde, il est délivré. N'est-ce pas, en effet, du désir de vivre et de la recherche des plaisirs terrestres, que proviennent la douleur et la mort ? Ici, c'est l'homme, qui pour parvenir à la richesse, s'impose travail, privations, s'expose aux dangers, presque toujours sans atteindre son but ; et ce but est-il atteint ? Cette fortune si chèrement acquise lui donne autant de soucis pour être conservée. Là, ce sont des rois, des hommes, qui par ambition, par intérêt, se font la guerre, donnant et recevant la mort. Puis, ce sont d'autres, qui pour se procurer le plaisir, commettent le vol, le parjure, le meurtre, l'adultère. Tel est le tableau qu'offre en ce monde le désir de vivre. Jusqu'ici, le Buddha a fait connaître que tout ici-bas est douleur, puisque tout est instabilité. La seconde et la troisième vérités nous indiqueront l'origine et la suppression de la douleur ; c'est la formule du *lien de causalité*. La théorie de la connexion causale est la démonstration de la source de l'existence, considérée comme l'équivalent de la douleur. La voici : « De l'ignorance naissent les formations ou *Samskaras* ; des formations, la connaissance ; de la connaissance, le corps et l'esprit ; du corps et de l'esprit, les six organes des sens ; des six organes des sens, le toucher (ou contact) ; du contact, le désir ; du désir, la sensation (plaisir ou peine) ; de la sensation, l'union (ou attachement) aux objets existants ; de l'attachement aux objets existants, renouvellement de l'existence (ou reproduction après la mort) ; de la reproduction d'existence, naissance ; de la naissance, décrépitude, mort, chagrins, douleurs, dégoût et mécontentement passionné. Ainsi se produit le corps complet des maux.

De la complète séparation et de la cessation de l'ignorance, découle la cessation des formations ; de celles-ci, cessation de connaissance ; de celle-ci, celle du corps et de l'esprit ; de là, cessation de la production des six organes ; de celle-ci, cessation du toucher ; sans le toucher, point de désir ; sans désir, point de sensation (agréable ou pénible) ; la sensation supprimée, plus d'attachement aux objets existants ; par là, plus de reproduction d'existence ; celle-ci entraîne la suppression de la naissance ; sans naissance, plus de décrépitude ni de mort. Ainsi s'éteint le corps complet de maux » (52).

C'est l'enchaînement logique de l'origine de la douleur, remontant en quelques mots jusqu'à la racine même de la douleur ; puis, le moyen de la supprimer, en suivant l'ordre du lien de causalité.

Mais pour bien comprendre cette théorie, et la développer, telle que l'a conçue Cakya, il est nécessaire de prendre chaque proposition, et de la commenter séparément. De l'ignorance naissent les formations ; tel est le premier terme de la série causale.

Qu'entend par ignorance, la dogmatique Buddhique primitive ? Ce n'est, ni la *Mayâ*, cette puissance d'illusion du Brahmanisme, mirage trompeur de l'Etre éternel ; ni la « non-distinction » de l'âme et de la matière, du système *Sankya* ; ni la « non-connaissance » de l'identité du moi particulier, et du moi infini. L'ignorance, pour le Buddha et les premiers théologiens Buddhistes, est tout simplement l'ignorance des Quatre Vérités. « Ne pas connaître la douleur, ô ami, ne pas connaître l'origine de la douleur, ne pas connaître la cessation de la douleur, ne pas connaître le chemin qui mène à la cessation de la douleur : voilà, ô ami, ce que l'on appelle l'ignorance » (53). De nombreux textes viennent à l'appui de cette citation.

En effet, pour le Buddhiste, être, c'est souffrir ; or, c'est l'ignorance qui empêche l'homme de reconnaître l'essence véritable de l'univers et lui fait prendre par suite, l'image trompeuse du plaisir et du bonheur, pour ce qui n'est, en réalité que douleur. Mais l'ignorance, comme toutes choses, a une cause. Cette cause, quelle est-elle ? Ici, la dogmatique Buddhique s'arrête, car, dit-elle, de même que l'extrémité antérieure d'un chemin ne se peut découvrir, de même que l'alternance successive de l'œuf et de la poule, de la graine et de la plante, de même, le cycle des existences est incommensurable.

— De l'ignorance naissent les formations.

Les formations ou *Samskaras*, sont des conceptions ou des idées que se forme l'esprit, sur ce qu'il croit être la réalité, et qui lui font diriger ses pensées ou ses aspirations, soit vers les jouissances terrestres, pures ou impures, soit vers l'état sans péché de la Délivrance, du *Nirvâna*. Ces formations sont cause, que l'homme à sa mort, renaît sous la forme à laquelle il avait aspiré ; et ceci nous amène à la doctrine du mérite et du démérite, la doctrine du *Karma*.

Le *Karma*, c'est l'ordre moral du monde qui a pour image matérielle, l'ordre physique et visible de l'univers. C'est l'enchaînement de la cause et de l'effet, dans la sphère morale. Il répond à l'idée de justice, qui fait que toute action bonne ou mauvaise porte nécessairement ses fruits. C'est là rémunération morale.

Résumons cette première proposition : l'ignorance fait prendre la vie pour un bien, et pousse l'homme à la recherche du bonheur en ce monde. Et comme tous les actes qu'il aura accomplis, porteront en eux-mêmes, châtiment ou récompense, au moment de la mort, son esprit uniquement tourné vers des buts finis, le rattache à l'existence, et se revêt d'un nouveau corps dans une nouvelle existence, où il entrera dans les conditions que lui auront méritées ses œuvres bonnes ou mauvaises.
— La seconde proposition est celle-ci : Des formations naît la connaissance. « Par connaissance, dit Oldenberg, il ne faut pas entendre, ou l'acte particulier de connaître, ou son contenu, mais bien la substance de la faculté de connaître.... La substance

dont elle est faite, est très supérieure aux autres éléments, et c'est la connaissance qui forme, aussi longtemps que l'être est engagé dans la transmigration des âmes, le chaînon qui relie les diverses existences » (54).

Ceci nous amène au troisième terme : de la connaissance, naissent le corps et l'esprit. Ce qui dans l'homme, survit aux éléments constitutifs de l'être physique et moral, c'est la connaissance ; par conséquent, au moment de la conception dans le sein maternel, ce germe de la connaissance prend la substance matérielle qui lui est nécessaire pour former un corps. Dans un dialogue entre le Buddha et Ananda, Çakya s'exprime ainsi : « Si la connaissance ne trouvait pas le nom et la corporéité comme point d'appui, est-ce que dans la suite, naissance vieillesse et mort, origine et développement de la douleur, viendraient à se manifester? — Il n'en serait rien, Seigneur. — Par suite, ô Ananda, c'est là la cause, c'est là le fond, c'est là l'origine, c'est là, la base de la connaissance : le nom et la corporéité » (55).

Les dernières propositions de la série causale, s'enchaînent facilement.

En effet, tout corps doit forcément avoir des organes pour le mettre en rapport avec les objets extérieurs ; ce sont les organes des sens : l'œil, le nez, les oreilles, la langue, le tact réparti sur tout le corps, et l'intellect. Ces organes étant mis en rapport avec le monde objectif, il en résulte le contact, et par le contact, la sensation. De la sensation, agréable ou désagréable, naît le désir, et de ce désir, l'attachement aux objets existants. Nous voilà arrivés à l'instinct le plus puissant de l'homme, car cette volonté, cette soif de vivre, le pousse vers le plaisir ou le gain. Mais, comme je l'ai déjà indiqué, cette volonté de vivre suffit au moment de la mort pour rattacher l'homme à une nouvelle existence. Par cette reproduction d'existence, revient la naissance, et avec elle, tout son cortège de maux : décrépitude, vieillesse, mort. C'est un cycle sans fin.

Il se présente dans cette formule de causalité une difficulté, qui au premier abord, semble une absurdité. Nous avons vu, que de l'ignorance proviennent les formations, qui donnent lieu à la connaissance, et que c'est de la connaissance, que naissent le nom et la forme ; puis, que le nom et la forme sont la source des six sens, que d'eux naît le contact, et du contact la sensation ; par la sensation vient le désir, et par le désir, l'attachement à l'existence. Nous avons donc l'impression en ce moment, que l'être vivant, dont la conception marquait le début de la série causale, est entré dans la vie réelle, et qu'il est en contact avec le monde extérieur. Comment se fait-il qu'à ce moment, la formule causale revenant en arrière, s'exprime ainsi : De l'attachement à l'existence provient l'existence, et de l'existence la naissance, puis la mort ?

Dans le développement des idées, il y a une rupture brusque de la chaîne des catégories ; mais je vais démontrer que cette rupture n'est qu'apparente.

En effet, il semblerait, puisque à partir de la troisième série causale (la connaissance produit le nom et la forme dans l'acte de la conception, c'est-à-dire le corps et l'esprit), l'être existe, puisque dans les séries causales suivantes nous le voyons développer son activité; et voici que la neuvième série (de l'attachement provient l'existence), le fait naître.

Il faut chercher la raison de cet illogisme apparent, dans une faculté particulière qu'ont les philosophes indous, de concevoir des abstractions.

Or, dans le cas présent, dans les neuf premières propositions de la série causale, il s'agit, non pas d'un être réel, mais d'un être idéal, d'un archétype. Il faut donc nous figurer, des qualités sans substance et des attributs sans sujet, formant un être idéal, qui doit plus tard devenir un individu réel, en un mot, la personnification d'une entité absolue, détachée de l'être qui y est toujours joint. Par conséquent, à partir de la troisième série de la formule causale, (de la connaissance naît le nom et la forme), jusqu'au désir, nous sommes dans une série de conditions, envisagées en dehors de tout sujet matériel, conditions, qui sont en quelque sorte, l'enveloppe d'un sujet idéal. Les trois dernières propositions seules ont trait à l'être réel; c'est à la onzième, c'est-à-dire, au moment de la naissance, que se réunissent les cinq Skandahs, véritables attributs sensibles et intellectuels qui sont : la forme, la sensation, l'idée, les concepts et la connaissance; et la dixième proposition, l'existence, doit être comprise, comme existence physique, spirituelle et morale.

Voilà l'explication de cette apparente rupture de la chaîne de causalité, qui serait une parfaite absurdité, si on supposait l'existence réelle de l'être dès les premières propositions. C'est ce que n'a pas compris Oldenberg, qui dans son ouvrage sur le Buddha, a préféré accuser les textes buddhiques d'inconséquence.

Le Buddhisme d'ailleurs n'a pas inventé cet archétype, et il a dû certainement le prendre dans le système *Sankya*, où l'on trouve le *Linga Çarira*, corps composé d'attributs purs.

Dans son Introduction à l'Histoire du Buddhisme Indien, Eug. Burnouf présente et développe la série des douze Causes, ou *Nidânas*, d'une façon différente ; je la résumerai succinctement, car elle est susceptible de jeter un peu de clarté sur cette partie complexe du Buddhisme ; et comme cette théorie métaphysique est la base même de tout le système, on ne saurait assez la développer.

Burnouf prend le texte du *Lalita-Vistara*, dans lequel Cakya s'est élevé par la méditation, à la connaissance de la production des causes successives de l'existence. Dans notre démonstration, nous étions partis de l'*ignorance*, c'est-à-dire du *non-être*, pour exposer, comment l'être réel sort du non-être ; dans le *Lalita-Vistara*, Cakya suit l'ordre inverse ; il part de l'état actuel de l'être, pour remonter à son origine.

Ce monde qui naît, vieillit, meurt et renaît encore, dit-il, est un mal, puisqu'il engendre la *douleur*. La cause de la décrépitude et de la mort c'est la *naissance*. La naissance provient de l'*existence*, et celle-ci a pour cause la *conception*. La conception dérive du désir, qui a pour cause la *sensation*. La sensation vient du *contact*, et celui-ci provient des *six sièges des qualités sensibles*. Les six-sièges ont pour cause, le *nom* et la *forme* ; et ce qui donne lieu au nom et à la forme, c'est la *connaissance*. La connaissance a pour cause les *concepts*, et ceux-ci proviennent de l'*ignorance*.

Burnouf suit le même ordre, et définit ainsi chaque terme, et son processus :

1º C'est de l'observation directe du grand fait de la destruction par la mort de tout ce qui a vie, que Cakya est parti, pour expliquer la génération de toutes choses.

2º La décrépitude et la mort ont pour cause la naissance, qui forme, avec la mort, les deux termes de la vie apparente de l'individu. Au moment de la naissance, se réunissent les cinq *Skandahs* ou attributs (la forme, la sensation, l'idée, les concepts et la connaissance).

3º L'existence, troisième condition, signifie : l'être, l'état. C'est la condition du mérite et du démérite ; c'est l'existence morale, telle que l'ont faite, d'après la théorie de la transmigration, les actions antérieures.

4º La cause de l'existence, c'est la conception. C'est l'évolution de l'être, qui passe par la conception pour arriver à la naissance. Mais l'être qui passe par cette phase, bien que, dans l'acte de la conception, il soit jusqu'à un certain point passif, a cependant un certain degré d'activité, qui lui fait prendre pour lui les cinq attributs, lesquels, unis aux cinq sens, et aux éléments grossiers dont se compose le corps, marquent son apparition dans l'existence.

5º La conception physique étant celle qui constitue l'existence de l'individu, et le prépare à la naissance, la soif ou le désir est une condition de l'individu antérieure à la conception, c'est-à-dire, de l'être arché-type. C'est donc dans le corps arché-type que naît le désir. Il faut constater, qu'à partir du désir nous entrons dans une série de conditions, qui sont envisagées indépendamment de tout sujet matériel, et qui forment l'enveloppe d'un *sujet idéal*, qui sera plus tard, un *individu réel*. Dans la soif, il ne faut donc pas voir, un être matériel qui désire, mais un désir abstrait qui termine l'évolution des formes immatérielles et primitives de l'individu, et qui produit la conception, laquelle commence la série de ses formes matérielles et actuelles.

6° La sensation, ou d'une manière plus générale, la sensibilité, est la perception ou connaissance définie, qui fait dire : ceci est blanc, et ceci est noir ; cela est bien, et ceci est mal. C'est la sensation du plaisir et de la peine. Il faut encore envisager ici, la sensation, indépendamment du sujet matériel, car nous sommes encore dans les qualités abstraites de l'être idéal, type primitif de l'être réel, qui ne commence qu'à la conception. En effet, la sensation paraît au nombre des cinq Skandahs ou attributs qu'agrège la naissance. Il y a donc deux sensations : l'une, de l'être idéal avant sa naissance, la seconde, de l'être réel, une fois né.

7° Le contact a lieu, lorsque le principe pensant doué d'un corps sous la forme d'arché-type, vient à s'exercer sur les propriétés des choses. C'est comme le sentiment du chaud et du froid éprouvé par l'embryon.

8° La cause du contact est la réunion des sens, ou les six sièges des qualités sensibles : la vue, l'ouïe, l'odorat, le goût, le toucher et le sens interne ou *manâs*. Les sens mettent l'esprit en communication avec les objets extérieurs. Cette opération est, pour certaines écoles Buddhistes, une perception directe de l'objet ou de l'image ; pour d'autres, l'esprit ne saisit que l'image, que la représentation de l'objet.

9° Le nom et la forme, sont les notions individuelles. C'est-à-dire, que c'est le nom et la forme d'un sujet idéal et arché-type. C'est un corps organisé et défini, mais qui n'est encore qu'un arché-type, et qui est le siège de la conscience individuelle. En effet, la forme paraîtra tout à l'heure au nombre des cinq attributs réunis par la naissance. D'où il résulte, que la forme est double : l'une qui appartient au corps idéal, l'autre que reçoit le corps matériel.

10° Le nom et la forme, ou le signe extérieur de l'individualité, ont pour cause la connaissance. La connaissance réunit les deux notions de sentiment et de connaissance proprement dite. Elle est de deux sortes : la première, est un attribut de l'être idéal, l'autre, est le cinquième attribut de l'être matériel

11° Les *Sâmskârâs* sont les impressions illusoires. La croyance du principe sensible non revêtu d'un corps, dans la réalité de ce qui n'est qu'un mirage, est accompagnée d'un désir pour ce mirage, et de la conviction de son mérite et de sa réalité. Ce désir se nomme *Sâmskârâ*. Les Samskaras sont les choses que l'esprit crée, fait, imagine, ce sont les produits de la faculté qu'il a de concevoir, d'imaginer. Ce sont les concepts. Si on envisage les Samskaras d'une manière abstraite, ce sont les imaginations, les conceptions, les créations de l'esprit résultant d'une croyance erronée à l'existence de ce qui n'est pas. Les considère-t-on d'une manière concrète ? les Samskaras sont les êtres, ces créations variées qui sont des composés véritables.

12° L'ignorance, c'est la fausse connaissance. — L'existence du monde, qui est dans un perpétuel mouvement, dérive uniquement de l'imagination, ou de la croyance qu'on a dans la réalité des choses, et cette fausse opinion, est le premier acte du principe sensible non encore individualisé ni revêtu d'un corps (56).

Comme on le voit, dans le développement de la série causale qui fait provenir du non-être, et du non-savoir, l'objet qui est, et le sujet qui sait, Burnouf distingue également, les propositions qui ont trait à l'arché-type ou être idéal, et celles qui s'appliquent à l'être, une fois né.

Voici quelle est sa conclusion : « Les cinq *Skándáhs* qui se réunissent au moment de la naissance, sont de véritables attributs sensibles et intellectuels..... C'est à l'état du principe pensant et sensible, une fois qu'il est né, c'est-à-dire à son état actuel, que se rapportent ces cinq attributs, qui sont : la forme, la sensation, l'idée, les concepts et la connaissance. De ces cinq attributs, quatre ont déjà paru dans l'énumération des douze causes que j'ai faite tout-à-l'heure ; je n'y reviens ici que pour dire, que ces cinq attributs ne sont plus des qualités abstraites, comme plus haut, mais des attributs réels, du sujet vivant » (57).

Après avoir montré l'origine de la douleur, le Buddha nous indique le point où cette douleur cesse, et où l'homme qui y parvient, échappe à jamais à la loi du retour. Ce point, but suprême proposé aux efforts de l'homme, c'est le *Nirvâná* C'est la délivrance.

CHAPITRE II

LE NIRVANA
LA QUATRIÈME VÉRITÉ DE SALUT
LE SUBLIME SENTIER A HUIT BRANCHES
MORALE ET VERTUS BUDDHIQUES

S'il est un mot qui ait suscité des controverses sans fin parmi les savants, qui ait divisé toutes les opinions, même parmi les différentes sectes Buddhistes, et dont la définition offre des difficultés presque insurmontables, c'est bien le mot de *Nirvâna*. Cette difficulté, certes, je n'ai pas la prétention de la résoudre, mais j'indiquerai du moins dans quel sens, il me semble qu'elle doit être résolue. Je me réserve d'exposer dans un autre chapitre les opinions contradictoires, auxquelles la définition du *Nirvâna* a donné lieu.

Tout d'abord, quelle est l'étymologie du mot : *Nirvâna ?* La traduction littérale du mot est : « être

éteint, être soufflé » comme une flamme que le vent
éteint, ou qui cesse, faute d'aliment. Mais qu'est-ce
qui est éteint, et sur quoi, porte cette extinction ?
Ici, je laisse poser la question par Eug. Burnouf :
« Le *Nirvâna* est-il pour l'homme, cet état de repos
dans lequel il se trouve, lorsqu'il a, par la méditation, rompu les liens qui l'attachaient au monde extérieur, et qu'il rentre en possession de sa force propre, considérée en elle-même, et indépendamment de
tout ce qui l'entoure ? Ou bien, est-ce l'état plus élevé,
où faisant abstraction, et du monde extérieur et du
monde intérieur, il se détache des phénomènes de
sa vie propre, comme il s'est détaché des phénomènes de sa vie relative, et ne sent plus en lui que
l'existence universelle, au sein de laquelle coexis-
tent toutes les parties de l'Univers ?

En d'autres termes, l'homme dans le *Nirvâna*, est-
il à l'état de vie individuelle, gardant avec le sentiment de sa personnalité, celui de son activité ;
ou, est-il à l'état d'être universel, de sorte qu'ayant
perdu avec le sentiment de sa personnalité celui de
son activité, il ne puisse plus être distingué de l'existence absolue, que cette existence soit Dieu ou la
Nature ? Enfin, dans l'hypothèse où l'anéantissement porterait sur l'existence elle-même, le *Nirvâna* est-il l'extinction, la disparition, non seulement de la vie individuelle, mais encore de la vie
universelle ? en deux mots, le *Nirvâna* est-il le
Néant » (58) ?

La question est magistralement posée, mais Burnouf est loin de l'avoir nettement résolue ; nous le
verrons plus loin.

Pour le moment, je reprendrai chacune de ses

questions, m'attachant à démontrer tout d'abord ce que le *Nirvâna* n'est pas; j'entends, pour le Buddhisme primitif.

Le *Nirvâna* est-il le néant ? Avant d'entreprendre la discussion philosophique, je ferai remarquer que le simple bon sens répondra que le *Nirvâna* ne peut être le néant. Comment supposer en effet, que le Buddha ait dit dans ses prédications à la foule qu'il voulait convertir : Nous sommes exposés ici-bas, à une foule de maux, et l'existence n'est que douleurs ; imposez-vous donc par surcroît, des privations de toutes sortes, supprimez le peu de jouissances que ce monde peut vous offrir, et je vous offre en retour le néant pour récompense. Je doute qu'il eût fait beaucoup de prosélytes.

D'ailleurs, comme le dit fort justement Em. Burnouf : « Une philosophie qui prêcherait le néant, et promettrait comme but de la science, et comme récompense des vertus les plus hautes et les plus pénibles à acquérir, l'anéantissement final et absolu, ne deviendrait jamais la religion de plusieurs centaines de millions d'hommes, et n'eût pas duré déjà vingt-quatre siècles » (59).

En fait, la question du *Nirvâna* ne repose que sur une question : la question de la personnalité.

Mais, pour bien comprendre la pensée des Buddhistes, il faut faire abstraction du sens que nous autres Occidentaux, attachons au mot de personnalité.

Pour l'Occidental, c'est-à-dire le Chrétien, la personnalité est envisagée comme une perfection. Le *moi* est conçu, comme caractérisant un être individuel, dont la substance est distincte et séparée de celle des autres. D'après S. Thomas, le bonheur futur pour l'homme, consiste à voir Dieu dans son essence, face à face ; par conséquent, il n'y a pas absorption de l'être humain dans l'Être Divin.

Toute autre est la conception des Orientaux. La substance pour les Panthéistes n'est pas multiple, mais unique et infinie. Il en résulte, que l'âme n'est qu'une manifestation passagère de cette substance unique ; son individualité n'existe que par rapport à ses relations avec les autres êtres ; mais ces autres êtres sont eux-mêmes dans les mêmes conditions, leur individualité n'est que relative ; et si ces relations disparaissent, forcément l'âme doit disparaître, pour rentrer dans la substance unique, dont elle n'était qu'une émanation. Quel est le témoignage qu'invoque l'Occidental, pour justifier sa conviction, qu'après sa mort, son individualité substantielle reste identique et distincte des autres ? C'est le témoignage de la conscience. Mais la conscience ne nous révèle que les seuls phénomènes internes ; et si, comme le font les Orientaux, l'on révoque l'autorité de la conscience comme n'étant pas suffisante, il devient impossible d'établir, même rationnellement, l'individualité de la substance.

Comme la théorie du *Nirvâna* ou de la Délivrance appartenait, en général, à toutes les écoles Brahmaniques, avant de définir de quelle façon les Buddhistes concevaient, l'âme ou le *moi*, et sa destinée, je résumerai rapidement l'opinion des principales écoles Brahmaniques.

Pour l'école Vedantiste, l'âme humaine est une émanation de Brahma, Dieu existant par lui-même, éternel, seule et véritable substance, et la

Délivrance, c'est l'absorption de l'âme en Dieu.

Pour les disciples du Yogâ, l'âme est identique à la Grande Ame, car chez les êtres, les différences passagères s'effacent, pour laisser place au principe fondamental, identique dans tous ces êtres.

La délivrance pour le Yogui, c'est de voir Dieu en soi-même, comme étant le premier principe neutre et indivisible qui contient tous les mondes ; c'est l'union avec Dieu.

Pour les philosophes du Sankhya de Patandjâli, l'âme individuelle n'est qu'une forme particulière de la Grande Ame, de même que le corps n'est qu'une forme particulière de *Prakriti*, la matière, et l'individualité consiste en l'union de l'âme et de la matière. Mais Prakriti n'étant considérée que comme une simple condition abstraite des êtres, l'âme reste le seul élément substantiel du monde, et à la mort, fait retour à la Grande Ame, qui n'est elle-même qu'une forme de Dieu, principe neutre et indivisible.

Il reste à déterminer ce que les Buddhistes entendent par âme, et par personnalité. Nous avons déjà vu que pour Cakya, la personne n'est pas une condition ; le *moi* n'est pas le corps de l'individu, composé d'attributs intellectuels, de sens et d'éléments ; toute forme quelconque doit être envisagée de manière à nous faire dire : ceci n'est pas mon âme même. D'autre part, qu'est-ce que l'existence ? Ce sont les cinq attributs, causes de la conception. Qu'est-ce que celui qui revêt l'existence ? C'est la personne. Donc Cakya admet l'existence du sujet pensant, car l'existence n'est pas celui qui revêt l'existence. Mais l'on sait déjà que l'existence dérive uniquement d'une fausse croyance dans la réalité des choses ; par conséquent tout est vide, hormis le principe pensant qui existe de toute éternité. Or, les Buddhistes reconnaissent dans l'homme un principe intelligent, une vie, une âme qui transmigre à travers le monde. Cette âme est immortelle et distincte. Car de deux choses l'une : ou l'âme n'est qu'une modification passagère, et dans ce cas, elle ne transmigre pas, car elle naît et meurt avec le corps à qui elle est réunie ; ou elle constitue une substance distincte, et alors elle existe indépendamment du corps, et elle passe d'un corps dans un autre. En effet, il faut bien admettre qu'au moment de la transmigration, il y a un moment précis, où l'âme n'est plus dans le corps qu'elle vient de quitter, et n'est pas encore dans celui où elle va entrer. Par conséquent, le principe pensant est forcément séparé de la matière (60).

Enfin n'oublions pas, que Çakya-Muni, suivant l'opinion de Burnouf, admettait la multiplicité, la distinction, et l'éternité des âmes de la philosophie Sankhya.

Cela est si vrai, que même dans les livres les plus avancés de la doctrine Buddhique, où le Pyrrhonisme est arrivé à son extrême limite, tels que la *Prâdjnâ-Pâramitâ*, il reste toujours un principe sensible, esprit ou âme, sujet ou personne qui peut ignorer ou connaître la vérité. La théorie des causes et des effets suppose l'existence d'un sujet intelligent, de toute nécessité, puisqu'il peut y avoir ignorance ou erreur par rapport à l'objet.

Ainsi donc le *moi* ou la personnalité, pour les Buddhistes, est une âme éternelle, un principe pensant. Dans ces conditions, le *Nirvâna* ne saurait être le néant, car ce qui est éternel ne saurait être anéanti.

De plus, le *Nirvâna* est un état simple, élémentaire, où l'individu débarrassé de la chaîne des causes et effets, se trouve en sûreté contre le retour de sa personne dans le cercle des vicissitudes cosmiques (61). Or, si le *Nirvâna* est un état, il ne peut pas être le néant. Le Buddha dit continuellement : il n'y a ni être ni néant. La nature se transformant sans cesse, n'est qu'une suite de causes et d'effets ; mais elle existe, et rien de ce qui existe ne peut se perdre. Je suis ici de l'avis de Schœbel, qui dans une étude sur le Buddhisme, s'exprime en ces termes : « Le *Nirvâna* est la substance universelle sans forme, l'état de matière première, l'atome du monde, d'où tout procède et où tout revient. Il est ainsi la cheville ouvrière de l'univers, son équivalent comme forme, et dans le jeu perpétuel des causes et effets, le rouage des *Nidânâs*, toute existence passe incessamment d'un état équivalent à un autre état, jusqu'à ce qu'elle soit revenue à l'équivalence universelle et radicale, qui n'est *rien* parce qu'elle est *tout*. Nous avons là, doctrinalement instituée par le Buddhisme, la formule scientifique toute moderne de l'équivalence des forces... Dans l'espèce, la formule instituée par Rob-Mayer. de l'équivalence des forces ou des fonctions, revient à la thèse buddhique que l'un cesse ou se transforme tout entier dans un autre, et ainsi de suite à l'indéfini jusqu'au retour de la série dans la substance primigène, l'élément originel de toute existence, l'atome universel, et partant simple et sans forme...

Le *Nirvâna* peut ainsi prendre les contours arrêtés d'une formule scientifique, et l'intelligence qui est rompue aux abstractions le comprend facilement (62) ».

Le *Nirvâna* n'est pas le néant, car cette récompense suprême, le saint qui est encore sur cette terre peut ici-bas même, l'atteindre, et 'en prendre possession.

« Le disciple qui a dépouillé plaisir et désir, est-il dit dans le *Suttâsângâhâ*, riche de sagesse, celui-là atteint dès ce monde la Délivrance de la mort, le repos, le *Nirvâna*, le séjour éternel. »

Nous avons dit que l'étymologie du mot *Nirvâna* signifie : *être éteint*. Or, il ne faut pas en conclure que l'*extinction*, signifie : extinction de l'existence dans le néant. Je vais en donner plusieurs preuves.

La théorie du *Nirvâna*, on s'en souvient, appartient à toutes les écoles de l'Inde.

Or, des philosophes indous ont employé le mot *Nirvâna*, c'est-à-dire extinction, pour exprimer des cas où l'être, loin de s'anéantir, s'affranchissait du feu de la douleur, pour arriver à la fraîcheur du repos. Oldenberg cite un passage du *Brâhmâjâlâsuttâ*, où il ressort clairement, que l'on désignait par *Nirvâna* une félicité suprême, en dehors de toute idée d'anéantissement, puisque ce sont les jouissances terrestres qui sont considérées comme le Souverain bien : « Il y a, ô disciples, bien des Samanes et des Brahmanes, qui enseignent ainsi et croient ainsi : Si le *moi* se meut, doué et pourvu des jouissances de tous les cinq sens, alors ce *moi* séjournant dans le monde sensible, a atteint le suprême *Nirvâna* (63) ».

Le grand savant Max Müller soutient que le *Nirvâna* est le plus haut achèvement de l'existence, et non sa suppression. Pour le Buddha et sa première communauté, dit-il, le *Nirvâna* signifiait l'entrée de l'âme dans un repos bienheureux, infiniment au-dessus des joies de ce monde périssable aussi bien que de ses douleurs.

Une religion qui aboutirait, en définitive, au néant, ne cesserait-elle pas d'être une religion ? Ce ne serait plus ce que toute religion doit et veut être, un pont jeté entre le fini et l'infini.

Il y a encore une autre interprétation à donner au mot : extinction. Le Buddhiste entend également par là, l'extinction du feu du désir, des passions ; l'extinction de la volonté, de l'attachement à l'existence.

Après avoir montré que le *Nirvâna* n'est pas le néant, il me reste à expliquer ce que devient la personnalité, le *moi*, lorsque l'homme atteint la Délivrance.

Il y a deux hypothèses : ou le *moi* conserve la conscience de sa personnalité, ou il la perd pour passer à l'état d'être universel, et il entre alors dans l'existence absolue.

Il semblerait, suivant un texte du *Milindapânhâ*, que le sentiment de la personnalité survit ; un des disciples du Buddha y s'exprime en ces termes : « Je ne soupire pas après la mort, je ne soupire pas après la vie ; j'attends jusqu'à ce que l'heure vienne, comme un serviteur qui attend sa récompense. Je ne soupire pas après la mort, je ne soupire pas après la vie : j'attends que l'heure vienne, *conscient* et d'un esprit vigilant (64) ». Cela n'implique pas, il est vrai, qu'une fois entré dans le *Nirvâna*, le disciple du Buddha entendait rester conscient ; mais si l'on songe, que c'est par la contemplation extatique poussée à ses extrêmes limites que l'homme arrive au chemin de la Délivrance, qu'en sus, cette extase est en quelque sorte le *Nirvâna*, puisqu'on peut l'atteindre en cette vie ; il n'est pas impossible d'admettre, que puisque l'homme en cette extase contemplative reste conscient, ce sentiment peut se perpétuer au sein du *Nirvâna*.

Il ne répugne pas à la raison d'admettre, que l'homme puisse se trouver dans un état tel, que livré à une contemplation extatique où il a la certitude d'être à l'abri de tout retour, et cela pour l'éternité, son esprit reste conscient du bonheur infini qu'il goûte dans ce calme dont il ne sortira jamais.

La preuve en est, qu'une des deux écoles de la secte des Svâbhavikas, une des plus anciennes du Buddhisme, admet que les âmes qui ont atteint le *Nirvâna* y conservent le sentiment de leur personnalité, et ont conscience du repos dont elles jouissent.

Mais, à mon sens, il ne faut pas perdre de vue un point très important ; la question repose sur la personnalité, et sur ce point, les idées des Orientaux et principalement celles des Buddhistes sont loin d'être conformes aux nôtres.

Nous ne concevons pas une personnalité qui ne serait pas immortelle, et cette idée est tellement ancrée en nous, que nous ne voudrions pas d'un bonheur où notre personnalité serait supprimée. Bien plus, beaucoup d'entre nous croient au dogme de la résurrection des corps, tellement nous nous attachons à conserver notre individualité, corps et esprit. Ceci

provient seulement d'un sentiment outré d'orgueil
et d'égoïsme, puisque le *moi* est adéquat à l'égoïsme.
Cette idée de continuation de la personnalité après
la mort correspond, il est vrai, chez nous, à une
profonde aspiration, mais en somme, ne repose sur
aucune base rationnelle ; et en tous cas, cette idée
n'est pas une idée universelle. Pour les Orientaux,
en effet, et surtout pour les Buddhistes, cette absorption de l'âme ou du moi, n'a rien qui les choque ; le
seul but digne pour eux d'être recherché, c'est le
repos absolu, et la seule idée qui les épouvante, c'est
au contraire cette perpétuelle série d'existences, ces
transformations, ces changements sans fin, au
milieu desquels l'homme en détresse roule comme
un naufragé perdu dans la tempête des Océans.
Aussi, n'est-ce pas avec une sombre résignation ou
une amère tristesse, comme on pourrait le croire,
que le Buddhiste tend au *Nirvâna* ; c'est avec l'allégresse et la joie d'un être qui a la conviction absolue de toucher au port, où nulle vicissitude ne saurait
l'atteindre. Ecoutez plutôt ces stances du Dhammapâdâ : « En parfaite joie nous vivons, sans ennemis
dans le monde de l'inimitié ; en parfaite joie nous
vivons, sains parmi les malades ; en parfaite joie
nous vivons, sans fatigue parmi ceux qui se fati-
guent ; en parfaite joie nous vivons, nous à qui rien
n'appartient. La gaîté est notre nourriture comme
aux Dieux rayonnants (65) ». Ce n'est certes pas là
le langage de nos nihilistes modernes.

Le *moi*, peut donc être anéanti pour le Buddhiste
sans qu'il y trouve rien à redire, j'entends par là, la
conscience de sa personnalité. Car, pour être anni-
hilée dans son *moi*, la personnalité humaine n'en

existe pas moins quant à la racine dont elle est sortie par des évolutions successives.

« En effet, dit Schœbel, cette racine qui est l'élément radical de la nature, subsiste ; c'est la chose simple et sans forme, l'élément du monde, la substance universelle, le non-fait ou non-ajusté. terme qui d'après le Dhammapàdà même, est l'équivalent de *Nirvâna* (66) ».

Enfin, la croyance du Buddhiste à la sanction morale de ses actions suffit à faire rejetter toute idée d'anéantissement du *moi*, car autrement, si le *moi* était annihilé, quelle serait la personne qui devrait être affectée par les œuvres ? Le Buddhiste attache si peu d'importance à sa personnalité, qu'il regarde comme un attachement qui le relie à la chaîne des existences, le fait de penser au *moi* ; et pour se délivrer de cette chaîne d'existence, il doit pousser l'abnégation de soi-même jusqu'à l'abdication.

Il est temps de conclure. L'extinction du *Nirvâna*, c'est l'égalité radicale des êtres, c'est l'extase complète, où le principe de la pensée est éteint ; et cette perfection de la contemplation est le fruit de l'héroïsme moral, car pour atteindre le *Nirvâna*, l'abolition de l'orgueil du *moi*, synonyme d'égoïsme. est absolument requise, et ce détachement complet ne se peut obtenir que par la pratique de la morale, de la science et de la vertu. On pourra objecter que dans ce cas, le détachement n'est pas absolu, puisque forcément la vertu Buddhique est intéressée, car elle a en vue la satisfaction du *Nirvâna*. Mais à cela, je répondrai que l'intérêt pour le Buddhiste, consiste à ignorer complètement la satisfaction qu'il recherche, dès qu'il l'a obtenue,

Je terminerai cette étude par la citation d'un fragment du *Sâmyutta Nikâya*, prouvant que le Buddha n'a pas entendu le néant par le *Nirvâna*. Il s'agit d'un entretien entre Saripoutta, un des disciples de Cakya, et le moine Yamaka. « En ce temps-là, il y avait un moine nommé Yamaka qui avait embrassé l'opinion *hérétique* suivante : j'entends la doctrine prêchée par le Sublime, en ce sens qu'un moine, qui est libre de péchés, quand son corps se brise, tombe en partage à l'anéantissement, qu'il disparaît, qu'il n'existe pas au-delà de la mort ». Saripoutta lui prouve qu'il n'a pas compris la doctrine du Maître, et repentant, le moine Yamaka s'écrie : « C'était là tout à l'heure, ami Saripoutta, l'opinion hérétique que j'entretenais dans mon ignorance. Mais à présent que j'ai entendu le révérend Saripoutta exposer la doctrine, l'opinion hérétique est écartée de moi, et j'ai discerné la doctrine (67) ».

Et maintenant que j'ai formulé mon opinion sur le *Nirvâna*, disons avec le *Dhâmmapâdâ* : « Les sages qui ne font de mal à aucun être, qui tiennent leur corps perpétuellement en bride, marchent au séjour éternel ; quiconque y est parvenu ne sait plus ce que c'est que la douleur. — Celui qui est pénétré de bonté, le moine attaché à la doctrine du Buddha, qu'il se tourne vers le royaume de la paix, où l'impermanence trouve son repos, vers la béatitude (68) ! »

Il me reste à parler de la quatrième vérité du salut ; le sublime sentier à huit branches, qui s'appelle : foi pure, volonté pure, parole pure, action pure, moyens d'existence purs, aspirations pures, attention pure, méditation pure.

Cette vérité constitue la morale fondamentale du Buddhisme ; c'est d'elle que découlent toutes les défenses et tous les préceptes. Il ne faut pas oublier que le Buddhisme est, avant tout, une religion morale ; que les spéculations métaphysiques ayant pour but d'expliquer les mystères qui nous entourent, tels que la création, l'éternité du monde, de l'être, voire même de l'Etre Suprême, sont pour cette religion des questions secondaires ; Cakya en a donné de nombreuses preuves, en refusant toujours de répondre à toute question qu'on lui posait sur ces matières, et la raison qu'il en donnait était toujours la même : cela ne peut servir au développement spirituel et moral de l'homme, c'est inutile à son salut ; et celui qui aspire à la Délivrance de son âme, a autre chose à faire que de tenter la solution de ces mystères. Dans un dialogue célèbre, entre le Buddha et un de ses disciples, qui lui exprimait son étonnement, de ce que le maître avait laissé sans réponse les questions les plus importantes du domaine métaphysique, cette vérité ressort plus frappante encore. Quand tu m'as demandé, lui répond Cakya, d'être mon disciple, t'ai-je dit que je t'enseignerais si le monde est ou n'est pas éternel, que je te révélerais les mystères de l'au-delà ? — Non ! répond son disciple. — Si un homme est blessé dangereusement par un autre, refuserait-il de se laisser soigner jusqu'à ce que le médecin lui eût expliqué par quelle arme il avait été frappé, et avant de savoir quel homme grand ou petit, noble ou manant, l'avait blessé ? — Non ! certainement. — Eh ! bien, si le Buddha n'a pas enseigné ni révélé ce qui touche à l'éternité et à l'infini, c'est parce que cela ne fait faire aucun progrès dans la voie de la sainteté. Une chose est utile, c'est de connaître le chemin qui mène à la paix et à l'illumination.

Mais nous avons vu que pour entrer dans cette paix, la morale, la science et la vertu sont indispensables. Quiconque ne pratique pas les six vertus transcendantales, et celles qui en dérivent, ne saurait prétendre au salut. En un mot, la perfection morale est indissolublement liée au *Nirvâna*, à la Délivrance. Et cette perfection doit aller jusqu'à l'abdication de soi-même, au renoncement le plus absolu, au désintéressement, qui ne cherche même pas la moindre récompense, présente ou future, de ses bonnes œuvres. Il est défendu au moine Buddhiste de faire l'aumône, car donner, c'est se procurer du plaisir, de la joie.

C'est en cela que le Buddhisme est une religion supérieure.

Il faut en effet une vertu héroïque, pour dompter ses passions, supprimer toute joie, tout plaisir, s'enlever à l'existence, à ses misères, à ses infamies, et cela, sans y être contraint par aucune violence autre que celle que l'on se fait à soi-même.

Les six vertus transcendantes sont : la science, la pureté, l'aumône, l'énergie, la patience et la charité. Il est aisé de voir, que la science consiste principalement pour le Buddhiste, à lui faire reconnaître les vrais biens qui peuvent servir à son salut, d'avec les faux. C'est un moyen pour lui de discerner sa voie, et l'on comprend, dans ces conditions, qu'il n'ait nul besoin des Ecritures sacrées des Védas, base de la théologie brahmanique, et qu'il rejette cette autorité. Par la pureté, il demeure étranger à tous les plaisirs, tous les désirs sensuels qui l'assaillent, et sont ses plus terribles ennemis : par l'énergie, il lutte pour les vaincre et les dominer. La patience lui fait endurer sans murmurer toutes les souffrances, toutes les vicissitudes de l'existence, et le conduit à la résignation. La charité lui enseigne à aimer son prochain, à ne lui faire aucun mal, à le secourir par l'aumône, à lui pardonner.

On remarquera, dans l'énumération des huit branches du sublime Sentier, l'épithète de pur, qui revient à chaque qualification. C'est qu'en effet, la pureté pour le Buddha est une vertu par excellence. « Celui qui parle ou agit avec un esprit pur, dit le Dhammapâdà, celui-là, la joie le suit comme son ombre qui ne le quitte jamais. »

Comme nous le verrons plus tard, parmi les Buddhistes se trouvent les adhérents laïques, les confesseurs de la doctrine en quelque sorte, et la confrérie des élus, qui sont les adhérents religieux, les moines. Les préceptes de morale comme les défenses, sont donc de deux sortes, suivant qu'ils s'appliquent aux laïques ou aux religieux. Ce qui caractérise cette différence, c'est que les religieux ont, en plus des préceptes communs à tous les Buddhistes, des préceptes particuliers à observer.

Les Buddhistes, d'une façon générale, ont à prononcer la formule du recours et à faire les deux vœux suivants : Je fais vœu : 1° De ne tuer ou blesser aucun être vivant, 2° de ne pas voler, 3° de ne pas m'abandonner à la luxure, c'est-à-dire, de m'abstenir de tout commerce sensuel illégitime ; de ne séduire ni la femme, ni les filles, ni les pupilles ou les protégées de mon prochain, 4° de ne pas mentir, tromper ou calomnier, 5° de ne boire aucune boisson enivrante. Dans le premier précepte, nous trouvons la défense de tuer ou blesser aucun être vivant. Cette défense s'étend non seulement à l'homme, mais aux animaux même les plus infimes. Celui qui tue, blesse ou torture un animal, ne peut espérer renaître dans des conditions plus favorables d'existence. Aussi le moine Buddhiste pousse-t-il le respect pour la vie des animaux jusqu'aux plus extrêmes limites. Il filtre l'eau avant de la boire, de peur de tuer un animalcule. Le Buddha défendit à ses moines de porter des vêtements de soie, car les tisserands se désolaient de la triste nécessité où ils se trouvaient, de tuer tant de petits insectes, pour subvenir à l'existence de leur famille. Le moine doit s'abstenir du meurtre de tout être vivant; il doit déposer le bâton et les armes ; car il doit être compatissant et miséricordieux.

La calomnie, pour le Buddha, est l'objet d'une de de ses défenses les plus expresses. On doit s'abstenir soigneusement de toute parole calomnieuse, ne pas répéter ce qui peut brouiller celui-ci avec celui-là ; réconcilier et rechercher la concorde, doit être l'occupation de tout Buddhiste. Mais ce qu'il recommande par dessus tout, c'est le pardon des injures ; témoin cette stance du Dhammapâdâ : « Il m'a trompé, battu, ruiné ; celui qui nourrit dans son cœur de telles pensées, sera toujours en butte à la haine. Car la haine n'est pas vaincue par la haine ; la haine est vaincue par l'amour. C'est la règle de toute éternité. » C'est peut-être ici le cas de citer un fragment d'une des plus belles légendes du Buddhisme, tirée du *Dyvia-Avâdâna*, et intitulée *Açoka-Avâdâna.* C'est l'histoire du prince Koûnàlà, fils du roi Açoka.

Cette histoire est l'expression la plus belle et la plus profonde du pardon et de l'amour de ses ennemis ; je la résume, pour ne citer que les passages ayant trait aux préceptes qui nous occupent. Le prince Koûnâla, était fils du grand roi Açoka ; lorsque sa mère, la reine Padmavàti, le mit au monde, on fut extasié de la beauté de cet enfant ; ses yeux surtout étaient magnifiques et brillaient du plus vif éclat. Quand il fut devenu grand, son père le maria ; mais ayant fait la connaissance d'un ermite Buddhiste, le jeune prince vivait dans la retraite et la méditation. Un jour Tichya rakchitâ, femme de son père, éprise de sa beauté, voulut le séduire, et lui déclara son amour. Mais Kounâla lui répondit : « Ne prononce pas d'aussi coupables paroles devant un fils, car tu es pour moi comme une mère, renonce à une passion déréglée. » Tichya, furieuse d'être repoussée, se répandit en menaces de mort. « O ma mère ! répondit Koûnâla, plutôt mourir en persistant dans le devoir, et en restant pur ; je n'ai que faire d'une vie qui serait pour les gens de bien un objet de blâme. » La reine résolut alors de se venger. L'occasion se présenta. Le prince avait été envoyé pour soumettre une ville révoltée ; et il s'était acquitté de sa mission, lorsque la reine Tichya, ayant dérobé le sceau d'ivoire du roi Açoka, envoya l'ordre d'arracher les yeux au prince. Mais aucun bourreau ne se trouva qui voulut exécuter cette sentence barbare. Seul, un monstre difforme accepta cette tâche.

Au milieu des lamentations du peuple, le premier œil du prince est arraché; Kounâla le reçoit dans sa main et dit : « Pourquoi donc ne vois-tu plus les formes comme tu faisais tout-à-l'heure, grossier globe de chair? Combien ils s'abusent les insensés qui s'attachent à toi, en disant : C'est moi! » Le second œil étant arraché, Kounâla s'écrie : « L'œil de la chair vient de m'être enlevé, mais j'ai acquis les yeux parfaits de la sagesse. » Sur ces entrefaites, il apprend que Tichya est cause de son malheur : « Puisse-t-elle conserver longtemps le bonheur, la vie et la puissance ; » se contente-t-il de dire. Mais sa femme, avait appris son supplice ; elle accourt et tombe à ses pieds en pleurant. Koûnâla la console : « Fais trêve à tes larmes. Reconnaissant que le monde est le fruit des œuvres, et que les créatures sont condamnées au malheur ; sachant que les hommes sont faits pour se voir enlever ceux qui leur sont chers ; tu ne dois pas, chère amie, répandre de larmes. » Devenu mendiant, Kounâla arrive un jour au palais de son père, qui tombe inanimé en le voyant en cet état. Puis la douleur faisant place à la colère : « Qui a commis cet acte infâme? interroge Açoka. On lui apprend que c'est la reine Tichya. Qu'elle meure dans les supplices les plus cruels ! ordonna-t-il. Mais Koûnâla, intervient : « Si elle a agi bassement, agis noblement, et ne tue pas une femme. Car il n'y a pas de récompense supérieure à la bienveillance ; la longanimité a été prêchée par le Sublime ! » Et se jetant aux pieds d'Açoka : « O roi ! je n'éprouve aucune douleur, et malgré ce traitement cruel, je ne ressens pas le feu de la colère ; mon cœur n'a que de la bienveillance pour ma mère qui a donné l'ordre de m'arracher les yeux. Puissent au nom de la vérité de ces paroles, mes yeux redevenir tels qu'ils étaient auparavant (69)! »

La bienveillance est aussi pour le Buddha une de ses vertus les plus chères.

« En tous sens, en toute plénitude, dit-il, sur l'univers tout entier, je laisse la force de la bienveillance, dont est pleine ma pensée, qui ne connaît pas la haine, qui ne poursuit aucune nuisance, se répandre autour de moi. — La force de la bienveillance est mon appui (70) ». Quant à la bienfaisance, elle doit être poussée jusqu'au renoncement absolu, il ne doit exister à cet égard aucune limite restrictive, et le Buddhiste qui tend à la perfection, doit tout donner sans réserve.

Cependant, faire la charité aux moines, n'est pas prescrit comme un devoir, à l'adhérent laïque. Il est libre de donner ou de refuser. D'ailleurs, l'aumône pour le Buddha, étant une œuvre pie, c'est fournir à celui qui la fait, une occasion de s'acquérir du mérite, et c'est lui qui est l'obligé, et non celui qui la reçoit. Aussi, tout Buddhiste qui s'est rendu coupable de fautes graves, la Communauté le punit en retournant contre lui le vase à aumônes, c'est-à-dire, en défendant à tous les membres religieux d'accepter quoique ce soit de lui.

J'ai dit que les adhérents laïques avaient cinq vœux à formuler; trois autres s'y ajoutent pour ceux qui recherchent la voie de la sainteté : 1° s'abstenir de manger dans les temps inopportuns, c'est-à-dire, après le repas du milieu du jour; 2° Ne pas danser ni chanter des chants profanes, autrement dit, renoncer aux plaisirs mondains; 3° S'abstenir de parures et de parfums, ces hochets de la vanité.

Un point très important à remarquer, c'est la grande envergure d'idées que donne au Buddhisme la loi du Karma, base de sa morale. Le Karma, c'est la rémunération morale ; c'est cette loi, qui stipule que chaque action, bonne ou mauvaise, porte en soi sa récompense ou son châtiment, et qui détermine par là-même, dans quelle condition chacun devra renaître. C'est le libre arbitre absolu pour l'homme ; car seul, il peut et il doit se délivrer.

Il sait que par ses bonnes actions, il s'élève toujours à de meilleures conditions, jusqu'à la délivrance finale, tandis que par ses mauvaises actions, il reste enlisé dans le monde de douleurs. Le résultat d'un pareil principe est fécond. En effet, il contraint l'homme à une grande activité et énergie morales. Sachant, qu'aucun Dieu ne peut le sauver des conséquences d'une mauvaise action, ni aucun Saint intercéder pour lui, de même qu'aucune puissance divine ou humaine ne peut lui enlever le mérite et la récompense d'une bonne action, le Buddhiste ne doit compter que sur lui-même, et se détermine en toute connaissance de cause.

L'obligation que lui impose cette loi du Karma, c'est de ne pas se borner à accomplir des actes extérieurs, tels que de donner aux monastères, faire l'aumône, créer des fondations d'utilité générale, actes qui n'entraînent que peu de mérite, car ils donnent à ceux qui les accomplissent une satisfaction immédiate, mais surtout, d'accomplir des actions dans l'intention pure de faire du bien à d'autres êtres vivants, et de diminuer leurs souffrances.

Le mérite d'une action en effet, consiste dans l'intention et la pureté de la volonté.

Or, il y a trois catégories de mérites ou d'intentions. Le premier vient d'un acte commis avec l'idée d'obtenir en ce monde sa récompense, il ne profite guère au salut ; le second provient de l'acte accompli en vue de la délivrance future, celui-là est déjà plus élevé, et porte dans une vie meilleure sa récompense ; mais le troisième, qui consiste dans l'acte de faire le bien par bienveillance et par charité, sans qu'aucune considération égoïste ne s'y mêle, celui-là seul fait parvenir au *Nirvâna*. Dans ces conditions, il ne saurait y avoir place dans une telle morale pour les devoirs envers soi-même, et c'est là, le point culminant du Buddhisme. Qu'est-ce que le devoir envers soi-même ? une simple excuse de l'égoïsme ; et de l'égoïsme découlent tous nos maux, toutes nos erreurs, toutes nos mauvaises actions. Il faut donc l'extirper, et c'est certainement l'honneur du Buddhisme de l'avoir tenté ; pour y arriver, il n'a pas craint de prêcher comme étant la vertu, le renoncement absolu poussé jusqu'à l'abdication du *moi*, et de fixer pour récompense suprême, la perte de l'individualité. C'est exiger de l'homme un prodigieux effort d'héroïsme, car on ne saurait nier hélas ! que l'homme n'agit guère qu'en vue de son intérêt propre, cet intérêt fut-il le sentiment du devoir accompli, et la paix de la conscience. Or, pour le Buddha, tout homme qui commet un acte égoïste, en vue de son propre bien, sans se préoccuper si cet acte ne nuira pas à d'autres, commet une mauvaise action, cette action n'eût-elle causé aucune souffrance à autrui. Toutes les exhortations

du Maître tendent à empêcher l'homme de prendre
l'apparence de la vertu pour la réalité. Sans doute
il est bon de préserver sa vue et son ouïe du mal,
mais cela ne suffit pas pour atteindre la perfection,
car à ce compte, les sourds et les aveugles seraient
parfaits. L'intention, voilà ce qui fixe le mérite;
peu importe la parole, si l'acte ne suit pas.

La doctrine du Karma repose donc sur l'idée de
justice; l'homme est puni et récompensé suivant ses
mérites; mais si l'expiation est nécessaire pour purifier l'homme de ses fautes, il ne s'ensuit pas qu'elle
doive être éternelle, car toute faute commise dans
un temps fini ne saurait avoir pour conséquence une
punition éternelle, ce qui serait contraire à la justice.
De même, une récompense ne peut être que le fait
d'une bonne action, ce qui exclut toute idée de grâce,
au sens chrétien du mot. Car, suivant St Paul, dans
son Epître aux Romains, Dieu donne le Ciel à qui
lui plaît ; il prédestine les créatures pour le salut
ou pour la damnation. « Et ceux qu'il a connus dans
sa prescience, il les a aussi prédestinés... Qui accu-
sera les élus de Dieu? C'est Dieu même qui les jus-
tifie. » Et plus loin : « Car il dit à Moïse : Je ferai
miséricorde à qui il me plaira de faire miséricorde,
et j'aurai pitié de qui il me plaira d'avoir pitié. Cela
ne dépend donc ni de celui qui veut, ni de celui qui
court, mais de Dieu qui fait miséricorde... Il est
donc vrai qu'il fait miséricorde à qui il lui plaît, et
qu'il endurcit qui il lui plaît (71) ». On comprend
aisément qu'un Buddhiste ne veuille à aucun prix
d'un système qui ne lui donnerait aucune garantie
de stabilité, et le laisserait à la merci du Tout-Puis-
sant. Cette assertion est corroborée par Schlagin-

weit, qui rapporte une conversation qu'il eut avec un Lama du Bhoûtan. Ce Lama s'était rencontré avec les missionnaires Huc et Gabet, et il arguait contre la religion chrétienne qu'elle ne comporte point l'affranchissement final. « Car, disait-il, la récompense des dévots est la renaissance parmi les serviteurs du Dieu suprême. Ces êtres ne sont donc pas libérés de la métempsycose. Qui peut affirmer que s'ils se relâchent de leurs devoirs, ils ne seront pas expulsés du monde où Dieu réside, pour renaître en punition de leurs fautes, dans le monde des misérables? (Il devait probablement entendre par là l'expulsion des mauvais anges telle que la donne la Genèse). Les doctrines buddhistes, concluait-il, sont bien préférables. Elles ne permettent pas de priver l'homme des fruits de ses bonnes œuvres, et s'il peut atteindre une bonne fois la perfection finale, il ne sera plus soumis à la métempsycose (72) ». Une autre conséquence du Karma, c'est de supprimer la faute originelle, qui est une injustice. Personne, en effet, ne doit souffrir pour la faute d'un autre ; c'est la règle de toute éternité.

Quant au suicide, il est absolument interdit. « Le Très-Honorable du siècle a établi en précepte qu'on ne doit pas se tuer soi-même. » Le suicide est pour le Buddha une faiblesse morale, et ne sert qu'à aller contre le but de l'affranchissement final. c'est une faute que l'on expie par une existence inférieure.

J'ai terminé la principale énumération des vertus que doit pratiquer l'adhérent laïque au Buddhisme, les préceptes qu'il doit suivre, et les défenses qui lui sont faites ; j'en ai dit assez, pour montrer l'élévation de la morale de cette religion basée sur la pureté, la douceur, la charité, et la lutte contre tous les mauvais instincts.

Si le but final qu'elle propose à l'homme ne répond pas à nos aspirations, les vertus qu'elle exige pour y arriver, ne peuvent être pour nous qu'un objet d'admiration. Rien dans le Buddhisme, n'est en contradiction avec la saine raison, car il n'est en contradiction ni avec la nature, ni avec la philosophie. Les mérites que l'homme s'acquiert, il ne les doit qu'à lui-même et à ses propres forces ; pauvre et ignorant, la vertu l'élève, en le purifiant ; brahmane ou kchattrya et savant, la science l'humilie en lui montrant le néant des choses, et en lui enseignant que seule, la vertu conduit au *Nirvâna*. N'a-t-il pas d'ailleurs pour guide, le Maître sublime qui apporte la joie, qui apparaît dans le monde pour le salut de beaucoup, par compassion pour le monde, pour la prospérité, pour le salut des hommes, l'ami de la vertu qui n'a cessé de lui dire : « Le devoir suprême consiste à être libre de tout désir ; c'est la seule voie de la pureté. Je vous ai annoncé cette voie par la connaissance que toute existence est périssable et pleine de douleurs, déterminée qu'elle est par une existence antérieure. Que celui qui m'a compris, le vertueux, s'aplanisse la voie qui conduit au *Nirvâna,* le bonheur au-dessus duquel il n'y a pas d'autre. »

CHAPITRE III

LA DISCIPLINE
LA COMMUNAUTÉ BUDDHIQUE
LES MONASTÈRES
D'HOMMES ET DE FEMMES. LE CULTE

Jusqu'ici j'ai exposé la métaphysique du Buddhisme, sa morale, et les divers devoirs et préceptes qui en découlent. J'ai dit que les adhérents laïques, c'est-à-dire ceux qui, tout en acceptant les doctrines enseignées par Cakya-Muni, ne changeaient rien à leur manière de vivre, se contentaient de la formule de recours et de l'observance des cinq vœux généraux. Mais pour arriver à la perfection indiquée par le Buddha et franchir d'un coup les étapes qui séparent l'homme du *Nirvâna*, un puissant effort est indispensable, et cet effort, il est impossible de l'accomplir en restant dans le monde. Déjà les ascètes du Brahmanisme l'avaient compris depuis longtemps, et les *Sanyassi* ou anachorètes couvraient les forêts de l'Inde ; mais ils vivaient solitaires, perdus dans leurs méditations, uniquement préoccupés du moment où ils allaient s'absorber dans le sein de Brahma. Les Buddhistes comprirent également, que le premier acte de renoncement devait être pour eux de quitter le monde ; mais l'esprit de charité et de prosélytisme dont leur Maître était animé, leur ouvrit la voie, et leur fit voir l'utilité de se réunir. D'autre part, le Buddha prêchait à la foule, chose inconnue jusqu'alors ; ses disciples et tous ceux qu'attiraient sa parole, s'attachaient à ses pas et ne le quittaient plus. Cela formait l'assemblée des fidèles. Enfin, le fait de mélanger toutes les castes et d'accepter le premier venu, avait attiré sur les premiers Buddhistes le mépris et la haine des Brahmanes, alors tout puissants ; et ceux-ci sentirent la nécessité de se réunir pour être plus forts.

Telle fut vraisemblement l'origine de la Communauté religieuse buddhique.

Il semble que la vie en communauté apparut de bonne heure, et dès lors elle devait être soumise à des statuts. Ce sont ces statuts, traçant la règle extérieure que la morale imposait aux Buddhistes réunis en confréries, qui forment un des trois livres sacrés de la corbeille intitulée le *Tripitaka*. C'est le *Vinaya-Pitaka*, ou le Livre de la Discipline.

Dans les premiers temps, l'admission ne devait pas faire l'objet de grandes difficultés, car la question principale était de recruter de nombreux prosélytes. Pour se faire religieux Buddhiste, il suffisait de se sentir de la foi dans le Buddha, et de lui faire savoir la volonté où l'on se trouvait de le suivre. On rasait alors les cheveux et la barbe du néophyte, on lui donnait un vêtement composé de lambeaux d'étoffes ramassés dans les cimetières, rapiécés et teints en jaune ; puis le récipiendaire prononçait la formule de recours et les dix vœux.

Voici la formule de recours : « Je mets mon recours dans le Buddha ; je mets mon recours dans la doctrine ; je mets mon recours dans la communauté. C'est ce qu'on appelle la Triade Buddhique, la triade des puissances sacrées en qui le nouveau moine déclarait mettre son recours. C'est à elle que faisait allusion le Buddha expirant, lorsqu'il disait à ses disciples : « Soyez-vous à vous-même votre flambeau et votre recours ; n'ayez pas d'autres recours ». Les Buddhistes nomment cette sainte triade les étoiles conductrices.

Les dix vœux sont, outre les huit vœux prononcés par les adhérents laïques, les deux suivants : « Je fais vœu de ne pas me servir de lits somptueux, mais d'une couche basse et dure : je fais vœu de vivre toujours dans la pauvreté volontaire ». Le troisième vœu des adhérents laïques qui a trait à la continence, est remplacé pour les religieux par la chasteté absolue.

Le nombre des Religieux s'étant accru très rapidement, il fallut songer de bonne heure, à réglementer leur admission, à fixer les différents degrés hiérarchiques des membres de la communauté, et les préceptes ayant rapport à l'ordre et à la discipline.

Il y eut donc d'abord les motifs d'exclusion. Étaient exclus : les hommes affectés de certaines maladies réputées incurables ou contagieuses, ceux ayant de graves défauts de conformation tels que l'hermaphrodite, les criminels, les parricides, les meurtriers, ceux qui avaient semé la division parmi les Religieux. Les enfants ayant moins de vingt ans et les mineurs qui ne pouvaient justifier de l'autorisation de leurs parents; les esclaves, tant qu'ils n'avaient pas obtenu leur liberté, les soldats, et les débiteurs qui n'avaient pas payé leurs dettes étaient rangés dans la catégorie d'exclusion.

L'admission ne pouvait être prononcée par un Religieux isolé; il fallait pour que l'admission du novice fût valable qu'elle eût été consacrée par un corps assemblé de Religieux. Voyons maintenant quelles distinctions existaient parmi les Buddhistes. Nous avons déjà mentionné les adhérents laïques qui menaient leur vie habituelle tout en observant les préceptes de la religion, et en gardant une conduite régulière. Ce sont les *Upasâkas*. Passons à la Communauté.

Il existait deux degrés pour l'ordination; l'ordination inférieure et préparatoire nommée la *Pabbajjâ*, et la supérieure nommée l'*Oupasampadâ*. La *Pabbajjâ* signifie départ. C'est l'acte par lequel un individu quitte la vie laïque pour entrer dans la Communauté; c'est « le départ de la maison pour la vie sans maison ». N'importe quel Religieux pouvait conférer ce premier degré, à celui qui se présentait; le novice, les cheveux et la barbe rasés, couvert du manteau de haillons rapiécés, prononçait la formule de recours, les 10 vœux, et se mettant sous la direction d'un Religieux, étudiait les doctrines. Il prenait alors le nom de *Çramanera*.

La seconde ordination avait lieu pour le *Çrama-*

nera dès que son stage était reconnu suffisant pour la durée de sa vocation, et de son instruction religieuse. La cérémonie était des plus simples. Oldenberg nous la décrit en ces termes : Respectueusement incliné devant le chapitre assemblé des moines, le récipiendaire commençait : « Je sollicite de la Communauté, ô Révérends, l'ordination. Puisse la Communauté, ô Révérends, m'élever jusqu'à elle ! puisse-t-elle avoir compassion de moi ! » Trois fois il renouvelait cette demande. Suivait alors un interrogatoire du postulant. On lui demandait qui il était, et s'il ne rentrait pas dans une des catégories qui empêchent l'admission. Si la réponse était satisfaisante, un des membres de la Communauté prenait la parole : « Que la Communauté m'entende, ô Révérends. Un tel, ici présent, désire, comme élève du Révérend un tel, recevoir l'ordination. Il est libre des empêchements à l'ordination. Il a la sébile et les vêtements. Un tel sollicite de la Communauté l'ordination avec un tel comme Directeur. La Communauté confère l'ordination à un tel avec un tel pour Directeur. Celui des Révérends qui est d'avis que l'ordination soit conférée à un tel avec un tel pour Directeur, que celui-là se taise. Celui qui est d'avis contraire qu'il parle. » Si aucune protestation ne s'élevait, le postulant était déclaré reçu: « Un tel a reçu de la Communauté l'ordination avec un tel pour Directeur. La Communauté est de cet avis, c'est pourquoi elle se tait; c'est ainsi que je l'entends (73). » A partir de ce moment, le *Çramanera* devient *Çramana*, c'est-à-dire ascète, ou *Bhikshu*, c'est-à-dire mendiant. Il est un Religieux formant partie de la Confrérie des Elus, du *Samgha*, l'Eglise

Buddhique. Le *Bhikshu* doit désormais renoncer à toute préoccupation mondaine, observer les dix vœux, s'adonner à l'étude de la Doctrine, remplir les prescriptions de la règle de la Confrérie ; sa nourriture n'est plus composée que des bribes qu'il recueille dans son vase à aumônes, et qu'il est tenu d'aller mendier lui-même. Son vêtement doit être fait des haillons trouvés sur les tas d'ordures ou dans les cimetières. Sa couche sera désormais le pied d'un arbre dans une forêt.

La Communauté une fois formée de l'assemblée des moines mendiants, il fallut établir une hiérarchie pour y maintenir l'ordre. Deux choses fixèrent d'abord la préséance : l'âge et le mérite. Les moines prirent rang dans l'Assemblée suivant leur âge, et les premiers furent nommés *Sthaviras*, les Anciens. Le mérite cependant servait aussi à marquer les rangs, et il devait souvent assurer à un Religieux une supériorité incontestable. On donnait à ces Religieux pleins de mérites et de science le nom d'*Aryas*. Il existait huit degrés différents d'*Aryas*, dont le dernier et plus important était celui d'*Arhat* ou Vénérable,

Suivant l'intelligence et les aptitudes de ses auditeurs, Çakya reconnut quatre états ou chemins successifs, par lesquels ces derniers devaient passer pour atteindre le but suprême. Il faut distinguer dans cet état, l'action d'être dans cette voie, d'avec l'action d'être dans la récompense de cet état ; d'où cette expression Buddhiste : Il obtint la récompense de tel ou tel état. Le premier titre est celui de *Çrota âpatti* « celui qui est entré dans le courant. » C'est d'après Turnour, le premier degré de la sanctification, celui qui conduit aux autres degrés l'homme qui l'a atteint. On atteint cet état, en rejetant l'erreur qui consiste à dire : « Ceci est à moi » et en croyant au Buddha.

Le second état est celui de *Sakrîd-Agâmin*, c'est-à-dire « celui qui doit revenir encore une fois. » Pour l'atteindre, il faut en sus des mérites de *Çrotâ-Apatti*, être délivré de l'attachement aux objets matériels, et ne pas désirer le malheur des autres.

Le troisième état est celui d'*Anâgâmin*, « celui qui ne doit pas revenir. » On l'obtient après avoir passé par les deux premiers chemins, en s'affranchissant des mauvais désirs de l'ignorance, du doute et de la haine.

Le quatrième, enfin, celui d'*Arhat*, est le plus élevé ; on ne peut y atteindre qu'en entrant dans la vie religieuse, et à l'aide d'une science supérieure.

Il reste encore deux autres titres plus élevés qui correspondent à deux états, mais que peu d'hommes peuvent atteindre. C'est l'état du *Bôdhi*, c'est-à-dire, l'état d'un Buddha, et l'intelligence d'un Buddha tout à la fois. C'est l'être omniscient. Puis, l'état de *Pratyêka Buddha*, ou Buddha personnel. C'est le titre accordé à celui qui possède toutes les perfections des Buddhas, science, puissance et charité, moins le caractère du Sauveur qui appartient en propre au Buddha parfait (74).

Examinons maintenant quelle était la vie de la communauté. Les moines devaient chaque matin, aller mendier de porte en porte leur nourriture dans leur vase à aumônes, nourriture qu'ils devaient prendre vers le milieu du jour, et qui constituait leur unique repas. Aucune négligence de tenue n'était tolérée. C'était à eux-mêmes qu'incombait le soin de laver leur vêtement, de le confectionner avec des lambeaux d'étoffe. Ils devaient prendre leurs repas en commun, faire leurs exercices spirituels en commun, s'aider mutuellement, s'instruire entre eux. Les plus jeunes moines, pendant cinq années, étaient tenus de se mettre sous la direction d'un précepteur spirituel. Dès le matin, avant de se disperser pour la tournée d'aumônes, on psalmodiait les maximes du Buddha. Le restant de la journée et jusque dans une heure avancée de la nuit, car le sommeil était de courte durée, les moines s'entretenaient de la doctrine, traitant des points difficiles, se faisant part de leurs réflexions. Enfin, ils étaient tenus deux fois par mois de se confesser les uns aux autres ; mais de cela, il sera question plus longuement, quand je parlerai du culte.

Si un maître spirituel en pélerinage venait à passer près d'une de ces communautés, les plus jeunes novices allaient à sa rencontre, le débarrassaient de son manteau, de sa sébile, lui préparaient un bain de pied, et une couche pour la nuit.

La façon d'aller quêter sa nourriture était aussi réglée : le moine tenant son vase à aumônes à la main, enveloppé de son manteau, les yeux baissés, en silence, sans hâte ni nonchalence, entrait dans les maisons. Lui donnait-on ? il couvrait sa sébile de son manteau, se retirant en silence, sans lever les yeux sur la personne qui lui faisait l'aumône ; dans aucun cas il ne devait demander. Enfin, défense lui était faite de s'arrêter devant les maisons des gens pauvres, qui se seraient privés du nécessaire pour lui donner. Tout don d'argent était rigoureusement refusé. Des aliments, des vêtements simples et des médicaments, étaient les seuls objets que le Religieux eût le droit d'accepter. Sous aucun prétexte il ne pouvait passer une nuit dans une maison ou dans un village.

Quant à la Communauté, elle ne pouvait accepter à l'origine, ni terres, ni esclaves, ni chevaux, ni bétail, ni or, car elle n'avait pas plus le droit de posséder que chaque moine en particulier. Si un Religieux avait enfreint la règle, et accepté de l'or, il devait en faire amende honorable publiquement ; puis l'or était remis à un moine ou à son défaut à un laïque éprouvé, pour être jeté au loin dans un endroit, où personne ne pût le retrouver (75).

Dans l'Inde la saison des pluies dure trois mois. Pendant cette période, les moines ne devaient pas coucher dehors, ni voyager. Cette prescription donna lieu à la construction des *Viharas*. Le *Vihara*, qui dans son origine n'était formé que de quelques cellules creusées dans des grottes, ou de la réunion de quelques cabanes en bois, devait devenir par la suite un monastère immense. Tels ces magnifiques *Viharas* creusés en plein roc, destinés autant à servir de lieu de repos aux pélerins et aux étrangers, qu'à servir d'asile aux Religieux, et dont les temples d'Ellora, creusés dans une montagne de granit sur une étendue de huit kilomètres, offrent le plus beau spécimen.

Il est vrai qu'à cette époque, le Buddhisme s'était fortement écarté de l'idéal de son fondateur, car les *Viharas* étaient devenus de puissants propriétaires, absorbant en main-morte une grande partie du sol ; mais aux temps primitifs, le Buddhisme n'avait pas versé dans ces excès, et il respirait cet esprit de charité, que l'on ne trouve en Europe qu'au moyen-âge, avec les monastères chrétiens. Pendant longtemps le moine Buddhiste n'eut pour toute considération que le mérite qu'il se créait, pour tout vêtement qu'un lambeau d'étoffe, pour habitation la cellule sombre d'un *Vihara*, et pour mobilier sa sébile.

Aucun moyen de coercition n'existait dans l'Eglise Buddhique. Tout moine qui avait commis une faute entraînant l'exclusion, était expulsé ; si la faute était légère, la confession et une pénitence l'absolvaient. Regrettait-il son existence passée ? libre à lui de quitter la Communauté.

Avant de parler des Communautés de femmes, je dirai quelques mots sur la situation de la femme dans le Buddhisme. Nous avons déjà vu que le Brahmanisme savait apprécier la noblesse et les qualités de la femme, et qu'il l'entourait de respect. A l'époque où le Buddha vivait, les femmes n'étaient pas encore séquestrées, et à elles incombait généralement le soin de faire l'aumône aux moines mendiants. Beaucoup de femmes faisaient partie de l'auditoire de Cakya Muni, et l'on ne saurait douter que le zèle et le dévouement de l'élément féminin ait contribué pour une large part au succès du Buddhisme. De tout temps, il compta dans son sein de nombreuses « zélatrices » ou *Upasikas*. La plus célèbre est Visakhâ. « C'était, dit Oldenberg, une riche bourgeoise de Sâvatthi ; elle était mère d'enfants nombreux et prospères, grand'mère d'innombrables petits-enfants. Tout le monde invite Visâkhâ aux sacrifices et aux festins, et la fait servir avant les

autres : un hôte comme elle apporte le bonheur
dans la maison. C'est Visâkhâ la première, qui aurait pratiqué en grand la bienfaisance, et aurait
pourvu aux besoins les plus urgents des disciples
du Buddha... Un jour, le Buddha avec ses disciples
prend son repas dans la maison de Visâkhâ. Le repas terminé, Visâkhâ vient s'asseoir près de lui, et
lui adresse la parole. « Seigneur, j'ai huit souhaits
que j'implore du Sublime... Je désire, ma vie durant, fournir des vêtements de pluie à la Communauté, fournir de la nourriture aux moines qui arrivent ici du dehors, fournir de la nourriture aux moines de passage, fournir de la nourriture aux frères
malades, fournir de la nourriture à ceux qui soi-
gnent les malades, fournir des médicaments aux
malades, faire des distributions quotidiennes de
bouillie de riz, fournir des vêtements de bains à la
Communautés des hommes »... Telle était Visâkhâ ;
telles étaient ces bienfaitrices de la Communauté
avec leur zèle pieux et leurs ressources également
inépuisables : ce sont certainement là ou jamais,
des figures prises d'après nature dans l'Inde de
cette époque ; aussi n'a-t-on pas le droit de les passer sous silence (76) ».

Cependant, malgré les qualités et le zèle de l'élément féminin pour la communauté, le Buddha ne se
sentait guère de propensions à admettre les femmes
dans la Confrérie. Pour lui le Pur, aux sens domptés, la femme ne représentait-elle pas l'ennemi, la
tentation, la séduction la plus dangereuse ? « Impé-
nétrable et cachée comme dans l'eau le chemin du
poisson, est la nature des femmes en qui il est difficile de trouver la vérité (77) ». Aussi, faut-il éviter

sa vue, ne pas lui parler, et si on ne peut l'éviter, se
tenir sur ses gardes. Néanmoins, la tante de Cakya,
Mahâ Pradjâpâti, celle-là même qui l'avait élevé,
obtint la première la faveur d'embrasser la vie ascétique. Encore fallut-il les instances d'Ananda, son
disciple et son cousin. La femme du Buddha eut également cet honneur, puis peu à peu, la Communauté
des nonnes prit une grande extension. On leur
donnait le nom de *Bhihchuni* ou Mendiantes. Elles
étaient tenues aux mêmes vœux que les hommes, et
devaient garder la chasteté la plus absolue. Pour
tout moine ou nonne qui enfreignait ce vœu, l'exclusion était prononcée sur le champ. Elles étaient également dans la nécessité de mendier pour vivre. La
Communauté des nonnes était une communauté à
part, mais subordonnée à celle des moines. Elles
avaient leurs monastères où elles vivaient en commun, car il était défendu à une nonne de vivre seule;
elles faisaient un noviciat de deux ans avant de recevoir l'ordination, et elles ne pouvaient être reçues
que si elles avaient suivi strictement les préceptes.
Elles ne pouvaient parler aux moines sauf pour se
confesser, et entendre des prédications. Bien qu'elles
dussent mener dans leur communauté la même existence que les moines dans la leur, elles étaient
tenues à certaines prescriptions particulières. Ainsi,
une femme admise à l'ordination par la communauté
de nonnes, n'était considérée comme ordonnée
qu'après avoir passée devant l'assemblée des Religieux. De même pour la confession que les nonnes
se devaient entre elles, et qu'elles avaient l'obligation de refaire en public devant la Communauté des
moines. Quant aux donations faites à la commu-

nauté en général, elles étaient affectées par moitié à
chaque Communauté.

Si j'ai attendu jusqu'ici pour parler du culte, c'est
que dans le Buddhisme primitif, le culte n'avait que
peu d'importance. En effet, à une religion qui a peu
de dogmes un culte simple suffit, et c'est ce qui se
présente pour le Buddhisme. Cakya Muni en faisait
si peu de cas, qu'il plaçait l'accomplissement des devoirs moraux bien au-dessus des pratiques religieuses (78).

Cakya Muni ne s'est jamais donné une origine
divine; il a toujours répété qu'il était un homme,
arrivé à la perfection par ses propres forces. Il a eu
pour le corps et tout ce qui est matériel, le mépris le
plus profond ; conséquemment, il ne pouvait admettre que ses disciples l'eussent divinisé après sa
mort, et il défendit expressément qu'on lui élevât
aucun temple. N'ayant rien enseigné au sujet de
Dieu, puisque dans son système, il ne pouvait admettre que Dieu intervint dans la détermination des
actes de l'homme, soit pour les punir, soit pour les
récompenser, tout culte à Dieu devenait inutile,
comme aussi bien toute étude, ayant pour but de
définir son essence et ses rapports avec l'homme.
Aussi, le culte chez les Buddhistes s'appelle-t-il *Pûdjà*
ou honneur, tandis que chez les Brahmanes il se
nomme *Yadjnà* ou sacrifice. Le culte, en effet, n'est
pour les premiers Buddhistes qu'un honneur rendu
au Buddha, le fondateur de leur doctrine. Deux
objets suffisent à ce culte : des statues de Cakya repré-
sentant son image, et des édifices, nommés *Stûpas*,
contenant des reliques de son corps. Quant aux
cérémonies, elles sont tout aussi simples ; des

offrandes de fleurs, des parfums que l'on brûle, des
chants et des prières, voilà comment durant des
siècles le Buddha a été honoré par ses fidèles.

Malgré la simplicité de ce culte, je n'hésite pas à
dire qu'il a encore dépassé la pensée du Maître. A
sa mort, le peuple avait rendu au Buddha des honneurs royaux, brûlant son corps avec toute la
pompe et les splendeurs usitées pour les plus grands
Souverains, et ses cendres avaient été pieusement
recueillies et partagées entre les princes qui lui
étaient dévoués. Or, l'homme qui avait quitté le
trône pour faire vœu de pauvreté, ne pouvait com-
mander ni accepter qu'on rendît après sa mort, à
une dépouille qu'il considérait comme un amas de
putréfaction, des honneurs qu'il avait refusés de
son vivant. Ses dernières paroles en font foi, lorsqu'il disait à ses disciples : « Le meilleur moyen de
m'honorer, c'est de suivre ma doctrine. » Il n'est
donc pas admissible qu'il ait prescrit de lui rendre
même le culte si simple, de l'offrande de fleurs et
de la récitation de prières à son image, et encore
moins à ses reliques. Aussi, n'en trouve-t-on aucune
trace dans les plus anciens Sûtras. Mais l'homme
ne peut vivre sans culte, sans cérémonies, sans pratiques; les Buddhistes n'ont pas échappé à la loi
générale. Partis d'un culte simple, ils sont tombés
dans de grossières superstitions, notamment au
Thibet. Mais il serait aussi injuste de rendre res-
ponsable de ces aberrations le fondateur du Buddhisme, qu'il serait peu juste de faire remonter au
Christ, le culte mi-chrétien, mi-fétichiste des Indiens
d'Amérique et des nègres de Guinée, convertis par
les missions Jésuites ou Franciscaines. Ce dont on

ne saurait douter, c'est que le Buddha, s'est posé en homme; que les images qui le représentent, ont la figure et la forme d'un homme assis dans l'attitude de la méditation ou de l'enseignement, et non les formes étranges des Dieux, de l'Inde, et de l'Asie en général. C'est donc la preuve, que dans un pays où l'on divinise tous les fondateurs de religions, puisque dans le système brahmanique, où l'on croit aux Incarnations, c'est Dieu qui s'est fait homme, aucune secte n'a osé diviniser le Buddha, car l'on savait, que pour le Buddhisme, c'est l'homme qui est devenu Dieu.

Deux cérémonies seulement ont existé dans les premiers âges du Buddhisme, instituées toutes deux par le Maître; j'ai déjà parlé de l'une d'elles à plusieurs reprises, car elle a une grande importance, c'est la confession. Cette institution tient aux bases mêmes des croyances buddhiques. Dans le Buddhisme comme dans le Brahmanisme, on croit à la compensation des mauvaises actions par les bonnes, puisque toute action bonne ou mauvaise est récompensée ou punie. Cette croyance a donné naissance à l'expiation, moyen qui permet au coupable de se relever par la pratique de la vertu. Le mode d'expiation pratique pour les Buddhistes fut la confession. L'aveu de la faute accompagné de contrition constituait l'expiation, et cette expiation s'appliquait aux trois espèces de fautes : de pensées, de paroles et d'actions. — « A cause de cette faute, dit un Religieux à un autre qui l'a injurié, confesse que tu as péché, et par là, cette action sera diminuée, elle sera détruite, elle sera pardonnée (79) ».

La confession fut établie dans la communauté dès

le principe; elle avait lieu tous les quinze jours, au temps de la pleine et de la nouvelle lune, et correspondait avec le jour de jeûne. Cette confession était solennelle et publique, et l'Assemblée devait être au complet. Seuls, les malades ou les moines frappés d'aliénation mentale pouvaient s'en dispenser. L'Assemblée étant réunie, le doyen récitait le formulaire de confession. Je donne la traduction tirée du livre : le Buddha, d'Oldenberg : « Que la Communauté m'entende, ô Révérends. C'est aujourd'hui jour de jeûne, le quinzième de la quinzaine. Si la Communauté est prête, énoncez la déclaration de pureté, ô Révérends. Je vais réciter le formulaire de confession. (La Communauté répond) : Nous tous qui sommes ici, nous l'entendons et lui prêtons grande attention. — Quiconque a commis un péché (continue le récitant), qu'il le confesse. Quiconque est sans péché, qu'il se taise. De votre silence, ô Révérends, je conclurai que vous êtes purs. De même qu'un homme isolé, à qui une question est adressée, doit répondre, il en est de même dans une Assemblée comme celle-ci, quand la question a été posée par trois fois. Un moine qui, à la troisième fois que la question est répétée, ne confesse pas un péché qu'il a commis, et dont il se souvient, se rend coupable d'un mensonge volontaire. Or, un mensonge volontaire, ô Révérends, apporte avec lui la destruction : telle est la parole du Sublime. C'est pourquoi, un moine qui a commis quelque chose, qui s'en souvient et a à cœur de s'en purifier, qu'il confesse son péché. Car ce qu'il confesse lui sera léger. »

Ensuite vient l'énumération des fautes qu'il faut confesser. Les plus graves d'abord, celles qui entraînent l'exclusion, telles que l'infraction aux dix vœux. Le récitant s'adresse alors aux frères présents et leur répète par trois fois cette question :

« Ici, je demande à présent aux Révérends : Etes-vous purs de ces fautes ? Et pour la deuxième fois, je demande : Etes-vous purs ? Pour la troisième fois je demande : Etes-vous purs ? (Et si tout le monde se tait) : Purs de ces fautes sont les Révérends, c'est pourquoi, ils se taisent ; c'est ainsi que je l'entends » (80).

Puis vient l'énumération des fautes moins graves, entraînant la dégradation temporaire ; est puni de cette dégradation le moine qui, avec de mauvaises pensées, touche la main ou le corps d'une femme.

La casuistique, c'est-à-dire la distinction et la classification des fautes, est très développée. Suivant Csoma, le Livre qui la contient, le Sûtra de l'affranchissement, comprend deux cent cinquante-trois règles divisées en cinq chefs, d'après la nature des fautes que ces règles ont pour objet de condamner.

La seconde cérémonie du culte primitif, se nomme : l'invitation. On n'a pas oublié que durant la saison des pluies, il était défendu aux moines de voyager ou de s'écarter de la communauté ; cette période durait trois mois. Or, au moment de se séparer, pour recommencer l'existence de pèlerins si chère aux disciples de Cakya, tous les moines qui avaient vécu durant ces trois mois d'une existence commune, se réunissaient en assemblée solennelle. Là, depuis le plus âgé jusqu'au plus jeune, chacun venait à tour de rôle, dans une attitude respectueuse, prier tous ses frères spirituels de lui faire savoir, s'ils avaient quelque chose à lui reprocher dans sa conduite à

leur égard, ou une faute à lui signaler. « J'invite,
disait-il, ô Révérends, la Communauté : Si vous
avez vu, ou si vous avez entendu de moi quelque
chose ; ou si vous avez quelque soupçon contre moi,
ayez pitié de moi, ô Révérends, et le dites. Si je le
reconnais, je veux l'expier (81) ».

En résumé, raser sa barbe et ses cheveux, avoir
pour tout vêtement un manteau de haillons rapiécé,
pour toute nourriture du pain et du riz recueilli par
aumône, comme boisson de l'eau, ne manger qu'une
fois par jour, dormir un temps très limité sur une
couche basse et dure, avoir pour cellule une excava-
tion creusée dans le roc, pour tout mobilier une
sébile en terre ; voilà pour le moine sa règle extérieure.

Vivre dans la chasteté absolue et la pauvreté
volontaire, complètement séparé du monde, ne
faire de mal à aucun être vivant, même pas un animal, ne jamais mentir, tromper ni calomnier personne, pardonner à ses ennemis et rendre le bien
pour le mal : voilà ses préceptes généraux. Vivre en
commun avec ses frères spirituels, étudier la doctrine du Maître et méditer profondément ses maximes, se confesser publiquement de ses péchés, demander pardon à ses frères spirituels des imperfec-
tions de sa nature, et les prier de les lui signaler
pour s'en corriger ; prêcher au loin la doctrine aux
incrédules et aux ignorants, voilà sa règle monas-
tique.

Diriger ses efforts sur son perfectionnement spirituel, être pur de corps, de cœur et d'esprit, vaincre
son égoïsme, n'avoir ni désir, ni crainte, ni haine,
jeter sur tous les êtres un regard de bienveillance

et de compassion, et attendre dans le calme de la conscience le moment d'entrer dans le *Nirvâna*, voilà l'idéal du moine parfait tel que l'avait conçu le Buddha, et tel que le réalisèrent les Religieux des temps primitifs du Buddhisme.

CHAPITRE IV

LES ÉCOLES PHILOSOPHIQUES
DU BUDDHISME. PANTHÉON BUDDHIQUE,
OPINIONS DES SAVANTS
SUR LE NIRVANA.
L'ÉCOLE YOGACHARYA ET LA
THÉOSOPHIE MODERNE. CONCLUSION,

Je n'ai parlé jusqu'ici que du Buddhisme primitif
tel qu'on le retrouve dans les Sûtras simples, qui
sont les plus anciens, et dont l'origine est presque
contemporaine de Çakya, puisqu'ils furent rédigés
par ses disciples au premier concile qui eut lieu aussitôt après sa mort, et furent maintenus au deuxième
concile. La doctrine du Maître ne tarda pas à se
répandre dans toute l'Inde, et sous le règne du roi
Açoka prit une extension considérable, grâce aux
missions que ce monarque organisa. D'après Lassen

et Schlaginweit, le Buddhisme fut introduit en Chine en l'an 217 avant J.-C. et au Thibet en l'an 135 avant J.-C. Il pénétra en Birmanie, conquit le Siam, Ceylan, le Japon, s'étendit jusqu'au lac Baïkal dans l'Asie centrale et jusqu'au Caucase.

Au v⁰ siècle, il fut introduit au Mexique, suivant Lassen, par des prêtres chinois, et eut des disciples dans ce pays jusqu'au XIIIᵉ siècle ; il fut détruit à cette époque par les Atzèques. Au vᵉ siècle de notre ère, il subit également une persécution dans l'Inde, et fut entièrement extirpé de son berceau d'origine. Le Buddha avait prévu les discussions qui s'élèveraient après sa mort. Ses prévisions ne tardèrent pas à se réaliser. Plusieurs schismes se produisirent ; peu à peu les doctrines se transformèrent, différentes écoles surgirent. Suivant le pays où le Buddhisme pénétra, il eut à subir les modifications inhérentes au génie et aux mœurs des habitants. Ce sont ces transformations, et les Écoles auxquelles elle donnèrent naissance, que je passerai rapidement en revue.

J'ai omis avec intention de parler des *Sûtras* développés, et des *Tantras*, ces ouvrages étant postérieurs aux *Sûtras* simples et ne contenant pas la doctrine primitive du Buddha. En effet, les *Sûtras* développés tels que la *Pradjna-Paramita*, n'ont paru que plusieurs siècles après Çakya, ils appartiennent au troisième concile ; quelques-uns de ces *Sûtras* parlent d'un Adibuddha, (Dieu suprême ayant tous les caractères du Brahma unique de la religion Brahmanique), du culte qu'on lui rend ainsi qu'aux cinq Bôdhisattvas célestes ; or, on ne trouve aucune trace de ce culte dans les *Sûtras* simples,

. Quant aux *Tantras*, ils sont encore plus modernes que les *Sûtras* développés; ils ont remplacé le culte simple de Cakya par l'adoration d'une quantité de Divinités fantastiques, et ont ainsi complètement transformé le Buddhisme. Ils sont inconnus à Ceylan. Je résume l'opinion de Burnouf sur les *Tantras*. Ce sont des traités, où le culte des Dieux et Déesses terribles ou étranges, s'allie au culte monothéistique, et aux autres développements du Buddhisme septentrional. Ils indiquent les règles du culte rendu à ces personnages, l'art de tracer et de disposer des cercles, des figures magiques, enseignent les prières, les hymnes qu'on récite en l'honneur de ces Dieux, et les offrandes qu'on leur présente. Mais ils renferment surtout des formules magiques ou *Dharanis*, qui ont la vertu de sauver du danger celui qui les possède. Point n'est besoin, pour les Buddhistes des *Tantras*, de pratiquer les vertus enseignées par les *Sûtras* primitifs; il suffit de tracer des figures magiques ou de posséder certaines formules, pour obtenir la Délivrance. En un mot, les *Tantras* offrent un mélange de tous les Buddhismes, car on y retrouve le nom de Cakya-Muni, symbole du Buddhisme primitif, celui des Buddhas célestes, symbole des *Sûtras* développés, celui d'Adibuddha de la secte des théistes, le nihilisme métaphysique de la *Prajna-Paramita*; et ce mélange de toutes les écoles Buddhiques se trouve allié aux pratiques monstrueuses de la secte Civaïte. Ce mélange grossier du Civaïsme que l'on trouve actuellement dans le Buddhisme du Nord provient, suivant Burnouf, de Humboldt et Schmidt, de ce que les Buddhistes, tout en gardant leurs croyances et

13.

leur philosophie, consentent à pratiquer certains rites çivaïtes qui leur promettent le bonheur en ce monde, et en reportent l'origine jusqu'à Cakya-Muni pour les autoriser davantage.

Aussi voit-on dans plusieurs de ces *Tantras*, non pas les Buddhistes pratiquant les cérémonies obscènes ou ridicules du Çivaïsme, mais au contraire, les Divinités Çivaïtes promettant leurs charmes, leur appui, à celui qui lit tel ou tel livre, ou présente des offrandes au Buddha. Or, comme ces livres contiennent la philosophie Buddhiste étrangère aux Çivaïtes, ces Divinités sont, par là-même, considérées comme inférieures au Buddha. Laissons donc de côté cette formule relativement moderne du Buddhisme, particulier d'ailleurs au Népal et au Thibet, et arrivons aux grandes écoles philosophiques anciennes.

Le Buddhisme se partage en deux grands systèmes : le système *Hinayâna* ou du petit véhicule, et celui du *Mahâyâna* ou du Grand-Véhicule.

Véhicule est une expression mystique qui signifie, que l'on peut par le moyen de ce « Véhicule » échapper aux transmigrations et obtenir son salut. Le système *Hinayâna* est suivi par les premières sectes qui se sont formées à la mort du Buddha ; c'est donc le plus ancien. Il porte le nom de Petit-Véhicule, parce que les adhérents de ce système se bornent à la morale, et à l'observation extérieure des préceptes du Maître, sans employer une théologie aussi abstraite et mystique que celle du *Mahâyâna*.

C'est le Buddhisme primitif, tel que je l'ai exposé ; il est donc inutile d'en parler. Quant au système

Mahayâna, j'y reviendrai tout à l'heure, lorsque je parlerai des sectes à qui il a donné naissance.

Pour le moment, je m'occuperai de la classification des quatre grandes écoles philosophiques des Buddhistes, telle que la donne Csoma de Côrôs. Ces quatre écoles portent le nom de *Vaibhâchika, Sautrantika, Yôgatchâra,* et *Madhyamika.*

I° La première école, celle des *Vaibhâchikas,* se subdivise en quatre classes principales, et ces quatre classes eurent pour fondateurs quatre des disciples de Cakya. Râhoulâ, le fils de Cakya, fut le chef de la première; on sait qu'il était de la caste des Kchattryas, ses disciples lisaient le Sûtra de l'Emancipation en Sanscrit, et affirmaient l'existence de toute chose. La seconde classe s'appelait la Grande Communauté, et avait pour chef Kacyâpâ, qui était un Brahmane. Ses disciples lisaient le Sûtra de l'Emancipation en un dialecte corrompu. La troisième classe avait pour chef le Çûdra Upâli, et portait le nom de : La classe honorée de beaucoup de gens. Les disciples de cette classe lisaient le Sûtra de l'Emancipation en dialecte Paiçatchikâ. Enfin, on nommait la dernière classe, dont le chef était le Çûdra Kâtyâxana : la classe qui a des habitations fixes. On y lisait le Sûtra de l'Emancipation dans le dialecte vulgaire.

D'une façon générale, l'école des *Vaibhâchikas* s'arrêtait aux degrés inférieurs de la spéculation. Elle prenait les Ecritures au pied de la lettre, dans son sens le plus vulgaire, croyant à tout et ne discutant rien (82).

II° La seconde école est celle des *Sautrantikas,* c'est-à-dire des Sectateurs des Sûtras. Ces derniers suivaient une doctrine, où l'on admettait comme base principale l'autorité des Sûtras ; aussi parmi les Sautrantikas, les uns essayaient-ils de tout prouver par l'autorité des Sûtras, tandis que d'autres préféraient y arriver par l'argumentation.

III° La troisième école, celle des *Madhyamikas*, constitue, à proprement parler, le système philosophique des Buddhistes. Elle a pour fondateur, le célèbre philosophe Nâgardjûna, qui vécut environ quatre cents ans après la mort de Çakya, c'est-à-dire dans le premier siècle avant J.-C. Cette école est la première qui appartienne au système Mahayâna ou du Grand-Véhicule.

Elle a pour base la *Pradjna-Paramita*, collection immense de doctrines métaphysiques en cent mille articles, divisés en quatre sections. La traduction littérale du mot *Pradjna-Paramita* signifie : « l'Intelligence parvenue à l'autre rive de la Sagesse. » Les Buddhistes de cette école ne la désignent jamais que sous le nom de : la Vénérable bienheureuse Perfection de la Sagesse. Cette école donne de la *Pradjna-Paramita* une interprétation également éloignée des deux opinions extrêmes, savoir, que l'âme subsiste éternellement, ou qu'elle est entièrement anéantie après la mort. Les livres de la *Pradjna*, sont consacrés à l'exposition d'une doctrine qui a pour but de prouver, que l'objet à connaître n'a pas plus d'existence réelle que le sujet qui doit connaître, ou le sujet qui connaît. Ils arrivent à cette conclusion : Le nom de Buddha n'est qu'un mot, et lui-même est semblable à une illusion (83). Le dogme fondamental de l'école Madhyamika est celui du vide. C'est le développement de l'axiome de

Çakya : tout composé est périssable. Mais il est facile de voir le chemin parcouru par le Buddhisme depuis la mort de son fondateur ; par l'excès de sa tendance spéculative à suivre les idées abstraites, sans tenir compte des limites imposées par l'expérience des sens et des lois naturelles, le Buddhisme est arrivé à des conclusions sophistiques extravagantes : telle la conclusion, qui admet que le Buddha lui-même, n'est plus que le produit de la réflexion et de la méditation.

Il ne faudrait pas cependant tomber dans l'erreur commune à la plupart des auteurs qui ont parlé du Buddhisme, à une époque où les documents leur manquaient. Cette erreur, dans laquelle sont tombés des missionnaires instruits, des lettrés chinois de la secte de Confucius, voire même des savants tels que Deguignes, consiste à dire, comme l'a écrit ce dernier, que la *Pradjna-Paramita* « contient la loi du *Vou-Goei* ou du *néant*. » Ici, je laisse parler A. Rémusat : « Deguignes ajoute en transcrivant un passage de Ma-tòuan-lin : « Il est arrivé au sujet de cette expression une chose assez singulière, qui a donné naissance à des sectes différentes. Les uns ont lu *Vou-Goei, non-être;* les autres ont séparé ces deux mots Vou, Goei, c'est-à-dire *néant* et *être*. Cependant on ajoute qu'elles s'accordent pour le fond ».

Mais le texte de Ma-tòuan-lin s'applique à une distinction bien plus subtile, et qui ne pouvait être saisie à l'époque des mémoires qui nous occupent. *Wou-woeï*, c'est l'absolu, l'être pur, sans attributs, sans rapports, sans action; la perfection, l'esprit, le vide, le rien, le *non-être*, en opposition avec ce

que comprend toute la nature visible et invisible.
C'est en parlant de cet être, que les deux sectes de
Fo (Çakya) et de Lao-Tseu, ont employé des expressions obscures et même inintelligibles, lesquelles
ont excité, de la part des lettrés, des railleries fondées peut être, si elles s'appliquaient aux vains
efforts de l'esprit pour saisir ce qui est insaisissable,
mais ridicules, en ce qu'elles dénaturent, les opinions qu'elles poursuivent. Nos auteurs, qui les ont
reproduites sans les comprendre, ont tous répété,
que ces sectaires niaient l'existence du monde,
qu'ils disaient que *rien* avait fait *tout*, que *tout* était
rien, que le néant était la seule chose qui existât,
que la loi de Fo (Çakya) était une loi de néant. Il
n'est aucun de ces reproches qui ne puisse s'appliquer aux mystiques et aux quiétistes, aux faiseurs
d'abstractions et aux rêveurs de tous les pays. On
voit en quel sens doivent être prises ces expressions, qui loin de renfermer les contradictions qu'on
y a remarquées, attestent au contraire chez les sectaires qui en font usage, une assez grande élévation
de pensées, et une imagination tourmentée par des
habitudes contemplatives (84) ».

A cette opinion d'A. Rémusat, sur la manière dont
il convient d'entendre la doctrine du vide ou du
néant, professé par les Buddhistes de l'école Madhyamika, il faut ajouter celle de Burnouf, qui, donnant
l'étymologie du mot *Avidya*, l'ignorance, la dou-
zième proposition de la série causale des Nidânas,
s'explique ainsi à son sujet : c'est la fausse opinion
que l'on se fait de l'existence réelle du monde, produit de l'imagination, et cette fausse opinion est le
premier acte du principe sensible non encore indi-

vidualisé ni revêtu d'un corps. Mais, ajoute-t-il, à prendre à la lettre cette définition, il reste toujours un principe sensible, esprit ou âme, la personne en un mot, qui peut ignorer ou connaître la vérité. « Or, conclut Burnouf, les livres de la Pradjnâ parlent quelquefois de ce principe que je crois être leur *Tchitta* (l'esprit) ou leur *Pugdala* (la personne). Mais il est certain que la théorie des causes et effets en présuppose l'existence ; car il faut bien qu'il y ait un sujet intelligent, puisqu'il y a possibilité d'erreur ou d'ignorance à l'égard de l'objet (85) ».

Voici brièvement résumée la démonstration de la doctrine du vide par les trois preuves et les deux vérités.

La première preuve est la supposition ou l'erreur. C'est la croyance en l'existence absolue d'une chose qui n'existe que dans notre idée, sans qualité spécifique.

La seconde est la base de l'erreur, c'est-à-dire ce qui existe par convention causale : par exemple, l'âme, la raison, l'intelligence.

La troisième preuve est « l'absolu », la véritable existence immuable qu'on ne peut prouver ni voir, comme le vide ou le non-moi. Ainsi, l'homme arrive à reconnaître que tout est vide, par la considération que toute chose existante est imaginaire, puisqu'elle dépend d'une autre.

Les deux vérités sont : *Samvritisatya*, la vérité relative, et *Paramarthasatya*, la vérité absolue. « Samvriti, d'après Schlaginweit, est l'origine de l'illusion ; Paramartha est la science particulière du Saint dans sa méditation personnelle qui est capable de dissiper les illusions (86) ».

Pour arriver au *Nirvâna* suivant ce système, on doit abandonner le monde, réfréner ses passions, s'abstenir des plaisirs, sans laisser l'imagination devenir l'objet de sa méditation, et pratiquer assidûment les six vertus transcendantes.

Cette école de Nagardjûna fut une des plus florissantes du Buddhisme pendant plusieurs siècles, jusqu'à ce que la quatrième école dont je vais parler, celle des *Yôgatchâras*, fondée par Arya-Sàmgha au viie siècle de notre ère, vint lui porter un coup terrible, en prenant immédiatement une extension considérable. Cependant l'école Madhyamika devait se relever de cette chute, lorsque, par suite de la persécution qui chassa les Buddhistes de l'Inde, de nombreux Religieux de ce pays émigrèrent vers le Nord, notamment au Thibet vers le viiie et ixe siècles, et infusèrent une nouvelle vigueur aux doctrines Madhyamikas, en écrivant de nouveaux ouvrages ou commentaires. Cette école porte le nom de *Prasanga-Madhyamika*. Poussant plus loin les déductions de Nagardjûna, elle admet que les deux vérités ont une seule et même nature, mais deux sens différents. Il y a également deux chemins, et deux saluts. L'un conduit au ciel Soukhavati, où l'homme jouit d'un bonheur parfait. C'est, d'après la description des livres religieux, un immense lac, dont la surface est couverte de fleurs de lotus rouges et blanches aux rares senteurs ; ces fleurs sont la couche des hommes pieux qui arrivent à ce bienheureux séjour. Cependant, quoique non soumis à la renaissance, ces derniers restent encore liés à l'existence. On arrive à ce ciel par la pratique des vertus.

Quant au second chemin, il conduit au *Nirvâna*, c'est-à-dire au complet affranchissement, et on n'y arrive que par la plus haute perfection de l'intelligence.

Le dogme principal consiste dans le terme moyen; il n'y a ni existence absolue, ni existence relative, car ne pas dire : *être*, de ce qui n'a jamais été, et *non-être*, de ce qui a réellement existé, c'est le terme moyen. Voici, d'après Schlaginweit, quelques syllogismes de cette école. « Si la plante croissait par sa propre nature spécifique, elle ne serait pas un composé; il est démontré cependant, que c'est un composé. — Si quelque chose dans la nature avait une existence propre, nous devrions certainement le voir et l'entendre ; car la sensation de voir et d'entendre serait dans ce cas absolument identique. — La qualité d'être général ne serait pas particulière à beaucoup de choses, parce que ce serait une unité indivisible ; nous devrions prendre le *moi* pour une unité de cette sorte, s'il y avait un moi. — La plante ne serait pas obligée de croître de nouveau, parce qu'elle continuerait à exister (87) ». Enfin pour l'école *Prasanga*, l'âme ou Alaya, a une existence absolue, éternelle.

IV° J'arrive à la quatrième grande école de la classification de Csoma ; celle des *Yôgatchâras*. C'est un système contemplatif; il part de ce principe, que les trois mondes n'existent qu'en imagination, et que l'âme est la base de toutes choses, la personnification du vide. Cet âme est éternelle ; « elle se reflète en toutes choses comme la lune dans une eau claire et tranquille ; » si elle erre dans les sphères de l'existence, c'est qu'elle a perdu sa pureté originelle, et c'est par la compréhension que les trois mondes sont imaginaires, qu'elle revient à sa pureté native, et échappe à la transmigration. C'est par la contemplation seule, que « celui qui est fort dans le *Yoga*, est capable de faire entrer son âme dans la vraie nature de l'existence (88) ».

Cette classification des quatre grandes écoles philosophiques donnée par Csoma, n'est pas la seule qui existe ; la collection des Livres Sacrés du Népâl en donne une autre, citée par Hodgson et Burnouf ; mais j'ai donné à celle de Csoma, la préséance, parce qu'elle est plus générale, et qu'elle a l'avantage de concorder avec celle que les Brahmanes donnent des Buddhistes, dans les ouvrages où ils réfutent ces derniers. La classification népâlaise divise les Buddhistes en quatre grandes écoles également : 1° Les *Svabhavikas*, 2° les *Aiçvarikas*, 3° les *Karmikas*, 4° les *Yatnikas*.

1° L'école des Svabhavikas est la plus ancienne ; c'est l'école des philosophes de la nature. Ceux-ci nient l'existence d'un principe spirituel. La nature est éternelle, ainsi que les énergies dont fait partie l'intelligence, et a deux modes : *Nirvritti*, le repos, où ses pouvoirs sont sous leur forme propre, et *Pravritti*, l'existence où ses pouvoirs prennent une forme animée et matérielle. Elle entre dans cet état spontanément.

La création et la destruction de l'Univers sont l'effet de la succession de ces deux états, et non celui de la volonté d'un Dieu dont les Svabhavikas nient l'existence.

Les formes matérielles appartiennent à *Pravritti*; elles sont passagères. Les formes animées dont l'homme fait partie appartiennent à *Nirvritti*, c'est-à-dire qu'elles sont susceptibles d'échapper par leurs propres forces au perpétuel retour à *Pravritti*. Les Svabhavikas se divisent en deux sectes au sujet de la destinée de l'âme ; pour les uns, elle garde dans le *Nirvâna* le sentiment de sa personnalité ; pour les autres, elle tombe dans le vide et est anéantie pour jamais. C'est donc une école matérialiste.

II° L'école des *Aiçvarikas* est théiste. Elle admet un Dieu unique, essence intelligente, c'est *Adibuddha*. Mais elle ne reconnaît pas sa Providence ni son empire sur le monde. L'homme ne peut arriver au *Nirvâna* que par ses propres forces, à l'aide des austérités et de la méditation. L'union de la vertu et du bonheur est indépendante de Dieu, mais la délivrance est l'état d'être absorbé dans l'essence divine.

III° L'école des *Karmikas* a pour disciples les sectateurs de l'action. Par action, Hodgson entend l'action morale accompagnée de conscience. L'homme peut arriver au bonheur, autrement dit, la Délivrance, par la culture du sens moral.

IV° L'école des *Yatnikas* a pour disciples les sectateurs de l'effort. L'effort, selon Hodgson, c'est l'action intellectuelle accompagnée de conscience. C'est par la bonne direction de l'intelligence que l'homme parvient au *Nirvâna*. Ces deux dernières écoles, les plus modernes en date, ne diffèrent on le voit, qu'en ce que la première fait passer la vertu avant l'intelligence (89).

Je ne pousserai pas plus loin ce résumé sommaire des principales écoles philosophiques du Buddhisme ; il suffit à donner une idée générale du développement progressif des doctrines de cette religion. Bien des sectes se sont encore greffées sur ces écoles ; le cadre dans lequel je me suis renfermé, m'empêche d'en donner une analyse ; je n'y reviendrai, que pour parler d'un ouvrage appartenant à un système émané de l'école *Yogatchara*, système plus moderne, puisqu'il date du xe siècle de notre ère. Cet ouvrage est le *Kala-Tchakra* ou la Roue du Temps.

Il mérite d'être signalé ici, car le système mystique dont il est la base, a servi de point de départ à toutes les productions contemporaines du Néo-Buddhisme. J'en donnerai donc une rapide analyse, lorsque je parlerai du Néo-Buddhisme.

Qu'il me suffise pour le moment de faire observer, que toutes ces écoles philosophiques admettent l'autorité des textes primitifs, c'est-à-dire des Sûtras simples, comme étant émanés de Cakya-Muni ; elle, ne diffèrent entre elles, que par l'interprétation qu'elles donnent de ces mêmes textes.

Je vais maintenant dire quelques mots du Panthéon des Buddhistes. Dans tous les récits des Sûtras simples ou développés qui forment les livres canoniques de cette religion, on voit à chaque instant le Buddha, dans ses prédications, escorté de légions de Bhôdisattvas célestes ; ou bien, on voit encore des Dieux se déplaçant pour venir entendre la Bonne Loi. Voici l'explication de ce fait. Le Buddhisme a conservé le Panthéon Brahmanique en tant que hiérarchie des êtres, mais il y a ajouté de nouveaux degrés ; car mettant la pureté au-dessus de tout, il ne pouvait admettre les Divinités Brahmaniques remplies de désirs et de passions, comme les Divinités du Panthéon Grec, au sommet de l'échelle hiérarchique ; il y a placé, en conséquence des esprits célestes, cinq Divinités de contemplation, de pureté et de lumière, figures de la vertu et de la science. Ce sont les Buddhas célestes.

Voici le développement de ce système, d'après Burnouf et Hodgson. Les Buddhistes distinguent les Sages d'origine humaine, qui sont arrivés au rang de Buddha par leurs propres forces, et les êtres dont la nature et l'origine sont purement immatérielles : ces derniers sont les Buddhas célestes. Les premiers que l'on appelle Buddhas humains ou Manûchis-Buddhas, sont au nombre de sept. Cakya-Muni est le dernier de ces sept Buddhas, car on sait qu'avant lui, six Buddhas étaient venus prêcher la doctrine. Les seconds s'appellent Buddhas « sans parents » ou Buddhas de la contemplation ; nous allons voir la raison de cette appellation. Au-dessus de tout, trône Adibuddha, le Buddha primordial existant par lui-même, infini et omniscient, qui crée par cinq actes de sa puissance contemplative ces cinq Buddhas célestes. Chacun de ces Buddhas, à son tour, reçoit en naissant la double énergie de science et de contemplation, sources de son existence, et par cette même énergie de science et de contemplation, chacun de ces Buddhas engendre un Bodhisattva divin.

Ainsi Buddhas et Bodhisattvas célestes sont les fruits de la contemplation de l'idéal Adibuddha.

Ce sont les Bodhisattvas qui sont considérés comme les véritables créateurs du monde, et comme leurs œuvres sont périssables, à chaque destruction du monde succède la création d'un nouveau, œuvre d'un de ces sept Bodhisattvas. Les Buddhistes admettent que trois périodes de création étant déjà écoulées, nous sommes à la quatrième, et le Bôdhisattva qui en est l'auteur est *Padmapani*, considéré pour cette raison par les Thibétains et les Népâlais, comme leur Dieu suprême et unique. Il porte au Thibet le nom d'*Avalokiteçvârâ*, ou le Seigneur contemplé.

Ce système appartient aux écoles théistes. L'école naturaliste des Svabhavikas l'accepte également, tout en lui donnant une interprétation matérialiste. Adibuddha est remplacé par la Nature, qui a les mêmes attributs que Dieu, et les cinq Buddhas célestes répondent aux cinq éléments, aux cinq qualités sensibles et aux cinq sens, c'est-à-dire, sont de pures personnifications des phénomènes naturels du Monde sensible.

Ces deux théories, selon Burnouf, appartiennent aux Sûtras développés, car les Sûtras simples n'en font pas mention. Hodgson cependant déclare avoir trouvé la trace d'Adibuddha, le Dieu Suprême, dans deux fragments du *Divya-Avâdânâ*.

Je transcris ici, telle que la donne Burnouf, une autre théorie admise par Schmidt : « Chaque Buddha possède trois natures distinctes dont chacune appartient à un monde distinct comme elle. La première nature n'existe que dans le premier monde, celui du vide : c'est la nature de l'abstraction, de l'état absolu, de l'être en soi ; c'est Buddha dans le Nirvâna. La seconde nature est la manifestation du Buddha au sein de la puissance et de la Sainteté ; elle paraît dans le second monde : c'est le Dhyâni-

Buddha (Buddha céleste). La troisième est sa manifestation sous une forme humaine ; elle paraît dans le troisième monde : c'est le Manûchi-Buddha (Buddha humain). De cette façon, le Buddha appartient aux trois mondes à la fois, car il est essentiellement illimité (90) ».

Il résulte de tout ceci, que Çakya a accepté le Panthéon Brahmanique tel qu'il l'a trouvé, mais en le subordonnant toutefois à son pouvoir. N'est-il pas dit dans l'*Avâdâna-Çâtaka* : « C'est une règle que quand les bienheureux Buddhas conçoivent une pensée mondaine, au même instant Çakya, Brahma et les autres Dêvas ont connaissance de la pensée des Bienheureux. » Et plus loin, Mârâ le Tentateur étant venu réclamer le secours de Brahma contre un religieux Buddhiste dont il ne peut vaincre la vertu, Brahma lui répond : « Sans contredit, ma force est immense, mais elle n'égale pas celle d'un fils du Tathâgâta. » D'ailleurs, le Buddha n'a-t-il pas placé la pratique des devoirs moraux au-dessus des pratiques religieuses ? La croyance admise dans l'Inde tout entière, qu'une grande sainteté était toujours accompagnée de facultés surnaturelles, suffisait amplement à Çakya pour le faire reconnaître supérieur aux Divinités. Aussi voyons-nous les Buddhistes du Thibet, de la Chine et des autres pays, conserver en partie le culte de leurs Dieux qui n'ont d'autre mission que de protéger la loi du Buddha.

A. Rémusat a soutenu la thèse, que partout et dans tous les temps, la notion fondamentale d'un Dieu suprême a été connue des Samanéens des contrées orientales, et que les sectateurs de Çakya-

Muni qui ont su s'élever au-dessus du vulgaire et percer le voile des légendes, ont toujours reconnu ce Buddha premier principe, dont le monde et les Buddhas humains ne sont que des émanations. Cette théorie semble avoir été réfutée par Schmidt et Csoma de Cörös, qui ont prouvé que le culte d'Adibuddha est plus moderne que celui de Çakya. Mais je ne vois pas trop ce que le Buddhisme peut y perdre, pas plus que les Sectateurs de cette Religion ; car on ne saurait contester au Buddhisme une très grande élévation de morale, ni aux Chinois buddhistes, dont Rémusat se faisait le champion, une civilisation très avancée ; et ce n'est pas résoudre la question, que de déclarer, comme l'a fait le P. Prémare, savant sinologue de la Compagnie de Jésus, au sujet de la signification des mots *Chang-Ti*, « qu'il croirait offenser Dieu s'il ne s'expliquait pas au sujet de l'athéisme attribué aux Chinois, et cela, parce que l'opinion que les Chinois sont athées amène à soutenir que l'athéisme n'est point un monstre si détestable, puisque la plus sage et la plus ancienne des nations qui soient au monde, en fait une profession publique (91) ».

Ceci m'amène à revenir sur un point dont j'ai déjà parlé, au chapitre de la Discipline, la Triade suprême des Buddhistes : *Buddha, Dharma, Sanga*, le Buddha, la loi et l'union. Nous avons vu l'explication de cette Triade dans la doctrine extérieure ou le culte ; nous allons voir maintenant quelle est sa signification dans la doctrine ésotérique ou théologique. Je ne saurais mieux faire que de m'appuyer sur l'autorité d'A. Rémusat, qui a longuement développé la question, puisque c'est sur le sens ésotérique de la Triade Buddhique que ce dernier s'est fondé, pour démontrer la croyance des Samanéens du Nord à un principe suprême.

Au commencement de toutes les invocations attribuées aux sept Buddhas terrestres, se trouve la formule suivante, hommage à l'être triple qu'ils invoquent : « Adoration à *Buddha*, adoration à *Dharma*, adoration à *Sanga*, Aum! » Ce dernier monosyllabe est, on le sait, commun aux Brahmanes et aux Buddhistes, et représente le symbole de l'être trine dont les trois termes sont réunis en un seul signe. « C'est, dit Rémusat, ce qu'on nomme les Trois Précieux, c'est-à-dire les trois êtres honorables, adorables, dignes de vénération, en chinois *San-Pao* ou *San-Koueï*, les trois êtres auxquels tout revient ou retourne...... Mais il reste à déterminer la place que peuvent occuper dans un système de théologie, cette *loi*, et surtout ce *prêtre* ou cette *assemblée du clergé*, auxquels des Saints et des Dieux adressent des invocations, et qui sont qualifiés de *principes de croyance sublimes et inestimables*. Il faut concilier des énoncés qui semblent incohérents, et montrer comment les mêmes mots peuvent désigner à la fois les abstractions élevées dont se compose l'idée de la Triade suprême, et des objets matériels comme *la loi, les prêtres, le clergé*. Or, dans la doctrine intérieure, dite de la *Grande Révolution*, (Mahâ-yânâ) *Buddha* ou l'Intelligence a produit *Pradjna*, la connaissance, et *Dharma*, la loi. L'un et l'autre réunis ont constitué *Sanga*, l'union, le lien de plusieurs. Dans la doctrine publique, ces trois termes sont encore *Buddha* ou l'intelligence, *la loi* et l'union, mais considérés dans leur manifestation extérieure, l'intelligence dans les Buddhas *avenus*, la *loi* dans l'Ecriture révélée, et l'*union* ou la multiplicité, dans la réunion des fidèles ou l'assemblée des prêtres (Ecclesia.). De là vient que ces derniers ont, chez tous les peuples Buddhistes, le titre de *Sanga*, unis, lequel abrégé par la prononciation chinoise a formé le nom de *Seng*, que les missionnaires rendent par *bonze*, mais qui signifie à la lettre, *ecclésiastique*. » Dans les livres liturgiques, on trouve toujours l'égalité parfaite établie par le dogme entre les trois termes de la Triade : *Fo* (Buddha), *Fa* (Dharma), *Seng* (Sanga). Telle cette invocation tirée d'un recueil chinois d'hymnes et de prières : « Adoration aux trois êtres précieux, tout spirituels, remplissant de toutes parts le monde de la loi, passés, présents et avenir, *Seng-Fo Fa !* » C'est-à-dire, dans la doctrine intérieure : l'*Intelligent*, le *Logos*, l'*Union*, et dans la doctrine extérieure ou le culte : *Buddha*, la *Révélation*, l'*Eglise* (92).

Or, conclut Rémusat, le nom collectif par lequel ces trois êtres sont ordinairement désignés est celui de *Précieux*, en chinois *Pao*, en mongol *Erdeni*, en tibétain d'*Kon-mtchog*, qu'on est d'accord à rendre par *Dieu*. « Et il faut remarquer, ajoute-t-il, que les tibétains disent qu'ils constituent une *unité trine*, et que les buddhistes chinois regardent les *trois Précieux*, *Fo, la loi*, et l'*union*, comme consubstantiels, *Thoung-thi*, et d'une *nature en trois substances*, *Souï yeou san thi, Sing chi yi* (93) ».

J'ai dit plus haut, en traitant du *Nirvâna*, que le sens donné à ce mot complexe, variait suivant les écoles philosophiques, et que les savants eux-mêmes s'étaient partagés sur la question. Qu'on me permette d'y revenir, et d'énumérer quelques-unes de ces opinions.

Prenons d'abord les opinions que se formaient sur le *Nirvâna*, les philosophes des sectes Brahmaniques, au dire du *Langkavatara*, livre buddhique qui date d'une époque où le Buddhisme avait atteint son entier développement, d'après Burnouf.

Pour certains Tirthâkaras (ascètes brahmaniques) le *Nirvâna*, c'est la suppression des attributs intellectuels, des éléments et des sens, d'où résulte la cessation de la pensée et par conséquent l'anéantissement du principe pensant. Pour d'autres, au contraire, le *Nirvâna* est l'existence impérissable de l'âme, de l'être, de la vie, de la personne.

Quelques-uns se représentent le *Nirvâna* comme résultant de l'intelligence parfaite, de la vérité et de la voie, d'autres comme résultant de l'acquisition de la science.

Toutes ces opinions ne sont pas admises par le Livre Buddhique comme étant orthodoxes et véritables. Si des sectes Brahmaniques nous passons aux Buddhistes, nous verrons que les opinions diffèrent également. Les Svabhavikas, se partagent en deux écoles à ce sujet, les uns croyant que l'âme dans le *Nirvâna* conserve le sentiment de sa personnalité, et des autres, qu'elle est anéantie à jamais. Chez les Aiçvarikas, l'âme est absorbée dans *Adi-Buddha*, le Dieu primordial, et dans l'école Madhyamika, en *Pradjna*, la science suprême.

Les Lamas du Thibet admettent que l'homme arrivé au *Nirvâna*, a cependant, s'il a le désir d'être utile à l'humanité, la liberté de reprendre la forme humaine, pour enseigner la doctrine. Ils n'acceptent donc pas l'anéantissement.

En somme, le mot sur lequel reposent différentes interprétations des Buddhistes touchant le *Nirvâna* c'est le mot *Çounya*, « le vide ». C'est donc ce mot qu'il s'agit de définir, et l'on comprendra tout de suite comment les divergences se sont produites, lorsqu'on saura que pour les Buddhistes il y a dix-huit espèces de vide.

J'y vois déjà la preuve que ce n'est pas le néant, car le néant est forcément unique dans sa négation. « Dans le sens transcendental des Buddhistes, le définit Hodgson, le vide signifie non-seulement l'universel *ubi*, mais encore le *modus existendi* de toutes choses, dans l'état de repos et d'abstraction en dehors des phénomènes de l'être. Les Buddhistes ont éternisé la matière ou la nature dans cet état. L'énergie de la nature existe toujours, mais ne s'exerce pas toujours ; et quand elle ne s'exerce pas, elle est considérée comme vide de toutes les qualités périssables ».

Pour les Brahmanes, le vide, est l'intervalle qui sépare la destruction de l'univers de sa rénovation ; dans la destruction, tout ce qui existe se résout dans l'Esprit universel, c'est-à-dire Brahma, et cette dissolution n'est que temporaire, Brahma renouvelant aussitôt la création. Pour les Buddhistes qui éternisent la nature, le système est le même, avec cette différence que Dieu est remplacé par la matière, et comme cette matière est indestructible, le vide ne saurait être le néant (94).

Résumons rapidement l'opinion de quelques savants orientalistes.

Colebrooke estime que le *Nirvâna* n'est pas une annihilation, mais une apathie incessante. Eug. Burnouf n'a pas exprimé son opinion d'une façon catégorique, et le sens affirmatif de ses paroles est toujours atténué : « Le mot de *vide*, dit-il, m'induit à penser que Çakya vit le bien suprême dans l'anéantissement complet du principe pensant... Après cela, que cette doctrine ait produit le Pyrrhonisme de la Pradjnâ et le nihilisme des autres écoles, comme celle de Nagardjûna, il n'y a rien là qui doive surprendre. Mais ni ce pyrrhonisme ni ce nihilisme ne sont écrits en toutes lettres dans les Sûtras émanés de la prédication de Cakya ».

Nous avons déjà vu que Max Müller a soutenu que le *Nirvâna* était le plus haut achèvement de l'existence. Oldenberg s'exprime ainsi : « Caractérisez le Buddhisme comme étant la religion du néant, et tâchez de le faire sortir tout entier de cette désignation comme de son germe même : vous réussissez simplement à vous méprendre du tout au tout, sur ce qui était aux yeux du Buddha et de ses premiers disciples la chose capitale. » On se rappelle la citation que j'ai donnée d'A. Rémusat.

Quant à Barthélemy-St-Hilaire, il soutient que le Buddhisme est l'adoration du néant, et pour accentuer encore son parti pris, il affirme que « le Buddha ne connaît Dieu d'aucune façon, et qu'il l'ignore d'une manière si complète qu'il ne cherche même pas à le nier ». Cette thèse systématique a été victorieusement réfutée par M. Obry dans une brochure intitulée : *Du Nirvâna Buddhique*, et par Foucaux dans sa brochure : *Doctrine des Buddhistes sur le Nirvâna*

« Par leur Çounyâtà douteuse, dit Hodgson, je n'entends pas, en général, l'*annihilation*, *le néant*, mais plutôt cette atténuation extrême et presque infinie, qu'ils attribuent aux pouvoirs matériels des forces à l'état de *Nirvritti*, ou abstraction de toutes les formes palpables qui composent le monde sensible... Çounyâtà est le milieu et le mode de l'entité première, dans le dernier et le plus élevé des états d'abstraction, en dehors des modifications particulières, telles que celles dont nos sens et notre entendement ont connaissance ». Wilson dans son dictionnaire sanscrit, donne au mot *Nirvâna* le sens de *vacuité, vide, espace*. Il l'entend donc au même sens que Hodgson.

Em. Burnouf admet que dans le *Nirvâna*, la personnalité se perd dans le principe absolu des choses ; ce n'est pas l'anéantissement complet, mais l'anéantissement des conditions de l'existence. Il rapproche cette doctrine de celle du Sankhya-Yôgâ, et refuse d'admettre que la philosophie religieuse des Buddhistes soit le nihilisme. Schœbel est du même avis ; la personnalité disparaît, mais ce qui est indestructible dans le *moi*, rentre dans la substance universelle, l'atome du monde.

Terminons enfin par l'opinion du Maître lui-même, qui, s'il a refusé de s'expliquer catégoriquement au sujet du *Nirvâna*, s'est absolument défendu de le regarder comme le néant ainsi qu'il résulte d'un texte du *Parinirvâna-Sûtrâ* : « Ce qui n'est absolument rien, est pareil à la délivrance des Tîrthikas et des Nirgranthâs ; mais la délivrance complète ne ressemble pas à celle-là (95) ».

La conclusion, c'est que le Buddha n'a pas voulu

spécifier la nature du *Nirvâna*, afin de laisser chacun libre de l'entendre à sa façon ; aussi, peut-on dire qu'il existe autant d'opinions à ce sujet que de sectes Buddhistes, et vouloir expliquer en détail tous les sens que lui ont attribué les écoles de philosophie brahmaniques et buddhiques, ne serait rien moins, au dire d'un savant Hindou contemporain, M. Râdjendrà Lal Mittra, que « dresser un sommaire de tout ce qui a été écrit par les Indous sur la fin dernière de l'homme ». Ce que l'on peut affirmer toutefois, c'est que l'immense majorité des Buddhistes actuels croit que dans le *Nirvâna* la personnalité n'est pas détruite. Cette croyance est en effet, celle qui existe au Népal, au Thibet, en Chine, et en Mongolie. Pour les Buddhistes du Sud, tels que les Cinghalais, le *Nirvâna* est un état de suprême spiritualisation, et non pas le néant.

Avant de terminer cet ouvrage, il me reste à parler du Néo-Buddhisme et de la Société de Théosophie qui prétend se ramifier à la doctrine du Sage Cakya-Muni.

Je ne m'occuperai pas ici de donner un compte rendu des doctrines de Théosophie moderne, ni de déterminer dans quelles proportions ces doctrines peuvent concorder avec la science ; mon rôle se borne seulement, la Théosophie se réclamant du Buddhisme, à voir si cette prétention est fondée.

L'école qui a donné naissance à cette nouvelle secte, est une école sortie du système Mahâyâna, et appartenant à la branche du mysticisme ; aussi l'appelle-t-on *Yogâcharya*. Cette branche se rattache à toutes les écoles mystiques qui florissaient depuis longtemps dans l'Inde Brahmanique ; mais d'après Csoma, Barnouf, Wassiljew, Schlaginweit, Wilson, le système *Yogâcharya* ne fut introduit dans l'Inde et au Thibet qu'au x*e* siècle de notre ère. On voit donc que c'est une école relativement récente. L'ouvrage principal de cette école porte le nom de *Kala-tchakra* ou la Roue du Temps, en sanscrit, et de *Dous Kyi Khorlo*, en thibétain.

On traite dans ce livre de cosmographie, d'astronomie, de chronologie; on y trouve la description de quelques Dieux; il y est même question du Mahométisme. L'ouvrage passe pour être émané du suprême Adibuddha.

« Les principaux rites et formules du mysticisme, dit Schlaginweit, et les théories sur leur efficacité, présentent une analogie extraordinaire avec le shamanisme des Sibériens, et sont, en outre, presque conformes au rituel Tantrika des Hindous. A l'homme convaincu que les trois mondes n'existent qu'en imagination, et qui règle ses actions d'après cette croyance, il promet le don de facultés surnaturelles bien supérieures à la force qui provient de la vertu et de l'abstinence, et capables de le mener à l'union avec la divinité (96) ».

Voici brièvement résumés, les dogmes de cette école : Au sommet de la hiérarchie céleste, trône Adibuddha, le Dieu Suprême, sans commencement ni fin; puis viennent les cinq Dhyani-Buddhas, ou Buddhas de contemplation, êtres célestes qui correspondent aux cinq Manuschi-Buddhas ou Buddhas humains. Chaque Dhyani-Buddha, par la puissance de sa contemplation crée un Dhyani-Bodhisattva, d'essence également céleste. De plus, chaque Buddha humain se manifeste dans les trois mondes : dans le monde d'abstraction, le plus élevé, il n'a ni forme ni nom ; dans le monde de formes, il se manifeste comme Dhyani Buddha ; et dans le monde de désir, sous la forme humaine. Ainsi, à chaque Buddha humain correspond un Dhyani-Buddha et un Dhyani Bodhisattva. Pour la période actuelle, Cakya-Muni est le Buddha humain, (il est le quatrième de ceux qui ont apparu), son Dhyani-Buddha est Amitâbha, et son Dhyani-Bodhisattva Avalokiteçwara ou Padmapani. La doctrine de cette école enseigne, que par la méditation concentrée sur un sujet religieux, et non sur les idées et phénomènes de ce monde, l'homme peut acquérir des facultés surnaturelles, qui l'amènent au quatre degrés de contemplation, dont le premier effet est de faire perdre toute idée d'individualité.

Mais pour arriver à cette méditation abstraite, des exercices préparatoires sont indispensables, et l'école *Yogacharya* enseigne les méthodes pour concentrer ses pensées.

Enfin, par la récitation des *Dharanis*, formules magiques et mystiques, l'homme se concilie le pouvoir et l'aide des Buddhas et Bhodisattvas. En combinant ces formules avec des rites magiques, et en y ajoutant la moralité et la contemplation abstraite, on acquiert une puissance surhumaine, qui permet à celui qui en est possesseur d'atteindre, soit la richesse ou la longévité, soit la domination sur les esprits, et enfin d'éviter le cycle des transmigrations et de s'unir à la Divinité.

Comme on le voit, cette école est moderne, car elle subordonne la délivrance à la connaissance des Tantras, qui au dire de tous les orientalistes, ne remontent pas au delà des premiers siècles de notre ère, pour l'Inde, et ne furent introduits dans le Buddhisme qu'au xᵉ siècle. Schlaginweit trouve une autre preuve de la modernité des Tantras dans ce fait, qu'il existe très peu de livres Tantrika en langue chinoise, ce qui dénote qu'ils n'existaient pas encore, lors du passage des pélerins Buddhistes chinois qui voyageaient dans l'Inde au viiᵉ siècle. Quant aux formules *Dhâranis*, elles semblent avoir une très haute antiquité.

Tel est le système, dont les développements plus modernes encore, a servi de base à la Théosophie. Examinons maintenant d'après leurs propres ouvrages, quelles sont les relations des Théosophes avec le Buddhisme. Je ne citerai que pour mémoire le puéril Catéchisme Buddhique du colonel Olcott, à l'usage des cœurs simples, bien qu'il soit appuyé de l'approbation du Grand-Prêtre Sumangala, titre que l'on chercherait vainement dans les Sûtras primitifs. Je m'appuierai seulement sur un ouvrage, admis par les Théosophes comme la pierre angulaire de leur édifice, ouvrage dont le titre seul écarte toute contestation : c'est le Buddhisme ésotérique ou positivisme Hindou de Sinnett. L'auteur commence par nous déclarer, que la doctrine qu'il nous présente a été tenue si secrète, qu'il serait impossible aussi bien qu'inutile, d'en trouver ou rechercher le moindre vestige dans tous les livres ou manuscrits de l'Inde (97).

Bien que je ne désire nullement faire ici la critique de la Théosophie proprement dite, je me borne à observer que cette déclaration de M. Sinnett est contraire à la théorie de la Doctrine Secrète de toute l'antiquité. Tous les peuples anciens ont, il est vrai, conservé longtemps les traditions orales de la Doctrine ésotérique, mais n'ont pas tardé à fixer cette doctrine par l'écriture; tels les manuscrits et inscriptions des Egyptiens, des Assyrio-Babyloniens, des Chinois, des Indous, des Perses et des Juifs. Qu'il soit impossible ou difficile de comprendre ces manuscrits sans en avoir la clef, je l'accorde volontiers, mais ces livres existent, et l'on sait qu'ils contiennent un sens ésotérique.

L'auteur du Buddhisme ésotérique nous apprend qu'il a pris ce titre pour son ouvrage, parceque, « bien que cet enseignement date des époques les plus reculées, et qu'il fut propagé longtemps avant la venue de Gautama Buddha, ce dernier a tant fait pour son perfectionnement qu'il est devenu sien (98)». La doctrine secrète, en effet, remonte à une antiquité fabuleuse, et personne n'ignore, que chez les anciens, les initiés seuls connaissaient la vraie doctrine religieuse. M. Sinnett ne nous apprend donc rien, puisqu'il reconnaît lui-même le fait. Quant à sa prétention de faire de Cakya-Muni, le rénovateur de cette doctrine, c'est ce qu'il lui est plus difficile d'expliquer. Ce n'est pas un argument en matière scientifique, que de déclarer : « que sans la lumière projetée par son livre, il est impossible aux savants les plus sérieux, (savants auxquels M. Sinnett donne l'épithète de courageux et capables, et qu'il nomme linguistes distingués) de rien comprendre aux religions de l'Inde (99) ». Après un pareil exorde, M. Sinnett n'a pas tort, de craindre comme il le fait dans sa Préface, de n'être pas pris au sérieux.

Il est évident que si M. Sinnett repousse l'autorité

de tous nos grands orientalistes Européens, y compris celle des grands philosophes de l'Orient, et si il déclare que ses doctrines ne se trouvent dans aucun livre ni manuscrit, la discussion est close, *ipso facto* ; mais je ne vois plus, comment il peut définir la théosophie » : la science qui n'admet rien de surnaturel, et dont la base est l'expérimentation scientifique. Cependant M. Sinnett nous apprend que « c'est bien la doctrine réelle, intérieure du Buddhisme, que cette philosophie scientifique enseigne », et il a soin d'ajouter que la « *Fraternité du Thibet*, est sans comparaison, la plus haute des associations occultes », tandis que Ceylan est « saturé de Buddhisme exotérique. »

Je vais prouver clairement, que les doctrines données par M. Sinnett procèdent de l'école *Yogâcharia*, école Thibétaine dont j'ai donné plus haut un résumé succinct.

M. Sinnett parle « d'Addhi-Buddha, qui signifie : sagesse primordiale, et dont les plus vieux livres sanscrits font mention » ; des Dhyani-Buddhas célestes qui ont pour contre-partie dans le monde terrestre les Buddhas humains, qui n'en sont que les émanations ; des Bodhisattvas célestes, d'Avalokiteçwara, la sagesse manifestée, des cinq Dhyani-Buddhas avec leurs cinq Buddhas humains correspondants, dont Çakya-Muni est le quatrième ; du Buddha qui visite la terre après chaque destruction de monde ou évolution planétaire, de l'union de l'âme de l'Arhat avec Dieu (100). Nous avons vu toutes ces théories émises dans le système *Yogâcharia*, je relève seulement l'affirmation de M. Sinnett, au sujet du nom d'Adibuddha qu'on trouve, selon lui, dans les plus vieux livres sanscrits; cette assertion est démentie catégoriquement par Schmidt, Csoma de Coros, Burnouf, Wilson, Hodgson et Schlaginweit, pour qui toute cette théorie, y compris la notion d'Adibuddha, est relativement récente, et n'appartient pas au Buddhisme primitif, encore moins, à plus forte raison, au Brahmanisme qui l'a précédé.

Après avoir montré que les théories empruntées au Buddhisme, proviennent d'une école qui n'apparaît au Thibet qu'au xe siècle de notre ère, je vais essayer de prouver que la Théosophie aurait aussi bien pu se réclamer de n'importe quel système religieux de l'antiquité. Tout d'abord, cette doctrine secrète dont M. Sinnett ne nous parle qu'avec mystère, nous savons qu'elle existait dans tout l'Orient depuis les temps les plus reculés. Les Egyptiens, les premiers en date comme civilisation, avaient leurs temples d'initiés: il en était de même des Chaldéens, des Hindous, des Persans, des Chinois, des Juifs. Cette doctrine, quant au fond, était identique ; les deux livres de la Kabale Hébraïque reposent sur le même système que le Tao de Lao-Tseu et la théorie panthéistique de l'Inde et de l'Egypte. Quant au système cosmogonique, les analogies que l'on trouve dans toutes les Genèses de l'antiquité, qu'elles soient Egyptienne, Chaldéenne, Indoue, Hébraïque ou Grecque, prouvent leur origine commune. M. Sinnett le reconnaît lui-même : « Tout le système de cosmogonie des Arhats Buddhistes tel que nous l'avons décrit dans ce livre, est le système des Brahmes initiés qui le possédaient tel, bien avant la naissance du Buddha (101)».

Le système de la hiérarchie des êtres, des différents cieux des Buddhistes qui correspondent à des degrés de pureté et de contemplation, c'est au Brahmanisme que ces derniers l'ont pris, en y ajoutant, toutefois des modifications.

Je ne vois donc pas, en quoi la Théosophie se rattache particulièrement au Buddhisme.

M. Sinnett base cette prétention, sur ce « que le Buddha Gautama a tant fait pour le perfectionnement de cette doctrine, qu'elle est devenue sienne. » Nous avons déjà vu que les théories de la Théosophie n'appartiennent pas au Buddhisme primitif ; mais allons plus loin, et nous verrons que la métaphysique de Çakya-Muni ne lui appartient pas en propre. Les grands Indianistes tels que Lassen, Burnouf et beaucoup d'autres, ont démontré que le système philosophique du Buddhisme n'était que le développement du système Sankhya de Kapila ; c'est un fait reconnu de tous les Orientalistes.

Voici ce qu'en dit Burnouf : « Çakya-Muni en entrant dans la vie religieuse, partit des données que lui fournissaient les doctrines athées du Sankhya, lesquelles étaient en ontologie, l'absence d'un Dieu, la multiplicité et l'éternité des âmes humaines, et en physique, l'existence d'une nature éternelle, douée de qualités, se transformant d'elle-même, et possédant les éléments des formes que revêt l'âme humaine dans le cours de son voyage à travers le monde. Çakya-Muni prit à cette doctrine l'idée qu'il n'y a pas de Dieu, ainsi que la théorie de la multiplicité des âmes humaines, celle de la transmigration, et celle du Nirvâna ou de la délivrance, laquelle appartenait en général à toutes les écoles Brahmaniques » (102).

Ce sont ces théories que nous retrouvons dans le Buddhisme ésotérique de M. Sinnett.

La théorie du Karma qui joue un si grand rôle dans la Théosophie est une théorie Brahmanique aussi bien que Buddhique.

Dans le tableau des éléments qui constituent l'homme, suivant la Théosophie, nous trouvons : 1° le corps — *Rupa*. Or, *Rupa* en sanscrit signifie forme, et ce mot appartient à toutes les philosophies Hindoues.

Le troisième principe de la théosophie est le corps astral : — *Linga-Sharira*. Mais ce terme appartient à la philosophie Sankhya ; c'est le corps composé de purs attributs, le corps subtil des Samkhyas.

Le cinquième élément est l'âme humaine—*Manas*. Mais *Manas* est le cœur, véritable sens interne dont les Buddhistes ainsi que les Brahmanes font un organe à l'égal de l'œil, de la main, et des autres instruments de sensation.

Le sixième élément est l'âme spirituelle— *Budhi*. Mais *Buddhi* appartient à la langue des Brahmanes comme à celle des Buddhistes, et signifie l'intelligence ou la faculté avec laquelle l'homme connaît.

Enfin le septième élément est l'esprit : — *Atma*. Or *Atman*, c'est le moi, l'âme des Buddhistes, et ce moi n'est pas le corps de l'individu, composé des attributs intellectuels, des sens et des éléments.

On voit par ce qui précède, de combien d'éléments divers est composée la Théosophie, et il serait facile d'en donner d'autres preuves. Je crois en avoir dit assez, pour prouver que la Théosophie, si elle peut se réclamer jusqu'à un certain point du Buddhisme ne saurait en aucune façon se rattacher au fondateur de la doctrine, le Buddha Cakya-Muni.

Avant de laisser de côté l'ouvrage de M. Sinnett, je relèverai quelques erreurs qu'on peut d'autant moins passer sous silence, que l'auteur s'appuie pour les avancer sur l'autorité d'un « Brahmane, sanscritiste des plus forts et des plus distingués. » Parlant de Sankarakarya, une réincarnation du Buddha Cakya-Muni, né suivant lui, soixante ans après sa mort, M. Sinnett ajoute : « Il fut le fondateur du système Védantin, bien que la sanction de ce système, dont la signification propre de Vedante est : fin ou couronne de connaissance, lut dérivée par lui des écrits de Vyasa (103) ». Faire de Sankarakarya, le fondateur de la plus ancienne école philosophique Brahmanique, antérieure même au Sankhya, c'est faire œuvre de mystificateur : Vyâsa lui-même, fondateur de la seconde école Vedantà qui avait pour but de relever et défendre les théories de l'ancienne école Vedantà, battue en brèche par l'école rationaliste des Sankhyas, est de beaucoup antérieur au Buddhisme. Enfin, pour comble de malheur, M. Sinnett qui donne Sankarakarya comme réincarnation réelle du Buddha Cakya-Muni, le fait Chef d'une école basée sur l'autorité des Védas ; en effet, Vyâsa ou Véda-Vyâsa, suivant Colebrooke signifie, « compilateur des Védas », et le nom de l'Ecole provient de ce qu'elle s'appuie sur le Véda. Or, Cakya-Muni, a non seulement rejeté l'autorité des Védas, mais a pris son système à la philosophie Sankhya de Kapila, qui fut l'adversaire acharné de l'école Vedantà.

La vérité est, que Camkara-Atcharya est un philosophe célèbre de l'école Védantiste, auteur d'un commentaire fameux sur les *Brahma-Sûtras*, commentaire dans lequel il réfute les Buddhistes. Le *Brahma-Sûtras* dont la date est postérieure aux premières écoles philosophiques des Buddhistes, a pour but d'établir, que les différents systèmes de philosophie sont erronés, car Dieu seul existe dans son unité absolue, et le monde n'a pas de réalité substantielle. C'est tout l'opposé, par conséquent, de la doctrine de Cakya, et la preuve que cette école est l'adversaire des Buddhistes, c'est qu'actuellement, les Brahmanes modernes qui s'appuient sur le Vedantâ, opposent à la secte Indoue des Jaïnas (secte qui dérive des Buddhistes) qu'il est impossible, en combinant la matière de quelque manière que ce soit, d'en faire sortir l'intelligence, de même que la matière ne peut rendre raison des facultés et des opérations de l'esprit. Camkara-Atcharya a donc été l'adversaire des Buddhistes, et ne pouvait logiquement être une réincarnation du Buddha (104).

M. Sinnett n'est pas plus heureux dans l'étymologie qu'il donne du mot de Brahma : « Le mot Brahma, dit-il, vient de la racine sanscrite « brihs », épandre, croître, fructifier. »

Or, Brahma, suivant la Grammaire d'Eichhoff, vient de la racine « BRH », qui signifie soutenir (105). En effet, Brahma est appelé le soutien de l'Univers. C'est l'absolu, la chose en soi en tant que telle. C'est le fluide spirituel qui élève la parole sacrée au dessus de la parole, c'est la vérité de la parole. « C'est pour cela, dit Oldenberg, qu'il acquiert un soutien, celui qui a appris la parole sainte, car ce qui est le Brahma, cela est soutien (106) ».

Enfin je relèverai un défi porté par M. Sinnett en ces termes : « Nous mettons au défi qu'on nous montre un écrit Buddhiste *authenthique*, sur lequel on puisse sérieusement et définitivement s'appuyer, pour prétendre que cette doctrine enseigne qu'un être, qui est arrivé au point d'évolution qui le classe dans le règne humain, peut jamais redescendre dans le règne animal (107) ».

Je ne citerai à M. Sinnett qu'un écrit authentique Buddhiste; c'est la légende de *Samgha-Rakchita*, tirée du *Divya-Avadana* sanscrit, légende qui se trouve également dans le *Dul-va* des Thibétains. Elle appartient par conséquent aux plus anciens écrits Buddhistes. La traduction est d'Eug. Burnouf : « Le respectable Samgha-Rakchita s'adressa ainsi au bienheureux Buddha : J'ai vu, Seigneur, en ce monde, des êtres dont la forme ressemblait à celle d'un mur, d'une colonne, d'un arbre, d'une fleur, d'un fruit, d'une corde, d'un balai, d'un vase, d'un mortier, d'un chaudron; j'en ai vu dont le corps partagé par le milieu, marchait, n'étant plus soutenu que par les muscles. Quelle est, Seigneur, l'action dont ces métamorphoses sont la conséquence ?... Bhagavat lui répondit : Ceux que tu as vus, ô Samgha Rakchita, sous la forme d'un mur, ont été des auditeurs de Kâcyapâ, le Buddha parfaitement accompli.

Ils ont sali de leur morve et de leur salive le mur de la salle d'Assemblée. Le résultat de cette action est qu'ils ont revêtu la forme d'un mur. » Suivent les raisons pour lesquelles d'autres auditeurs ont été métamorphosés en arbres, en mortiers, en chaudron. Il est difficile d'être plus explicite (108).

Si la Théosophie s'est rattachée au Buddhisme, c'est qu'elle a trouvé dans cette religion une tolérance qu'elle n'eût vraisemblablement trouvé dans aucune autre ; en tous cas, ce n'est guère imiter l'esprit de tolérance du sage Cakya-Muni, que de qualifier comme le fait M. Sinnett, « de grotesques croyances religieuses » les doctrines de toutes les religions anciennes et modernes, surtout lorsque l'on affirme comme il l'écrit, à propos de Sankarakarya, né soixante ans après la mort du Buddha, sur la côte de Malabar, que : « Pour eux (les Brahmes initiés), comme pour nos Maîtres, ce fut bien *Buddha lui-même qui reparut dans la personne de Sankarakarya, non pas son esprit seulement*, qui, comme dans bien des cas, planait sur un être doné particulièrement, et l'induisait à agir d'après son inspiration (109) ». M. Sinnett eût dû méditer sur l'édit du grand roi Buddhiste Açoka : « C'est nuire à sa propre croyance, que de prétendre l'exalter en décriant les croyants des autres sectes. »

Je conclus : le Buddhisme primitif tel qu'il ressort des travaux des grands Orientalistes, dont j'ai donné dans cet ouvrage de si nombreuses citations, et auxquels j'ai fait tant d'emprunts, a été principalement un code de morale pratique, destiné à relever chez tous les peuples les idées de vertu, de pureté, de douceur, et de charité, principalement dans les basses classes de la société. C'est pour cela, que son fondateur, le Buddha Cakya-Muni, s'est nommé, « l'ami par excellence de la vertu, l'ami des hommes » : appelant tout le monde au salut commun, car, a-t-il dit, « ma loi est une loi de grâce pour tous. » On peut lui reprocher, comme l'ont fait nombre de savants, de tuer la grande culture intellectuelle, et de supprimer le développement de la civilisation et du progrès, en un mot, de mener les peuples à l'inertie sociale et politique. Ces reproches peuvent être fondés, mais il me semble que ce n'est pas envisager sous son aspect véritable l'enseignement de Çakya-Muni.

Doué d'une âme ardente et généreuse, le Buddha a voulu épargner, dans la mesure du possible, à l'humanité souffrante une partie de ses maux. Il a commencé par attaquer les plaisirs et les jouissances terrestres dont il a démontré l'inanité, puis il a tenté de déraciner chez l'homme cet égoïsme, qui le pousse à s'attacher à l'existence et à vouloir jouir : pour y arriver, il s'est servi de la croyance à la transmigration, promettant comme délivrance finale à ceux qui suivraient sa doctrine, le *Nirvâna*, le repos définitif. En un mot, il a détaché l'homme des biens de ce monde, en lui enlevant tout besoin. Que ce soit la mort du progrès intellectuel et social, je le veux bien : mais n'est-ce pas le bien de l'humanité, c'est-à-dire de l'humanité pauvre et souffrante? Et c'est celle-là, et non la classe privilégiée que le Buddha avait en vue, lorsqu'il appelait à lui les artisans, les Çudras, les pauvres et les parias. Or, le progrès et la civilisation tels que nous l'entendons, développent il est vrai, dans l'homme son intellectualité, mais dans un sens matériel et non idéaliste ; loin de réfréner ses passions, le progrès lui crée de nouveaux besoins, besoins qu'il ne peut satisfaire. En développant son intelligence, ses sentiments, ses besoins, la civilisation occidentale rend l'homme plus sensible à la souffrance en l'affinant. La civilisation matérielle telle que la nôtre, engendre la lutte pour la vie ; dure et impitoyable pour le pauvre et le déshérité, elle incite aux guerres sociales, lutte du producteur contre le capital, aux guerres coloniales, vol à main armée, aux guerres continentales, nécessité de traités de commerce, et ne donne en retour au travailleur, que l'instruction suffisante pour lui faire sentir l'humilité de sa condition, et le goût du luxe dont elle ne lui donne pas la jouissance.

En vérité, la vie calme, contemplative, sans besoins du Buddhiste, n'est-elle pas préférable à la vie fiévreuse, surchauffée, de l'Occidental qui s'agite désespérément en cette fin de siècle, broyé dans l'étau formidable du Progrès matériel ? N'eût-il pas été plus humain, ne pouvant lui donner le bonheur, de lui enlever tout au moins en partie, la souffrance ? Et les deshérités d'Occident, après avoir lutté sans espoir contre toutes les duretés, les misères, les douleurs inhérentes à l'existence, il est vrai, mais particulières à notre civilisation, n'aspirent-ils pas enfin, *au repos*, à ce repos béni qu'ils cherchent, par le suicide, jusque dans la mort, repos que le doux Cakya, le Sage de Kapilavasthou, a nommé le *Niredna ?*

FIN

NOTES

(1) *Pauthier :* Introduction aux Livres sacrés de l'Orient, p. 1.

(2) *Em. Burnouf :* Dictionnaire des Sciences morales et politiques, p. 1070.

(3) *A. Rémusat :* Observations sur quelques points de la Doctrine Samanéenne, pp. 5, 35 et 36.

(4) *Pauthier :* Introduction aux Livres Sacrés de l'Orient p. 5.

(5)   —   Ibid. p. 5.

(6)   —   Ibid. p. 5.

(7) *Em. Burnouf :* La Science des Religions, p. 111 et seq.

(8) Exode : Ch. I, v. 5 ; ch. XII, v. 37.

(9) Nombres : Ch. XXXI, v. 15, 16, 17, 18.

(10) Exode : ch. XX, v. 5, ch. XXXIII, v. 26, 27, 28, 29, ch. XXXII, v. 10 et 16.

(11) *Em. Burnouf :* Science des Religions, p. 97.

(12) *Gerson da Cunha :* Vie de Gautama, p. 421.

(13)   —   Ibid. pp. 426 et 427.

(14)   —   Ibid. p. 426.

(15) *Em. Burnouf :* Science des Religions, pp. 63 et 64.

(16)   —   Ibid., pp. 251 et seq.

(17)   —   Essai sur le Véda, p. 143.

(18) *Colebrooke :* Notice sur les Védas. Traduction *Pauthier ;* Livres Sacrés de L'Orient, p. 257 et seq.

(19) *Em. Burnouf :* Dictionnaire des Sciences morales et politiques de Bachelet, p. 1766.

(20) *Em. Burnouf :* Essai sur le Véda. pp. 521 et seq.

(21) Rig-Véda : I, 552. Traduction, *Em. Burnouf.*

(22) — IV, 421. —

(23) — X, 121. Traduction. *Max. Müller.*

(24) *Upanischad :* Livres Sacrés de l'Orient, par *Pauthier,* pp. 529 et seq.

(25) *Em. Burnouf :* Essai sur le Véda, pp. 26 et seq.

(26) — Dictionnaire *Bachelet,* p. 1208.

(27) — — p. 584.

(28) — — pp. 1075 et seq.

(29) *Sarrasi :* L'Orient dévoilé, pp. 285 et seq.

(30) Lalita-Vistara : p. 28. Traduction : *Ph. Foucaux.*

(31) — p. 95. —

(32) — p. 226. —

(33) — pp. 275 et seq. —

(34) *Oldenberg :* Le Buddha, pp. 121 et seq.

(35) — — p. 125.

(36) — — pp. 121 et seq.

(37) — — p. 154.

(38) *Soubhadra-Bhikshu :* Catéchisme Buddhique, pp. 42 et seq.

(39) — — p. 44.

(40) — — p. 49.

(41) *Eug. Burnouf :* Introduction à l'Histoire du Buddhisme Indien, pp. 190 et seq.

(42) *Barthélemy-Saint-Hilaire :* Le Buddha et sa religion. Préface, p. V.

(43) *Eug. Burnouf :* Introd. p. 118, p. 460.

(44) — — p. 175.

(45) — — p. 247.

Csoma de Coros : Asiatic Researches, t. XX, p. 65.

Oldenberg : Le Buddha, p. 545.

(46) Avâdàna-Càtaka : I, 10. Traduction : *Leon Feer*.
    Sanyutta-Mikâyà : I.   —   —

(47) Voir *Fleury :* Hist. Ecclés. tome XII, page 78. Pour tout ce qui regarde le mariage des prêtres, voy. *Fleury :* tome I, pages 165 et 166, tome II, page 162 ; tome III, page 124 et 125, tome VIII, p. 257.

(48) Introduction à l'Hist. du Buddh. Indien : pp. 333 et seq. *Burnouf*.

(49) *Burnouf :* Int. à l'Hist. du Bud. Indien : p. 186.

(50) *Oldenberg :* Le Buddha, p. 214.

(51) *Burnouf :* Int. à l'Hist. du Budd. Indien, p. 453.

(52) *Schlaginweit :* Le Buddhisme au Thibet, p. 16.

(53) *Oldenberg :* Le Buddha, p. 246.

(54)   —   —   p. 251.

(55)   —   —   p. 255.

(56) *Burnouf :* Int. à l'Hist. du Bud. Indien, p. 457 et seq.

(57)   —   —   —   p. 455.

(58)   —   —   —   p. 16.

(59) *Em. Burnouf :* Dictionnaire des sciences morales et politiques de *Bachelet*, p. 1076.

(60) *Ph. Foucaux :* Doctrine des Buddhistes sur le Nirvâna, p. 12.

(61) *C. Schœbel :* Le Buddhisme, p. 149.

(62)   —   —   p. 150.

(63) *Oldenberg :* Le Buddha, p. 272.

(64)   —   —   p. 270.

(65)   —   —   p. 224.

(66) *C. Schœbel :* Le Buddhisme, p. 150.

(67) *Oldenberg :* Le Buddha p. 284.

(68)   —   —   p. 287.

(69) *Burnouf :* Introd. à l'Hist. du Bud. Indien, p. 359 et seq.

(70) *Oldenberg :* Le Buddha, pp. 300 et 301.

(71) *Saint-Paul :* Ep. ad Rom. VIII. 29-33. IX, 15, 16, 18.

(72) *Schlaginweit :* Buddhisme au Thibet, p. 63.

(73) *Oldenberg :* Le Buddha, p. 348 et seq.

(74) Voyez : *Schlaginweit : Le Buddhisme au Thibet. Burnouf :* Introd. à l'Hist. du Bud. Indien. *Oldenberg :* Le Buddha. *A. Rémusat :* Foc Koue Ki.

(75) *Oldenberg :* Le Buddha, p. 256.

(76) — — p. 170.

(77) — — p. 167.

(78) *Burnouf :* Intr. à l'Hist. du Bud. Indien, p. 301.

(79) — — — p. 267.

(80) *Oldenberg :* Le Buddha, p. 570 et seq.

(81) — — p. 575.

(82) *Burnouf :* Int. à l'Hist. du Bud. Indien, p. 597.

(83) — — — p. 450.

(84) *A. Rémusat :* Observations sur quelques points et la Doctrine Samanéenne, p. 49.

(85) *Burnouf :* Int. à l'Hist. p. 452.

(86) *Schlaginweit :* Le Buddhisme au Thibet, p. 4.

(87) — — — p. 29.

(88) — — — p. 27.

(89) *Burnouf :* Int. à l'Hist., p. 595 et seq.

(90) — — p. 105 et seq.

(91) *Rosny :* Les Religions de l'Extrême-Orient, p. 17.

(92) *A. Rémusat :* Observ. sur quelques points de la doctrine Samanéenne, p. 27 et seq.

(93) *A. Rémusat.* Observ. sur quelques points de la Doctrine Samanéenne, p. 52.

(94) *Ph. Foucaux :* Doctrine des Buddhistes sur le Nirvâna, p. 17 et seq.

(95) *Ph. Foucaux :* Doctrine des Buddhistes sur le Nirvâna p. 27.

(96) *Schlaginweit :* Buddhisme au Thibet, p. 52.

(97) *Sinnett :* Buddhisme ésotérique, p. 9.

(98) — — p. 5.

(99) — — p. 17.

(100) — — pp. 25, 228. 214, 210, 191, 119, 112.

(101) *Sinnett :* Buddhisme ésotérique, p. 223.

(102) *Burnouf :* Intr. à l'Hist. p. 455.

(103) *Sinnett :* Buddhisme ésotérique, p. 220.

(104) Voyez : *Burnouf :* Intr. à l'Hist., p. 401 ; *Colebrooke :* Miscell. Essays, t. I, p. 292. *Em. Burnouf :* Dictionnaire des Sciences morales et politiques de *Bachelet,* p. 1070, p. 1076.

(105) *Eichoff :* Grammaire générale Indo-Européenne, p. 219.

(106) *Oldenberg :* Le Buddha, p. 26 et seq.

(107) *Sinnett :* Buddhisme ésotérique, p. 310.

(108) *Burnouf :* Intr. à l'Hist., p. 292 et seq.

(109) *Sinnett :* Buddhisme ésotérique, p. 216.

LISTE DES OUVRAGES CONSULTÉS

I

TRADUCTIONS DES LIVRES SACRÉS DE L'ORIENT

Rig-Véda. Traduit en français par V. Langlois, 1872, gr. in-8 (Bibliothèque Orientale).

Rig-Veda Sanhita. Traduction de Max Müller. Londres, in-4°.

Lois de Manou. Traduction française de Loiseleur-Deslongchamps. 1833, gr. in-8 (Panthéon littéraire).

Zend-Avesta. Traduction française de C. de Harlez. 1881, gr. in-8 (Bibliothèque Orientale).

Lalita-Vistara. Traduction française de Ph. Foucaux. 1884, in-4 (Annales du Musée Guimet).

Atharva-Véda. Livres VII et XII. Traduit et commenté par V. Henry. 1892, in-8.

La Bhagavad-Gita. Traduction française d'Em. Burnouf. 1861, in-8.

Le Mahabharata. Onze épisodes traduits par Ph. Foucaux 1857, in-8.

Kairata-Parva. Episode du Mahabharata, traduit par Ph. Foucaux, 1857, in-8.

Légende d'Ilvala et Vatapi. Episode du Mahabharata, traduit par Ph. Foucaux, 1861, in-8.

Hymnes Sanscrits, Persans, Egyptiens, Assyriens et Chinois. Tome II de la Bibliothèque Orientale, gr. in-8.

Isa-Oupanischad du Yadjur-Véda. Traduction française de G. Pauthier. (Livres Sacrés de l'Orient). 1860, gr. in-8.

II

OUVRAGES CONSULTÉS

Etudes sur l'Antiquité historique d'après les sources égyptiennes et les Monuments réputés préhistoriques. Par F. Chabas, 1874, in-8.

Miscellaneous Essays. Par H. T. Colebrooke, 1837, 2 vol. in-8.

La Science des Religions. Par Em. Burnouf, 1885. in-18.

Asiatic Researches. Par H. Colebrooke. Traduit de l'anglais par G. Pauthier.

Essai sur le Véda. Par Em. Burnouf, 1863. in-8.

Les Livres Sacrés de l'Orient. Par G. Pauthier, 1860, gr. in-8.

Bulletin critique de la Religion égyptienne. Par G. Maspero, 1887, 88, 89, in-8.

Introduction à l'Histoire du Buddhisme indien. Par Eug. Burnouf, 1876. gr. in-8 (Bibliothèque Orientale).

Le Buddhisme au Thibet. Par E. Schlaginweit. Traduit de l'Anglais par de Milloué, in-4. (Annales du Musée Guimet).

Le Buddha et sa Religion. Par Barthélemy Saint-Hilaire, 1862, in-8.

Essai sur la Religion de Buddha. Par E. Sénart, 1857, in-8.

Le Buddha, sa Vie, sa Doctrine, sa Communauté. Par Oldenberg. Traduit de l'allemand par A. Foucher, 1894, in-8.

Essai sur la Vie et la Religion de Gautama-Buddha. Par Gerson da Cunha. Traduit de l'anglais par de Milloué, in-4, (Annales du Musée Guimet).

Histoire du Buddha Çakya-Muni. Par Mary Summer, 1873, in-18.

Le Buddhisme. Par Schœbel. (Actes de la Société Philologique, tome IV, n° 5, 1874).

Observations sur quelques points de la Doctrine Samanéenne. Par A. Rémusat, 1831 (Nouveau Journal Asiatique).

Doctrine des Buddhistes sur le Nirvâna. Par Ph. Foucaux, 1864, (Revue d'Orient).

Catéchisme Buddhique de Soubhadra Bhikshou. Traduction française, 1889. in-8.

Une Sentence du Buddha sur la Guerre. Par L. Feer, 1871 (Mémoire extrait du Recueil de l'Académie des Inscriptions et Belles-Lettres).

The Religions of Ancient World. Par G. Rawlinson, in-18.

Paganisme et Révélation. Par le Dr Lorenz Fischer. Traduit de l'allemand par le Dr Prosper, 1881, in-8.

Grammaire générale Indo-Européenne. Par F. Eichoff. 1867, in-8.

Recherches sur la Religion première de la race Indo-Iranienne. Par C. Schœbel, 1872, in-8.

Les Religions de l'Extrême-Orient. Par L. de Rosny, 1886, (Leçon d'ouverture).

La Bible et les Cylindres Chaldéens. Par J. Ménant, 1880, in-8.

La Chronologie de la Genèse. Par J. Oppert, 1878, in-8.

L'Orient dévoilé. Par Sarrasi, 1881, in-8.

Le Buddhisme ésotérique. Par Sinnett, traduit de l'anglais par C. Lemaître, 1890, in-18.

La Haute-Science. Revue documentaire de la Tradition Ésotérique et du Symbolisme Religieux.

Histoire universelle. Par Marius Fontane, 6 vol. in-8.

TABLE DES MATIÈRES

CHAMUEL, Éditeur

PARIS — 79, rue du Faubourg Poissonnière — PARIS

BEAUVAIS. — IMPRIMERIE PROFESSIONNELLE